风好正扬帆

上海国际金融中心
创新实践

郑杨◎著

上海人民出版社

目录

第三编　金融改革与发展：根本动力

第四编　金融调控与监管：关键保障

第五编　金融法治与环境：重要软实力

序言　而今迈步从头越

　　建设上海国际金融中心是党中央、国务院从我国改革开放和现代化建设全局高度作出的一项重大战略决策。1991年，邓小平同志指出："上海过去是金融中心，是货币自由兑换的地方，今后也要这样搞"；"中国在金融方面取得国际地位，首先要靠上海"。2007年，时任上海市委书记习近平同志指出，建设上海国际金融中心是事关全局的国家战略，是中央交给上海的历史重任，上海要努力开创国际金融中心建设的新局面。2017年，习近平总书记在参加十二届全国人大五次会议上海代表团审议时指出，上海自贸试验区要同上海国际金融中心和科技创新中心加强联动，不断放大政策集成效应。2018年，习近平总书记在主持召开中央全面深化改革委员会第一次会议时强调，上海是中央确定并支持建设的国际金融中心，设立金融法院具有示范意义和标志意义。2019年，习近平总书记在主持中共中央政治局第十三次集体学习时强调，金融是国家重要的核心竞争力，金融安全是国家安全的重要组成部分，金融制度是经济社会发展中重要的基础性制度。金融活，经济活；金融稳，经济稳。经济兴，金融兴；经济强，金融强。经济是肌体，金融是血脉，两者共生共荣。习近平总书记的高度重视，为上海国际金融中心建设注入了强大动力。多年来，在党中央、国务院的正确领导下，在国家相关部门的支持指导下，在社会各界的共同努力下，上海国际金融中心建设取得了重要进展，基本建成了与我国经济实力以及人民币国际地位相适应的国际金融中心，奋力迈入全球金融中心前列。

在人生道路上，有幸能投身于伟大的事业和战略当中，是一件很愉快的事情。从事金融工作二十余年来，我一直关心着上海的金融中心建设。无论是在中国人民银行、国家外汇管理局工作期间，还是在上海市金融工作党委、金融服务办公室、地方金融监督管理局（市金融工作局）工作期间，我始终都是上海国际金融中心建设的推进者和实践者。2019 年 7 月调到上海浦东发展银行工作后，这一年来我又成为了服务上海金融中心建设的领跑者和排头兵。自2004 年从北京来到央行上海分行、上海总部工作之后，特别是在上海市金融工作党委、金融服务办公室工作的 6 年间，更是直接参与了上海国际金融中心建设，直接见证了上海国际金融中心建设不断发展与完善的历程。我也欣慰地看到，这 6 年来的进步、积累和成果日益得到全球经济金融界的广泛认可。从英国独立智库 Z/Yen 集团发布的全球金融中心指数来看，上海的排名由 2014 年 3 月的第 20 名逐步跃升至第 16 名、第 13 名、第 6 名，第 5 名。截至 2020 年 3 月，上海首次晋级第 4 名，连续 4 次稳居全球五大国际金融中心行列。

1992 年召开的党的十四大郑重宣布建设上海国际金融中心，并将它作为我国现代化建设的一项重要长期战略正式确定下来。2009 年，国务院颁布实施《关于推进上海加快发展现代服务业和先进制造业　建设国际金融中心和国际航运中心的意见》，就 2020 年基本建成上海国际金融中心作出全面的战略部署。近年来，《上海国际金融中心建设行动计划（2018—2020 年）》《关于进一步加快推进上海国际金融中心建设和金融支持长三角一体化发展的意见》等重要文件相继发布，更是为上海国际金融中心建设注入了强大动力，带来了新的生机。这些充分体现了党和国家对上海国际金融中心建设的高度重视。自 20世纪 90 年代以来，上海市始终贯彻落实这项国家重大战略，争取多方面的支持，求真务实、担当作为，从"打基础"到"建框架"，再到"基本建成"，一张蓝图绘到底。取得了长足的进展。今年又将以"基本建成"迈进"全面建成"的新阶段。目前，上海国际金融中心日益受到全球经济金融界的广泛认可，已经成为上海最亮丽的一张名片、最重要的一个品牌、最关键的一项核心竞争力。我们相信，再经过十年的努力，未来上海将成为亚太地区首屈一指的全球金融中心城市。

本书是我多年来对上海国际金融中心战略进行思考后的感悟成果，也是对上海国际金融中心建设近年来探索、实践的综合提炼。本书内容基本上都是在推进国际金融中心建设的实际工作中，为抓住机遇、促进业务、突破难点和解决问题而所思所写。上海国际金融中心建设是一项宏大的工程，太多人为此付出了努力和心血，他们的使命感与责任心一直激励着我，凡此种种，难以在一本书中一一尽述。本书只是我对国际金融中心建设的宏观学术思索，以及在抢抓机遇、开放创新、改革发展、调控监管、法治环境等方面的一些具体想法与实践，希望能够为读者了解这项宏大工程提供一个概览。

本书的行文逻辑是总分结构，在开篇全面综述上海国际金融中心建设情况的基础上，重点论述四个方面内容，即牢牢把握金融开放与创新这个核心优势，紧紧依靠金融改革与发展这个根本动力，积极筑牢金融调控与监管这个关键保障，努力打造金融法治与环境这个重要软实力。具体而言，全书的结构如下：

第一篇是上海国际金融中心建设情况总览。从上海国际金融中心建设的历史、现状和未来等多个角度论述，重点突出"十三五"期间上海国际金融中心建设的目标、路径和措施，这也成为高标准基本建成上海国际金融中心的主要着力点。围绕"基本建成与我国经济实力以及人民币国际地位相适应的国际金融中心"这一战略目标，在外汇改革先行先试、人民币国际化等方面进行重点论述，阐述了现代保险服务业发展，以及与航运中心建设联动对于国际金融中心的重要作用。

第二篇重点阐述如何牢牢把握金融开放与创新这个核心优势，尤其是上海自贸试验区金融开放创新，对于上海国际金融中心建设的重要作用。按照时间顺序脉络，呈现自贸试验区金融开放创新与国际金融建设的联动发展，比如，从上海自贸试验区金融改革伊始的制度框架设计，到"金改 40 条"研究出台；从自贸试验区扩大金融服务业开放，到率先践行自贸试验区新片区金融开放创新等。本篇还重点阐述了以"沪港通"为代表的沪港金融合作，对于资本市场开放创新的积极作用，对于提升上海国际金融中心建设国际化程度的重要意义。

第三篇重点阐述如何紧紧依靠金融改革与发展这个根本动力，尤其是中央交给上海新的三项重大任务，抢抓上海国际金融中心建设的重要战略机遇。除了自贸试验区及新片区金融开放创新在第二篇论述外，本篇探讨了设立科创板并试点注册制以及金融合作推动长三角一体化发展的途径和建议。同时，对于金融服务供给侧改革、"一带一路"建设、科创中心建设等重点国家战略，以及与人民币国际化密切相关的外汇领域改革深化，也从不同角度进行了研究探讨。

第四篇重点阐述如何积极筑牢金融调控与监管这个关键保障，主要从金融监管和金融调控两个维度论述。金融监管方面，在加强中央对地方金融工作指导的基础上，探索提出上海要建立地方金融监管制度，尤其是综合监管机制，以及强化对网络小贷试点等新兴领域的监管。金融调控方面，主要是对于货币政策的探讨和思考，这其中既包括对于货币政策稳健性的宏观思考，也包括对于存贷比机制的微观思考。

第五篇重点阐述如何努力打造金融法治与环境这个重要软实力，突出强调了金融法制化对于金融生态环境建设的重要作用。要理顺金融创新与金融稳定的关系，着力加强金融风险的防范与金融犯罪的预防，金融法治尤为关键。建设上海金融法院，完善金融市场信用评级等措施都将优化金融法治环境，对于深化金融改革发展、促进金融行业反腐倡廉也将发挥积极作用。

2020 年是基本建成与我国经济实力以及人民币国际地位相适应的国际金融中心的收官节点年。在这一年出版这本书，于我个人而言，既是对前一阶段实践探索的一次整理，看看哪些建议落地实施了，哪些想法还有待推进提升，为自己鼓舞斗志、振奋精神；更是对我如何在新工作岗位上更好地服务国家战略、深化上海国际金融中心建设，锚定方向、砥砺奋进。于上海国际金融中心建设而言，以小见大，以我——一个一线金融工作者的角度，讲好上海金融故事，总结上海国际金融中心建设过往取得的成绩和遇到的问题，同时在新的奋斗起点上，和大家一起坚定信心，探索未来，提出一些设想、愿景和思路，推动上海国际金融中心建设更上一层楼。

回首过去，我曾和很多人一道为金融改革与金融中心建设全力以赴、忘我奉献，过去的经历已经成为了我人生中一份宝贵的财富。展望未来，随着中国经济的不断崛起以及人民币国际化进程的不断加快，上海社会主义现代化国际大都市的风采将日益显现。城市治理水平现代化、金融服务数字化、金融市场国际化以及金融改革开放与科技创新的不断深化，将会给上海国际金融中心建设赋予新的时代特征。上海作为国际经济、金融、贸易、航运中心基本建成所取得的辉煌成就以及面向未来的产业布局，将为上海不断增强国家金融创新能力、聚集全球资源、服务国家战略奠定更加扎实的基础。可以预见，上海国际金融中心建设将步入一个崭新的发展阶段，上海国际金融中心必将始终成为全球最耀眼的一颗明珠。虽然身处不同的岗位，建设上海国际金融中心的使命与期待仍将是我最大的动力和激励，我将继续与大家一起不遗余力为上海国际金融中心建设贡献智慧和力量。

真诚地感谢上海市委、市政府和中央金融管理部门的领导一直以来对我的大力支持和指导；感谢一起共事过、奋斗过的同志们一路上的同舟共济、鼎力相助；也特别感谢上海人民出版社的努力推动，使本书得以面世；感谢各位读者，你们的阅读与思考将赋予这本书更多意义。

谨以此书献给多年来为上海国际金融中心建设辛勤耕耘、不懈奋斗的各位领导、各位同事与朋友们！

2020 年夏，于上海

第 一 编

国际金融中心建设：
风好正扬帆

上海国际金融中心建设的历史、现状和未来

    2007 年，时任上海市委书记习近平同志指出，建设上海国际金融中心是事关全局的国家战略，是中央交给上海的历史重任，上海要努力开创国际金融中心建设的新局面。2017 年，习近平总书记在参加十二届全国人大五次会议上海代表团审议时指出，上海自贸试验区要同上海国际金融中心和科技创新中心加强联动，不断放大政策集成效应。2018 年，习近平总书记在主持召开中央全面深化改革委员会第一次会议时强调，上海是中央确定并支持建设的国际金融中心，设立金融法院具有示范意义和标志意义。总书记的高度重视，为上海国际金融中心建设注入了强大动力。多年来，在党中央、国务院的正确领导下，在国家相关部委的有力指导下，在社会各界的大力支持下，上海国际金融中心建设在服务国家经济社会发展和金融改革开放过程中取得了积极进展，金融市场体系基本形成，金融市场功能逐步增强，有力地促进了我国金融改革开放，为国民经济持续快速健康发展做出了重要贡献。

一、上海在历史上曾是远东国际金融中心

    上海处于中国经济最为发达的长三角，是中国长江经济地带与沿海经济地带的交汇点。19 世纪中期以后，随着对外贸易和民族工业的兴起，上海金融业蓬勃发展。1847 年英国丽如银行在上海设立代理处（后改分行），是第一家进入中国的外资银行。其后，汇隆银行（1854 年在上海设立代理处）、麦加利银

行（亦称渣打银行，于1858年在上海设立分行）、汇丰银行（于1865年在上海设立分行）等一大批外资银行在上海设立了分支机构。1897年中国第一家中资银行中国通商银行在上海创办。1891年由外商成立的上海股份公所（1904年改组更名为上海众业公所），则是旧中国第一家证券交易所。到20世纪30年代，上海作为亚洲地区国际金融中心的地位盛极一时，其影响力远远超过当时的东京等其他亚洲城市。突出表现在以下三方面：

一是众多外资金融机构云集。据统计，截至1936年底，在沪外资银行达27家，其中：英资银行5家，美资银行4家，日资银行8家，法资银行2家，荷资银行2家，德资银行、比资银行、意资银行、俄资银行各1家，中法合资和法比合资银行各1家，许多国际著名银行当时都在上海设立了分支机构。上海外资银行数量明显超过同期的香港（17家）、孟买（13家）、东京（11家）等其他亚洲金融中心城市。除外资银行以外，外资保险公司也云集上海，总数达数百家，重要的如美亚保险公司、友邦保险公司等，均在上海有业务开展。

二是全国主要中资金融机构总部集中。截至1937年底，上海已有各类中资银行83家，其中：总行或总管理处达57家。当时，全国最为重要的金融机构（包括金融管理机构），如"四行二局"（中央银行、中国银行、交通银行、中国农民银行、邮政储金汇业局、中央信托局）、"小四行"（中国通商银行、四明商业储蓄银行、中国实业银行、中国国货银行）、"北四行"（盐业银行、金城银行、中南银行、大陆银行）、"南三行"（浙江兴业银行、浙江实业银行、上海商业储蓄银行）总部都设在上海。在上海的中资银行对外联系十分密切，尤其是中国银行，在1935年时已与境外的98家银行建立了代理行关系，抗日战争前在亚洲已设立大阪、新加坡、曼谷等分行。此外，上海还集聚了全国主要的中资保险公司、信托公司等其他金融机构。

三是金融市场国际影响十分显著。主要由上海众业公所和上海华商证券交易所组成的上海证券市场是20世纪30年代亚洲地区最大的证券市场之一。众业公所由外资组建，经营范围十分广泛，包括中国和亚洲各地外资企业的股票、债券以及中国政府发行的债券等，1934年上市的股票、债券等共达100多种，成交股票数量达 2000 万股之多；上海华商证券交易所由中资组建，市政公债交易十分活跃，1933 年成交的债券金额达 47.7 亿元。上海金业交易所是亚洲地区规模最大的黄金交易市场，1926 年成交的标金（重 10 两的标准金条）达 6232 万条，仅次于伦敦、纽约，居世界第三位，上海黄金市场价格对全球的黄金交易价格有重要影响。上海外汇市场交易十分活跃，国际化程度、市场成交量都居于亚洲各国前列。此外，当时上海的票据贴现市场、银行同业拆借市场等其他金融市场交易也十分活跃。抗日战争爆发以后，上海作为亚洲国际金融中心的地位逐渐衰落。

二、上海国际金融中心建设的现状

新中国成立后，特别是 1978 年的改革开放开启了中国历史发展的新时期，中国人民走上了奔向富裕安康的广阔道路，中国特色社会主义建设充满蓬勃生机。在经济社会发展取得举世瞩目成就的同时，金融在经济社会发展中的地位和重要性也日益显著，迫切需要有一个金融中心。1991 年，中国改革开放的总设计师邓小平视察上海时指出："上海过去是金融中心，是货币自由兑换的地方，今后也要这样搞"，"中国在金融方面取得国际地位，首先要靠上海"。1992 年，党的十四大报告中提出，"尽快把上海建设成为国际经济、金融、贸易中心之一，带动长江三角洲和整个长江流域地区经济新飞跃"。2009 年 4 月，国务院颁布实施《关于推进上海加快发展现代服务业和先进制造业建设国际金融中心和国际航运中心的意见》，首次从国家层面对上海国际金融中心建设的目标、任务、措施等内容进行了全面部署。2019 年 1 月，《上海国际金融中心建设行动计划（2018—2020 年）》发布，2020 年 2 月，《关于进一步加快推进上海国际金融中心建设和金融支持长三角一体化发展的意见》发布，更是为上海国际金融中心建设带来了新的生机和活力。多年来，中央政府始终高度关注上海国际金融中心建设的进程，并提出了具体的要求，指出了明确的方向。正是在中央政府的领导和关心下，上海国际金融中心建设取得了显著的成就，基本确立了作为国内金融中心的地位，为建成国际金融中心打下了良好的基础。

一是金融市场体系进一步完善，国际影响力逐步显现。上海已经成为全球金融市场门类最完备的城市之一。近年来，中国信托登记公司、上海保险交易所、上海票据交易所、中央结算公司上海总部等金融市场平台相继落户，上海已基本形成了涵盖股票、债券、期货、货币、外汇、黄金、保险、信托等类别的全国性金融市场体系，具备了一定的国际影响力。A股被相继纳入明晟（MSCI）、富时罗素（FTSE）、标普道琼斯三大国际指数。中国债券被纳入彭博巴克莱全球综合指数、摩根大通全球新兴市场政府债券指数等。金融市场多项指标排名位居全球前列。截至2019年末，上海股票市场市值、成交额、筹资额分别排名全球第4位、第4位、第2位，上海黄金交易所场内现货黄金交易量位居全球第一，上海期货交易所多个品种交易量位居全球第一。截至2019年末，银行间债券市场托管余额达到86.4万亿元，占我国债券市场存量的87%，有力支撑了我国债券市场位居全球第二的地位。2019年，上海金融市场成交总额1934.3万亿元，同比增长16.6%，比2009年末增加6.7倍。2019年，上海金融市场直接融资额12.7万亿元，比2009年末增加4.8倍，占全国直接融资总额的85%以上。金融市场产品创新不断推出。原油期货、2年期国债期货、纸浆期货、利率期权、股票期权、铜期权、天然橡胶期权、沪深300ETF期权、股指期权等产品陆续上市，其中原油期货已发展成为亚洲最大、全球第三的原油期货市场。

上海金融市场交易额（单位：万亿）

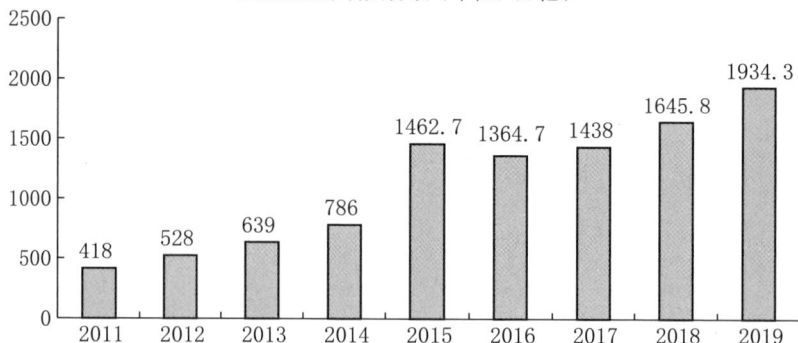

年份	交易额
2011	418
2012	528
2013	639
2014	786
2015	1462.7
2016	1364.7
2017	1438
2018	1645.8
2019	1934.3

上海金融市场直接融资额（单位：万亿）

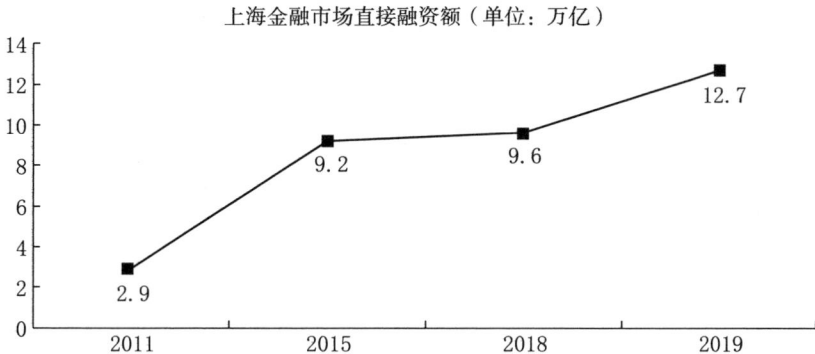

二是中外金融机构加快集聚，主体类型更加丰富多元。各类国际性、总部型、功能性金融机构不断涌现。除了银行、证券、保险、基金、信托等金融机构不断汇聚发展外，新开发银行、跨境银行间支付清算公司（CIPS）、全球清算对手方协会（CCP12）、城市商业银行清算公司等一批重要金融机构或组织落户上海。外资金融机构加快在上海布局。全国首家外资全资保险控股集团——安联（中国）保险集团正式开业；全国首批新设外资控股证券公司——野村东方国际证券、摩根大通证券（中国）获批开业；全国首家外资控股理财公司——东方汇理和中银理财公司成立的合资理财公司获批成立。全国首批获准开展第三方基金销售公司投顾试点——先锋领航和蚂蚁金服合资成立的先锋领航投顾（上海）投资咨询公司、全国首批获得银行间市场 A 类主承销商资格外资银行——法国巴黎银行、全国首家获批扩大经营范围的保险经纪公司——韦莱保险经纪公司等在沪落地。全球资管中心建设步伐明显加快。交通银行、中信银行等在沪设立理财子公司。全球资管规模排名前十的资管机构已全部在沪开展业务，全国 25 家外商独资私募证券投资基金管理人（WFOE PFM）中有 24 家落户上海，超过 30 家海外投资基金管理公司在沪设立。上海证券资管业务总规模占全国三分之一，保险资管公司受托资产总规模占全国一半以上。新兴金融业态快速发展。建信金科、中银金科等多家金融科技公司在沪设立。在沪融资租赁公司管理资产规模约 2.1 万亿元，占全国比重约 30%。支付宝等 50 余家支付机构将总部设在上海，成为国内支付产业的重要聚集地。截至

2019 年末，上海持牌金融机构总数达 1646 家，比 2009 年末增加 660 家，外资金融机构占比近三分之一。

上海持牌金融机构数（单位：家）

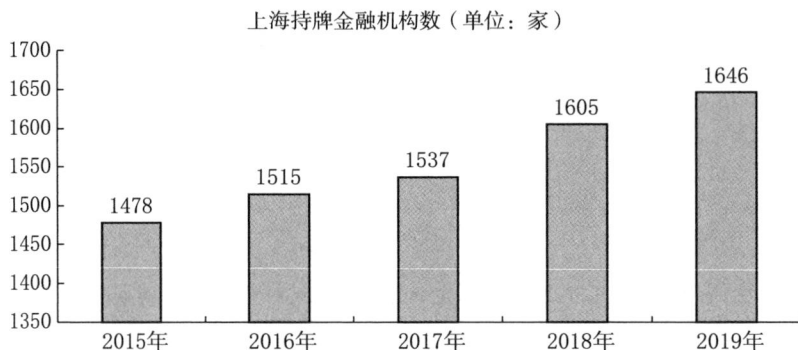

上海金融业增加值、金融业税收快速增长

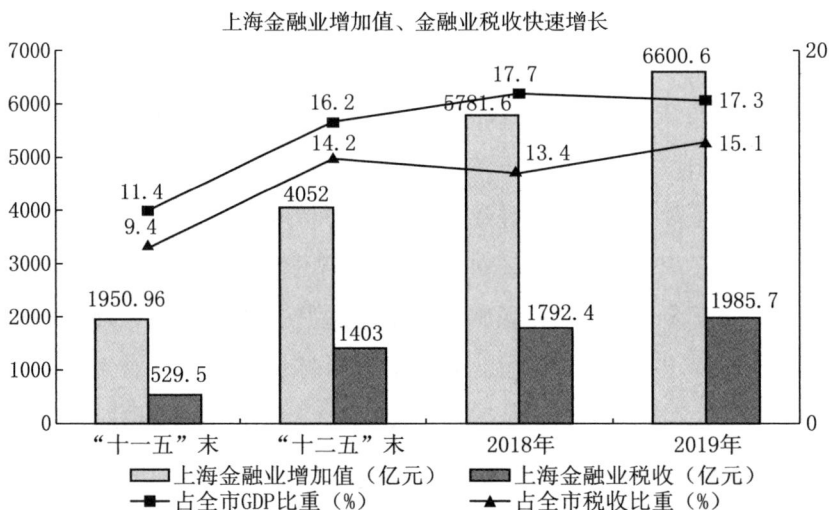

三是金融开放创新取得新突破，跨境配置资源能力显著提升。顺利推出科创板并成功试点注册制，进一步增强了上海国际金融中心和科创中心之间联动效应。截至 2020 年 6 月末，科创板上市企业 130 家，首次上市融资 2015 亿元，上市企业主要集中在新一代信息技术产业、高端装备制造业、生物医药产业等高端产业。金融市场互联互通取得重要进展。成功启动"沪港通"、"沪伦通"、"债券通"、黄金国际板等重要金融创新试点。银行间债券、外汇、货币等金融市场双向开放步伐加快，截至 2019 年末，共有 2731 家境外机构投资者进入银行间债券市场，持债量约 2.2 万亿元。人民币外汇市场可交易货币对增至 27 个。"一带一路"债券、"熊猫债"等人民币债券发行规模进一步扩大。截至 2019 年末，"熊猫债"累计发行 3356.7 亿元，上海证券交易所"一带一路"债券累计发行 188 亿元。金融改革开放政策先行先试效应明显。中国（上海）自由贸易试验区多项金融改革创新措施在全国或部分地区复制推广。跨境人民币业务规模不断扩大，2019 年，上海跨境人民币收支 5.2 万亿，占全市跨境支付规模的 45%，占全国跨境人民币支付规模的 50% 左右。

四是金融标准体系建设不断完善，"上海价格"内涵更加丰富。利率汇率形成机制进一步健全。上海银行间同业拆放利率（Shibor）、贷款市场报价利率（LPR）等基准利率市场化形成机制深入推进，率先在全国实现外币存款利率市场化。CFETS 人民币汇率指数成为人民币汇率水平的主要参照。"上海价格"持续扩容。"上海金""上海油""上海银"等国际化品种相继挂牌，大幅提升了人民币产品和大宗商品的定价能力。"上海金"在迪拜黄金和商品交易所挂牌交易。上海黄金交易所与芝加哥商品交易所合作推出以"上海金"为基准的衍生品。银联卡技术标准广泛应用，银联网络已经延伸至 177 个国家和地区，银联成为发卡量、交易量全球第一的国际卡公司。银联卡芯片标准成为亚洲支付联盟的跨境芯片标准。

五是金融发展环境持续优化，国际认可度明显提升。金融法治建设取得重大进展，在全国率先设立金融法院。金融审判庭、金融检察处（科）、金融仲裁院、人民银行金融消费权益保护局、金融纠纷调解中心等陆续成立。颁布实施《上海市推进国际金融中心建设条例》、《上海市地方金融监督管理条例》。信用环境建设持续推进，落户上海的人民银行征信中心已建成全国集中统一的企业和个人信用信息基础数据库，全国首部地方综合性信用条例出台。市大数据普惠金融应用正式上线，进一步提高了营商环境便利度。国际金融人才高地建设取得积极进展，坚持金融人才培养、引进和集聚，创新人才发展体制机制，不断优化人才发展环境，在沪金融从业人员达 47 万人。金融中心协调推进机制和风险防范体系不断健全，成立上海市推进上海国际金融中心建设领导小组，建立上海市金融监管协调机制和上海市金融稳定协调联席会议制度。金融集聚区建设成效明显。陆家嘴金融城在全国率先实施"业界共治＋法定机构"公共治理架构，成立陆家嘴金融城发展局。沿黄浦江金融集聚带发展态势良好，承载力不断提升。品牌知名度不断提升。连续完成 9 届金融创新奖评选，一批金融创新成果在全国复制推广，起到了示范引领作用。成功举办十一届"陆家嘴论坛"，品牌效应日益显现，成为国内外金融合作交流的重要平台。上海也成为金融行业自律组织最齐全的城市之一，形成了涵盖银行、证券、保险、基金、期货等各类主体的行业自律组织体系。总体来看，上海国际金融中心建设成就日益得到全球经济金融界的广泛认可。根据英国独立智库 Z/Yen 集团发布的全球金融中心指数，上海的排名由 2014 年 3 月第 20 名逐步跃升第 16 名、第 13 名、第 6 名，第 5 名。截至 2020 年 3 月，上海首次晋级第 4 名，连续 4 次位列全球五大国际金融中心行列。

上海金融业从业人员（单位：万人）

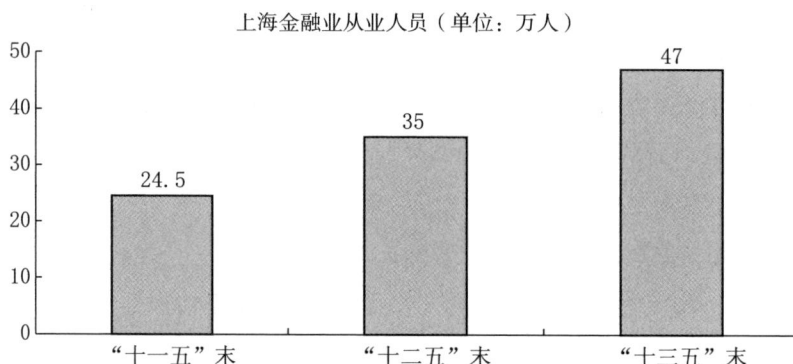

三、上海国际金融中心建设的未来

上海国际金融中心建设需要紧密结合我国全面建设社会主义现代化国家进程，具体战略思路可以概括为"三个目标、三步走"战略。三个目标：即参照发达金融中心演变的路径和全球金融体系格局，上海国际金融中心建设的目标可以根据开放程度、辐射范围分为三个级别，基本目标、中级目标、高级目标。三步走：即按照我国全面建设社会主义现代化国家的进程，分三步建设与之相适应、相匹配的国际金融中心。

第一步：从现在到2020年，是全面建成小康社会的决胜期。上海国际金融中心建设要完成基本目标，即基本确立以人民币产品为主导、具有较强金融资源配置能力和辐射能力的全球性金融市场地位，基本形成公平法治、自由开放、创新高效、合作共享的金融服务体系，基本建成与我国经济实力以及人民币国际地位相适应的国际金融中心。这是"19号文"提出的目标。

第二步：从2020年到2035年，我国要基本实现社会主义现代化。上海国际金融中心建设将完成中级目标，即人民币使用范围和规模进一步扩大，资本账户和金融制度进一步开放，成为以中国为腹地，覆盖整个亚太经济板块的开放的国际金融中心。

第三步：从2035年到本世纪中叶，要把我国建成富强民主文明和谐美丽的社会主义现代化强国。上海国际金融中心建设将完成高级目标，即上海成为与国家综合国力和国际影响力领先地位相匹配的，处于全球金融体系中心地位、辐射全球经济金融活动的全球金融中心。

当前，是上海完成第一步基本目标最重要的决胜期和冲刺期。展望未来，我们要进一步增强机遇意识、使命意识和责任意识，科学把握发展规律，充分利用各种有利条件，精心筹划，奋发有为，不断开创上海国际金融中心建设的新局面。要坚持"一个核心"，做到"五个更加注重"：

坚持"一个核心"，就是继续把金融市场体系建设作为上海国际金融中心建设的核心，金融市场是优化资源配置的重要载体，是金融体系参与国际竞争的主要渠道，也是金融中心服务全国的关键性平台。因此，上海国际金融中心建设必须牢牢抓住市场体系这一核心，不断取得新的突破，要继续拓展人民币产品市场的广度和深度，丰富人民币产品和工具，健全交易、定价、支付清算和信息功能齐备的多层次金融市场体系。

同时，还要做到"五个更加注重"，一是更加注重市场建设，提升全球金融资源配置能力。充分发挥金融市场在资源配置中的决定性作用，拓展人民币产品市场的广度和深度，丰富人民币产品和工具，提升人民币产品市场规模和影响力。不断提高金融市场的国际化水平，打造"上海价格"，建设全球人民币基准价格形成中心、资产定价中心。不断完善人民币全球支付清算体系和全球金融市场基础设施体系。

二是更加注重开放引领，打造全方位金融服务体系。通过上海自贸试验区新片区进行更深层次、更宽领域、更大力度的全方位高水平开放，使上海成为国内外合作共赢的重要节点。稳步推进人民币跨境使用、资本项目可兑换，大力发展离岸金融业务，打造跨境投融资服务中心，促进资金互联互通，形成能够有效服务于更高层次开放型经济的金融业双向开放新格局。

三是更加注重增强功能，切实推动经济高质量发展。加快金融产品和业务创新，不断完善价格形成机制，显著提高直接融资特别是股权融资比重，促进经济转型发展和结构升级。积极吸引各类国际化、总部型、功能性金融机构集聚发展，打造全球资产管理中心，积极培育保险市场，大力发展再保险业务，建设国际保险中心，汇聚全球资源支持创新发展和供给侧结构性改革。

四是更加注重改革创新，建设金融科技创新体系。构建以信息化技术为重要特征的金融创新体系，顺应科技与金融渗透融合趋势，充分利用区块链、大数据、云计算等技术，实现金融科技领先发展，研究制定金融科技的中国标准，赢得金融科技领域竞争力。鼓励金融机构运用科技手段，提高金融服务的信息化程度和技术水平，建设金融技术服务中心和金融信息中心，加强上海国际金融中心和科技创新中心的联动发展。

五是更加注重风险防范，加强金融营商环境建设。加快与国际接轨，不断完善金融法治、税收、会计、信用、监管等制度，基本形成符合国际惯例、公正透明、规范有序的制度体系，建设制度创新高地和金融人才高地。建设金融风险管理与压力测试中心，有效提高金融监管和风险防范能力，坚决打好防范化解重大金融风险攻坚战，牢牢守住不发生系统性、区域性金融风险的底线。

贯彻落实《行动计划》实现国际金融中心建设战略目标 [*]

2019 年 1 月 17 日，经国务院同意，中国人民银行会同发展改革委、科技部、工信部、财政部、银保监会、证监会、外汇局联合印发《上海国际金融中心建设行动计划（2018—2020 年）》（以下简称《行动计划》）。《行动计划》阐述了 2018—2020 年期间上海国际金融中心建设的指导思想、发展目标和主要任务，是指导上海国际金融中心建设的行动纲领。《行动计划》的发布标志着上海国际金融中心建设进入冲刺阶段，为确保 2020 年如期实现基本建成国际金融中心的战略目标提供了重要保障、方向指引和实现路径。

一、近年来上海国际金融中心建设取得重要进展

在党中央、国务院的正确领导下，在国家相关部门的指导帮助下，在社会各方面的大力支持下，上海积极开展金融改革开放先行先试，始终坚持以金融市场体系建设为核心，以金融改革创新和营造金融环境为重点，加快市场化、国际化和法治化步伐，努力营造良好的金融发展环境，加快推进国际金融中心建设，取得了重要进展，进一步巩固了以较齐备的金融市场体系为支撑的、有一定国际影响力的金融中心地位。在第 27 期英国独立智库 Z/YEN 集团发布的全球金融中心指数（GFCI）排名中，上海由上一期的全球第 5 位升至第 4 位。

---

[*] 本文撰写于 2019 年 1 月，部分内容在《上海国际金融中心建设行动计划（2018—2020 年）》吹风会上的对外发表。

一是已经成为国际上金融市场体系最为完备的城市之一。目前，上海集聚了包括股票、债券、货币、外汇、票据、期货、黄金、保险等各类全国性金融要素市场。2018年，上海金融市场成交总额1645.8万亿元，同比增长15.2%。股票、债券、期货、黄金等金融市场国际排名显著提升，多个品种交易量位居全球前列。上海证券市场股票筹资总额位居全球第二，股票市值和股票交易额位居全球第四、第五。目前，上海黄金交易所场内现货黄金交易量位居全球第一，上海期货交易所多个期货品种交易量位居全球第一。2018年以来，原油期货、2年期国债期货、铜期权、纸浆期货成功上市，其中原油期货已超过迪拜商品交易所成为亚洲最大、全球第三的原油市场。

二是已经成为中外资金融机构的重要集聚地。在银行、证券、保险、基金、信托等金融机构纷纷落沪的同时，近年来，各类国际性、总部型、功能性金融机构和新型金融机构也加速集聚。截至2018年末，在沪持牌金融机构总数达1605家，比2011年末增加了469家。新开发银行、人民币跨境支付系统（CIPS）、全球清算对手方协会（CCP12）、中国保险投资基金、中国互联网金融协会等一批重要金融机构或组织落户上海。金融业规模不断扩大，2018年前三季度，上海实现金融业增加值4122.08亿元，同比增长5.3%，占全市生产总值17.7%，占全国金融业增加值7.9%，居全国城市之首。

三是已经成为中国大陆金融对外开放的最前沿。2018年以来，上海积极落实"扩大开放100条"行动方案，先后上报两批23个金融业对外开放项目，13个项目已落地，近期又上报了第三批8个项目。上海已成为外资金融机构在华主要集聚地。截至2018年末，在沪各类外资金融机构总数为502家，占上海金融机构总数近30%。总部设在上海的外资法人银行占内地总数的一半以上；合资基金管理公司、外资保险公司均占内地总数的一半左右。金融对外开放领域不断拓宽，近年来证券"沪港通"、黄金国际板、"债券通"等相继启动，银行间债券、外汇、货币等市场加快开放，人民币海外投贷基金、跨境ETF等试点顺利推出。

四是已经成为我国金融改革创新的先行区。多年来，中央一直支持上海在金融改革发展方面先行先试，把许多金融领域的创新探索放在上海试点。特别是中国（上海）自由贸易试验区、具有全球影响力的科技创新中心建设等国家战略提出后，上海不断加大金融改革力度，主动对接服务国家战略，进一步释放协同创新的聚变效应。自由贸易账户功能进一步拓展，2018 年新增近 5000 家企业纳入自贸账户系统，账户总数已超 7.2 万个。跨境人民币业务、投贷联动等方面在全国率先试点，支持互联网金融等新业态、新模式的探索与发展，个人税收递延型商业养老保险在上海率先推出。

五是已经成为国内金融发展环境最佳的地区之一。金融法治环境建设取得重大进展，在全国率先设立了上海金融法院。金融仲裁院、金融消费权益保护局、金融纠纷调解中心等陆续成立。信用体系建设取得重要进展，出台了全国首部地方综合性信用条例——《上海市社会信用条例》，落户上海的中国人民银行征信中心已建成全国集中统一的企业和个人信用信息基础数据库，上海市公共信用信息服务平台开通运行。推出上海文创金融服务平台，做好金融服务支持上海进口博览会工作。此外，主动实施各项金融服务措施，积极吸引金融机构、金融人才集聚上海，金融业从业人员超过 37 万人。设立并连续评选金融创新奖，在全国率先建立金融业联合会，成功举办十届陆家嘴论坛，国际影响力进一步提升。

二、当前上海国际金融中心建设的主要着力点

2009 年，国务院颁布了《关于推进上海加快发展现代服务业和先进制造业建设国际金融中心和国际航运中心的意见》（国发〔2009〕19 号文），提出上海到 2020 年要"基本建成与我国经济实力以及人民币国际地位相适应的国际金融中心"。《行动计划》对这一目标作出具体描述，提出上海到 2020 年要基本确立以人民币产品为主导、具有较强金融资源配置能力和辐射能力的全球性金融市场地位，基本形成公平法治、创新高效、透明开放的金融服务体系，基本建成与我国经济实力以及人民币国际地位相适应的国际金融中心，迈入全球金融中心前列。《行动计划》从加快金融改革创新、提升金融市场功能、健全

金融机构体系、聚焦国家发展战略、扩大金融开放合作、优化金融发展环境六个方面阐述了上海国际金融中心建设的主要任务和措施，也是未来的主要发展方向。未来几年，上海将认真贯彻落实《行动计划》部署，明确分工，落实责任，从"五个维度"持续发力，"五个维度"即扩大开放、深化创新、集聚资源、市场建设、防控风险。

——进一步扩大对外开放，积极贯彻落实国家新一轮金融服务业扩大开放的重大部署，以更大力度、在更大范围内推进金融对外开放，提高金融中心国际影响力。

——进一步深化改革创新，加大金融改革创新力度，落实好党中央交给上海的三项新的重大任务，为全国金融业改革探路，继续当好先行先试排头兵。

——进一步集聚优势资源，积极吸引各类总部型、功能性金融机构集聚发展，加快形成门类齐全、功能完善的金融机构体系，吸引国际性金融组织落沪，提升金融行业竞争力。

——进一步增强市场功能，提升上海金融市场配置全球资源能力，推进金融市场更高水平发展，加快金融市场产品和工具创新，促进经济转型发展和结构升级，服务高质量发展。

——进一步防控金融风险，始终把防范金融风险放在突出位置，坚决打好防范化解重大金融风险攻坚战，为上海国际金融中心建设提供重要保障，维护安全营造一流营商环境。

三、贯彻落实《行动计划》主要举措

一是着力扩大对外开放，提高金融中心国际影响力。积极贯彻落实国家新一轮金融服务业扩大开放的重大部署，更大力度、更大范围推进金融对外开放，提高金融中心国际影响力。集聚和发展一批具有重要市场影响力的资产管理机构，建设全球资产管理中心。支持"一带一路"沿线国家政府、金融机构和企业在沪发行人民币债券，建设跨境投融资服务中心。

二是着力深化改革创新，继续当好先行先试排头兵。进一步加大金融改革创新力度，落实好党中央交给上海的三项新的重大任务，完善自贸试验区新片区金融领域方案，增强自由贸易账户功能。全力配合支持中国证监会、上交所推动科创板及注册制试点落地，深化长江三角洲金融合作，为全国金融业改革创新积累经验。

三是着力集聚优势资源，健全体系提升行业竞争力。积极吸引各类总部型、功能性金融机构集聚发展，加快形成门类齐全、功能完善的金融机构体系，推动更多国际性金融组织入驻上海，提升金融行业竞争力。建设金融科技中心，构建金融科技产业生态链，吸引金融科技公司来沪发展。探索设立"一带一路"再保险承保共同体及营运平台，建设国际保险中心。

四是着力增强市场功能，配置资源服务高质量发展。提升上海金融市场配置全球资源能力，推进金融市场更高水平发展，加快金融市场产品和工具创新，促进经济转型发展和结构升级，服务高质量发展。建设全球人民币资产定价、支付清算中心。不断完善金融市场体系和基础设施，充分发挥上海金融市场集聚优势，加快金融市场产品和工具创新，满足市场多样化需求。

五是着力防控金融风险，维护安全营造一流营商环境。始终把防范金融风险放在突出位置，坚决打好防范化解重大金融风险攻坚战，为上海国际金融中心建设提供重要保障，维护安全营造一流营商环境。建设金融风险管理与压力测试中心，争取金融产品、技术应用、机制创新以及重要的金融改革措施在上海先行先试。加快与国际接轨，建设金融法治高地、金融制度创新高地和金融人才高地，形成国际一流的优良金融生态系统。

上海将积极开展《行动计划》的学习宣传活动，切实做好《行动计划》实施工作，明确分工，落实责任，完善机制，营造环境。同时，进一步加强与国家有关部门的沟通协调，更好发挥国家在沪金融管理部门的作用，积极配合国家有关部门研究制定相关方案，努力形成滚动推进的落实机制，切实研究解决上海国际金融中心建设中的新情况和新问题，不断完善相关配套政策和措施，确保基本建成上海国际金融中心的战略目标顺利实现。

努力建设新时代的国际金融中心[*]

2017年10月18日，党的十九大召开。这是在全面建成小康社会决胜阶段、中国特色社会主义进入新时代的关键时期召开的一次十分重要的大会，具有极其重大而深远的历史意义。会上，习近平总书记做了党的十九大报告，提出了习近平新时代中国特色社会主义思想，明确了新时代具体的基本方略，尤其是我们需要经历的伟大斗争、伟大工程、伟大事业和伟大梦想，勾画了中国未来的宏伟蓝图，令我们感到特别激动、特别鼓舞、特别振奋，也深感责任重大、使命光荣。站在新的历史起点上，我们要积极发挥所长，与新时代的脉搏共振，奋力谱写上海国际金融中心建设新篇章。

一、过去五年上海国际金融中心建设取得的新成就

十八大以来，在党中央、国务院的正确领导下，在国家相关部门的大力支持和指导下，在国内外广大金融机构和市场主体的共同参与下，上海国际金融中心建设取得了重大进展。这五年是上海金融系统不断创造辉煌的五年，是砥砺奋进的五年。上海进一步巩固了以金融市场体系为核心的中国金融中心地位，初步形成了全球性人民币产品创新、交易、定价和清算中心。

——这五年，上海金融市场体系基本确立，已成为国际上金融市场门类最

---

* 本文发表于《中国金融》2017年第22期。

为完备的城市之一。集聚了股票、债券、货币、外汇、黄金、期货、票据、保险等各类金融要素市场。2017年，上海金融市场成交总额达1428.4万亿元，直接融资额达7.6万亿元，全国直接融资总额中的85%以上来自上海金融市场。股票、债券、期货、黄金等金融市场国际排名显著提升，其中，上海证券市场股票筹资总额位居全球第二，股票交易额和股票市值均位居全球第四，上海黄金交易所场内现货黄金交易量位居全球第一。

——这五年，上海金融机构体系日益健全，已成为中外金融机构的重要集聚地。截至2017年末，在沪持牌金融机构总数达1537家，比2011年末增加了401家，各类外资金融机构占上海金融机构总数近30%。金砖国家新开发银行、人民币跨境支付系统（CIPS）、全球清算对手方协会（CCP12）等一批重要金融机构或组织落户上海。总部设在上海的外资法人银行、合资基金管理公司、外资法人财产险公司均占内地总数的一半左右。

——这五年，上海金融开放步伐不断迈进，已成为中国内地金融对外开放的最前沿。近代以来，上海就是我国金融对外开放最早、力度最大的地区。改革开放以来，上海继续走在了金融对外开放的最前列，对外开放领域不断拓宽，证券"沪港通"、黄金国际板、"债券通"等相继启动，银行间债券、外汇、货币等市场加快开放，人民币海外投贷基金、跨境ETF等试点顺利推出。上海航运保险协会成立并代表中国加入全球最大的航运保险协会组织——国际海上保险联盟（IUMI）。

——这五年，上海金融改革创新不断深入，已成为中国金融改革创新的先行区。多年来，国家大力支持上海在金融改革开放方面先行先试，特别是伴随"一带一路"建设、上海自贸试验区、具有全球影响力的科技创新中心建设等国家重大举措的实施，给上海国际金融中心建设注入了新的活力。上海不断加大金融改革力度，主动对接服务这些国家战略，进一步释放协同创新的聚变效应，在跨境人民币业务、投贷联动等方面在全国率先试点，支持互联网金融等新业态、新模式健康发展，成为我国金融产品和业务种类最为丰富、最为集中

的城市。上海自贸试验区 20 多项举措陆续在全国其他地方复制推广，为全国
金融改革探索了路径。

——这五年，上海金融发展环境持续优化，已成为中国金融发展环境最完
善的地区之一。上海积极优化完善支持金融发展的政策措施，金融审判庭、金
融检察处（科）、金融仲裁院、金融纠纷调解中心等陆续成立。落户上海的中
国人民银行征信中心已建成全国集中统一的企业和个人信用信息基础数据库，
上海市公共信用信息服务平台开通运行，全国首部地方综合性信用条例《上海
市社会信用条例》出台。金融专业服务机构体系不断健全。陆家嘴金融城、沿
黄浦江金融集聚区等建设成效明显，集聚了大量国内外优秀金融机构、金融
人才。

同时应当看到，和国际上成熟的金融中心城市相比，上海国际金融中心
建设还存在不小的差距。其主要包括：金融市场功能还不健全，金融市场风
险防范机制有待完善；金融国际化程度有待提高，境外投资者比例较低；金
融法治化水平有待增强，金融税收、信用、监管、人才等方面建设还需要进
一步加强等。这些问题，必须通过坚定不移推进金融改革开放和创新加以
解决。

二、新时代上海金融系统肩负的新使命和新责任

建设上海国际金融中心是党中央、国务院从我国改革开放和现代化建设全
局高度做出的一项重大战略决策。1991 年，我国改革开放的总设计师邓小平
同志视察上海时指出："上海过去是金融中心，是货币自由兑换的地方，今后
也要这样搞"，"中国在金融方面取得国际地位，首先要靠上海"。特别是 2007
年，时任上海市委书记习近平同志指出，建设上海国际金融中心是事关全局的
国家战略，是中央交给上海的历史重任，上海要努力开创国际金融中心建设的
新局面。2017 年 3 月，习近平总书记在参加十二届全国人大五次会议上海代表

团审议时指出，上海自贸试验区要强化区内改革同全市改革的联动、同上海国际金融中心和科技创新中心的联动，不断放大政策集成效应。这是我们推进上海国际金融中心建设的根本遵循。2009 年 4 月，国务院颁布了《关于推进上海加快发展现代服务业和先进制造业　建设国际金融中心和国际航运中心的意见》(国发〔2009〕19 号文)，明确提出上海到 2020 年要"基本建成与我国经济实力以及人民币国际地位相适应的国际金融中心"。今年 8 月，全国金融工作会议后，中共中央、国务院下发的文件中提出，推动上海建设成以人民币产品为主导、具有较强辐射能力的国际金融中心。这些充分体现了党和国家的高度重视，为上海国际金融中心建设注入了强大动力。

建设上海国际金融中心是中国特色社会主义新时代的伟大召唤。党的十九大报告指出，中国特色社会主义进入了新时代，我国社会主要矛盾已经转化为人民日益增长的美好生活需要和不平衡不充分的发展之间的矛盾。我们深刻地认识到，进入新时代，解决新矛盾，实现中华民族的伟大复兴，迫切需要把我国建成现代化经济强国、金融强国，迫切需要有与其自身经济实力和人民币国际地位相适应的国际金融中心。特别是当前，中国已成为全球第二经济大国、第二大贸易国、第二大对外投资国，金融对经济发展的作用和影响更加突出，加快推进上海国际金融中心建设意义重大，影响深远。

一是有利于提高金融资源配置效率，促进经济转型升级。金融活，经济活。当前世界经济复苏艰难曲折，我国经济发展正经历增速换挡、结构调整、动力转换的关键期。加快上海国际金融中心建设，充分利用好金融要素市场平台，不断完善人民币全球服务体系，实现各要素市场的互联互通，有助于增强我国金融资源配置能力，拓宽实体经济融资渠道，更好地服务全国经济社会发展。

二是有利于增强我国金融业国际竞争力，为全球经济金融治理贡献中国智慧。随着"一带一路"倡议的深入推进，我国国际影响力、感召力、塑造力进一步提高，为世界和平与发展作出新的重大贡献。在金融领域，我国虽已成为重要的世界金融大国，但金融业国际竞争力、影响力依然有限。建设上海国际金融中心，并加强与上海自贸试验区建设的深度联动，有利于提升市场影响力和辐射力，形成中外资金融机构共同竞争、良性发展的格局，支持企业更好"走出去"，发挥好"桥头堡"作用，为国家开放型经济发展保驾护航，在更高层次上参与全球金融治理，促进我国从金融大国迈向金融强国。

三是有利于提升我国金融风险防范水平，维护国家金融安全。金融稳，经济稳。当前中国经济的安全稳定日益与世界经济息息相关。建设上海国际金融中心，发展具有广度和深度、吸纳力强的多层次金融市场，探索开放经济条件下的金融风险防范化解机制，正是构建中国现代经济金融体系、有效防范金融风险的重要内容和应有之义。

新时代赋予新使命，新时代召唤新担当。当前，上海国际金融中心建设正处在由扩大规模到注重质量、由集聚资源到提升能级的发展关键期，我们必须以永不懈怠、奋勇向前的精神状态，付出更为艰巨、更为艰苦的努力，扎实推进上海国际金融中心建设各项工作，服务好中国特色社会主义发展，解决好新时期新的主要矛盾，以优异成绩向党和人民交出满意答卷。

三、吹响全面建设上海国际金融中心的新号角

上海国际金融中心建设是一项系统性工程，是中国特色社会主义事业的有机组成部分，需要长期的努力，跨越一个又一个台阶。上海于本世纪初提出了五年打基础、十年建框架、二十年基本建成的"三步走"战略，即到 2005 年，基本确立中国金融中心地位；到 2010 年，形成国际金融中心的框架体系；到 2020 年在我国全面建成小康社会的同时，基本建成与我国经济实力以及人民币国际地位相适应的国际金融中心。

按照新时代中国特色社会主义发展的战略安排，上海国际金融中心建设的

分阶段目标如下：

从现在到 2020 年，是全面建成小康社会的决胜期，也是基本建成上海国际金融中心的冲刺阶段。上海国际金融中心建设的目标是，在习近平新时代中国特色社会主义思想的指导下，依据全国金融工作会议的总体部署，到 2020 年，上海基本确立以人民币产品为主导、具有较强金融资源配置能力和辐射能力的全球性金融市场地位，基本形成公平法治、创新高效、透明开放的金融服务体系，基本建成与我国经济实力以及人民币国际地位相适应的国际金融中心，迈入全球金融中心前列。

从 2020 年到 2035 年，要基本实现社会主义现代化。上海国际金融中心建设的目标是，到 2035 年，上海要发展成为在亚太地区首屈一指、具有全球重要影响力的世界级金融中心。从 2035 年到本世纪中叶，要把我国建成富强民主文明和谐美丽的社会主义现代化强国。上海国际金融中心建设的目标是，到 2050 年，上海要成为与国家综合国力和国际影响力领先地位相匹配的享誉全球的国际金融中心。

新时代要有新气象，更要有新作为。完成上海国际金融中心建设分阶段的目标，我们必须强化"四个意识"，坚定"四个自信"。始终在思想上政治上行动上同以习近平同志为核心的党中央保持高度一致，坚决维护习近平总书记作为党中央的核心、全党的核心的地位。始终牢记金融必须忠于党、忠于人民，为党的事业服务，为人民的福祉服务。我们必须认真贯彻落实党的十九大对金融工作的总体要求。当前和今后一段时期，上海金融系统各级党组织要把学习好、宣传好、贯彻好党的十九大精神作为首要的政治任务，按照中央和市委部署，迅速兴起学习热潮，学深悟透，融会贯通，真正把学习党的十九大精神成果，转化为提升新时代上海金融系统各项工作的强大动力，努力形成学习贯彻落实党的十九大精神的生动实践。我们必须旗帜鲜明地加强党对上海国际金融中心建设工作的领导。加强上海金融系统党的领导和党的建设，坚定执行党的政治路线，坚决完成"服务实体经济，防控金融风险，深化金融改革"三大任务，为上海国际金融中心建设提供强有力保障。

上海国际金融中心建设是一项开创性的伟大事业。行百里者半九十，在这最后的冲刺阶段，上海金融系统将在党的十九大精神的感召引领下，高举中国特色社会主义伟大旗帜，用习近平新时代中国特色社会主义思想武装头脑、指导实践，在党中央、国务院的正确领导下，在国务院金融稳定发展委员会和国家相关部门的大力支持和指导下，在上海市委、市政府的坚强领导下，不忘初心、牢记使命、众志成城、扎实苦干，以坚定的政治担当、优良的金融服务和钉钉子精神，以好的党建引领并确保国际金融中心如期基本建成，为实现"两个一百年"奋斗目标、实现中华民族伟大复兴中国梦的美好蓝图谱写好上海金融新篇章。

"十三五"时期上海国际金融中心建设目标路径 *

"十三五"时期是我国全面建成小康社会决胜阶段，也是上海按照党中央、国务院要求，到 2020 年基本建成国际经济、金融、贸易、航运中心和社会主义现代化国际大都市决定性时期。要深刻领会和贯彻落实党的十八届五中全会精神，按照"四个全面"的战略部署，围绕"基本建成与我国经济实力以及人民币国际地位相适应的国际金融中心"战略目标，认真谋划好"十三五"时期上海国际金融中心建设。

一、"十二五"时期上海国际金融中心建设取得了重要进展

上海金融市场体系进一步完善，金融市场规模能级显著提升。一是金融市场类型更加丰富，上海保险交易所开业，全国性票据交易市场、全国性信托登记机构获批，上海国际能源交易中心、上海国际黄金交易中心、上海股权托管交易中心等启动，上海已形成了较为完备的全国性金融市场体系，初步具备一定的国际影响力。二是金融市场基础设施建设步伐加快，人民币跨境支付系统（CIPS）落户上海，中央国债登记结算公司上海分公司成立。三是金融市场运行机制不断健全，上海银行间同业拆放利率（Shibor）市场基准作用继续提升，

---

* 本文由两篇发表文章整理而成，一是发表于《人民日报·海外版》2016 年 12 月 2 日第 8 版，原题为《上海向全球金融中心奋力迈进》；二是发表于《上海经济论坛》2015 年第 12 期，原题为《深入贯彻落实党的十八届五中全会精神，认真谋划"十三五"上海国际金融中心建设》。

贷款基础利率（LPR）正式运行，CFETS 人民币汇率指数正式发布，人民币利率、汇率市场价格形成机制进一步健全。四是金融市场创新产品日益增多，成功推出了国债期货、同业存单、ETF 期权、黄金 ETF 等一批有重要影响的金融产品和工具，提升了上海金融市场的交易、定价和综合服务功能。五是金融市场规模快速增长，2015 年，上海金融市场交易总额达到 1463 万亿元，比 2010 年增长了 2.5 倍。2015 年，上海证券市场股票交易额和股票筹资总额位居全球第二位，年末股票市值位居全球第四位；上海黄金交易所黄金现货交易量连续多年保持全球第一。

多年来，上海一直致力于完善金融发展环境，取得了积极成效：一是金融法治环境不断优化，《上海市推进国际金融中心建设条例》颁布实施，金融审判庭、金融检察处、金融仲裁院、金融纠纷调解中心相继成立，率先在全国推出《上海国际金融中心法治环境建设》白皮书，中国人民银行金融消费权益保护局在上海正式运作。二是金融人才服务工作力度不断加大，在全国率先发布金融人才发展规划和金融紧缺人才开发目录，金融人才数量显著增加，集聚效应不断显现，上海国际金融人才高地建设初见成效。三是信用体系建设不断推进，落户上海的中国人民银行征信中心数据覆盖范围进一步扩大。上海市公共信用信息服务平台正式启动。四是支付清算基础设施不断完善，中国银联服务功能进一步增强，票据、银行卡、网络支付等非现金支付工具广泛应用。上海清算所初步形成覆盖现货和衍生品的中央对手清算业务体系。五是专业服务体系不断健全，与金融相关的会计审计、法律服务、资产评估、信用评级、投资咨询、财经资讯、服务外包等专业服务加快发展。六是金融集聚区布局建设不断加强，陆家嘴金融城、外滩金融集聚带等核心功能区集聚效应明显，各区县结合自身优势积极发展特色金融业。此外，上海市设立并连续评选金融创新奖，在全国率先建立金融业联合会，成功举办了八届陆家嘴论坛，国际影响力进一步提升。

在取得积极成果的同时也应当看到，与国际成熟的金融中心城市相比，上海国际金融中心建设还存在不小的差距，金融市场机制有待完善，金融开放度有待提高，金融法治化有待加强，这些都需要在"十三五"时期予以完善。

二、清醒认识"十三五"时期上海国际金融中心建设面临的形势

当前，上海国际金融中心建设正处在由内向外的开放创新期、由扩大规模到注重质量的结构转型期以及由集聚资源到提升功能的发展升级期。"十三五"时期，上海国际金融中心建设的国内外环境正在发生深刻而复杂的变化，既面临重要机遇，也存在风险挑战。具体体现为五个方面：

一是全球金融格局加快调整，国际金融治理体系主导权竞争加剧。二是我国经济发展空间依然广阔，经济转型升级进入攻坚阶段。三是金融改革开放不断深化，制度红利加快释放。四是人民币国际化步伐加快，国际地位不断提高。五是新兴金融业态快速成长，发展潜力巨大。

总体来看，上海国际金融中心建设将以"十三五"时期为节点进入历史性的重大转折发展阶段，必须牢牢把握好机遇，充分利用各种有利条件，破解前进过程中的各种难题，努力实现上海国际金融中心建设战略目标。

三、准确设定"十三五"时期上海国际金融中心建设的战略目标

"十三五"时期上海国际金融中心建设要以市场化、国际化、法治化为方向，以人民币产品市场建设为核心，以自贸试验区金融改革创新为突破口，以科创中心建设和"互联网＋"为新动力，以服务"一带一路"建设和长江经济带战略为切入点，显著提升上海国际金融中心配置全球金融资源的功能和服务我国经济社会发展的能力，不断增强上海国际金融中心的辐射力和全球影响力。到"十三五"期末，上海基本确立以人民币产品为主导、具有较强国际金融资源配置能力的全球性金融市场地位，基本形成公平法治、自由开放、创新高效、合作共享的金融服务体系，基本建成与我国经济实力以及人民币国际地位相适应的国际金融中心，迈入世界一流国际金融中心行列。具体目标为实现

五个方面：

——基本形成交易、定价和信息功能齐备的多层次金融市场体系。提升人民币产品市场规模和影响力，建设全球人民币基准价格形成中心、资产定价中心和支付清算中心。

——基本形成具有较强国际竞争力和行业领导力的多元化金融机构体系。提升金融机构服务功能和综合实力，建设全球跨境投融资中心和财富管理中心。

——基本形成境内外市场主体广泛参与的全方位金融开放体系。通过上海自贸试验区加快金融开放，服务国家"一带一路"建设，便于资金互联互通，成为国内外资源配置与合作共赢的交汇中心。

——基本形成以信息化技术为重要特征的金融创新体系。推动科技和金融高度融合发展，充分利用互联网、大数据等技术，建设科技金融服务中心、金融信息中心和互联网金融发展中心。

——基本形成符合国际惯例、公平公正、规范有序的制度体系，形成优良的金融生态环境，建设金融人才高地和制度创新高地。

四、科学安排"十三五"时期上海国际金融中心建设的重点任务

围绕"十三五"时期上海国际金融中心建设的战略目标，要从自贸试验区金融改革创新、金融市场功能、金融机构体系、金融服务实体经济、金融开放合作、金融发展环境、深化金融人才发展、金融法制保障八个方面重点推进。

一是加强自贸试验区与金融中心建设联动发展，加快金融改革创新步伐。推动自贸试验区资本项目可兑换等改革先行先试，扩大人民币跨境使用，扩大金融服务业对内对外开放，加快建设面向国际的金融市场平台，推进自贸试验区金融监管创新等。

二是增强金融市场功能，提升全球资源配置能力和影响力。增强多层次金融市场服务功能，发展新兴金融市场和金融业态，丰富金融市场产品和工具，

完善金融市场运行机制，加强金融市场基础设施建设等。

三是健全金融机构体系，提升金融创新活力和综合服务能力。吸引具有国际影响力和市场竞争力的金融机构，促进各类新型金融机构规范发展，大力发展互联网金融，促进专业服务机构发展，推动金融机构改革创新等。

四是聚焦国家战略，提升金融服务实体经济的能力。加强国际金融中心与国际经济、航运、贸易中心联动发展，加大对建设具有全球影响力的科技创新中心的金融支持，加强对长江经济带发展和长三角合作的金融服务，加大对产业结构优化升级重点领域的金融支持，加大对文化创意产业的金融支持，加大对中小微企业、"三农"发展的金融支持，加强对民生保障和社会管理的金融支持等。

五是扩大金融开放合作，提升金融中心国际影响力。提升金融中心服务"一带一路"建设的能力，扩大金融市场对外开放，扩大金融服务业对内对外开放，加强境内外金融交流合作等。

六是深化金融人才发展，建设国际金融人才高地。大力引进海外高端金融人才，加强国内金融人才的集聚发展，创新金融人才培养和评价机制，完善金融人才激励保障政策等。

七是优化金融发展环境，提升金融中心软实力。提升金融信息化水平，健全社会信用体系，完善金融税收制度，发展行业自律组织，推进金融集聚区建设等。

八是强化金融法治保障，维护金融消费者权益。加强中央对上海国际金融中心建设的统筹指导，探索地方金融立法实践，明确政府权力责任边界，提升金融司法执法水平，完善金融监管防范金融风险，加大金融消费者权益保护等。

向国际金融中心奋力迈进的四个着力点 [*]

金融是现代经济的核心，是促进创新创业的重要助推剂，上海国际金融中心建设在支持我国创新经济不断发展过程中，其内涵也发生了一系列深刻的变化，最重要的变化集中在四个方面，即"科技金融"、"普惠金融"、"互联网金融"和"绿色金融"，这四个着力点，既是上海国际金融中心建设新的内涵，也是金融行业未来重要的新的增长点。

首先，是"科技金融"。

上海正在建设具有全球影响力的科技创新中心，无论是从硅谷等科技创新中心的发展历程来看，还是从纽约、伦敦等老牌金融中心的现代转型来看，金融与科技的融合势在必行、相得益彰。近年来，金融科技（Fintech）的概念也备受瞩目，发展势头迅猛，已经深深改变了我们的生活。上海一方面积极推动科技与金融紧密结合，另一方面高度重视金融科技发展，以开放的心态拥抱数字货币、人工智能、云服务等新前沿、新领域。

不断完善三大体系，推动科技与金融紧密结合。一是不断完善政策支持体系。2015 年 8 月，上海出台《关于促进金融服务创新支持上海科技创新中心建设的实施意见》，从信贷服务、资本市场等八个方面提出了 20 项政策措施，大力推动科技金融融合发展。2016 年 4 月，国务院批准《上海系统推进全面创新改革试验加快建设具有全球影响力的科技创新中心方案》，授权上海在科技金

* 本文撰写于 2016 年 10 月，部分内容为 10 月 10 日接受上海观察记者陆绮雯采访时对外发表，原题为《新时期上海国际金融中心建设创新发展的四个着力点》。

融多个领域开展先行先试。此外，我们会同张江高新区管委会大力推动科技融资服务平台建设，目前已实现张江 22 个分园全覆盖，为园区 3.7 万家科创企业提供金融服务。二是着力完善科技金融服务体系。设立专门服务于科技型、创新型中小微实体企业的上海股权托管交易中心"科技创新板"。截至 2016 年 9 月底，累计实现三批共 79 家企业挂牌，融资总额 4.12 亿元。二级市场交易 142 笔，交易股数 970 万股，交易金额 5059 万元。推动建立覆盖全市的科技银行网络。浦发银行与美国硅谷银行合资成立中国第一家拥有独立法人地位的"科技银行"——浦发硅谷银行。目前，本市共有科技支行 7 家，科技特色支行 65 家，另有 11 家银行设立了专属科技金融部门。设立本市大型政策性担保基金——上海市中小微企业政策性融资担保基金。目前，该担保基金已完成担保项目 78 笔，贷款金额逾 2 亿元。三是持续丰富科技金融产品创新体系。主要包括：积极开展投贷联动融资服务模式创新，截至 2016 年 7 月末，本市主要银行业金融机构以投贷联动业务模式为 188 户科创企业提供了 14.24 亿元的融资支持。2016 年 4 月，张江国家自主创新示范区被列为全国 5 个开展科创企业投贷联动试点地区之一。积极探索可变利率定价模式、创新保险产品和服务等，推出了全国首单首台（套）技术装备保险，等等。

高度关注和重视金融科技在上海的发展。金融科技已经成为未来金融业发展的重要领域，它能创造新的业务模式、应用、流程或产品，从而对金融市场、金融机构或金融服务的提供方式造成重大的影响，主要有区块链、智能金融理财服务等多种形式。目前，全球金融科技仍处于初期阶段，各国发展情况差异显著，许多国家政府或监管当局已经或正在推出鼓励金融科技发展的一系列政策举措。比如近几年来，英国、新加坡、澳大利亚等国家都已经建立了 Sandbox 系统（Sandbox，即所谓"沙盒"系统，是英国、新加坡等国为推动金融创新和试验而设立的一套系统，该系统内有 1—2 年的观察期，观察期内允许创新项目犯错，观察期过后讨论创新项目的效用和成本，再决定是否正式推进该创新项目），为推动金融科技的创新和发展提供试验平台。上海市高度重视金融科技在上海的发展，这是上海国际金融中心建设未来几年实现"弯道超车"的重大机遇。针对金融科技发展的新趋势、新挑战，我们将积极研究，加强监管理念和手段的创新，培育良好的生态体系，吸引更多先进的金融科技公司集聚上海。

其次，是"普惠金融"。

上海始终将普惠金融发展放在十分重要的地位，作为服务全国经济发展的重要抓手。近年来，上海努力依托金融市场门类齐全、金融机构数量众多、金融创新比较活跃等有利条件，加强普惠金融服务，降低中小微企业的融资成本，取得了积极成效。上海普惠金融的发展呈现三方面特点：

一是普惠金融服务力度不断加大。从信贷支持来看，2016 年 6 月底，上海银行类小微企业贷款余额 1.08 万亿元，较年初增加 293.41 亿元，同比增幅5.4%。同期，小微贷款户数 18.7 万户，比年初增长 2.19 万户；比上年同期增加 5.3 万户。从直接融资来看，上海积极推动企业在"新三板"和上海股权托管交易中心挂牌融资，截至 2016 年 7 月，上海"新三板"挂牌企业共有 691家，当年新增 251 家；上海股交中心挂牌企业合计 9355 家，累计实现股权融资 139.6 亿元。积极推动本市中小企业利用银行间市场融资。截至 2015 年末，共有 7 只中小企业集合票据在银行间市场发行，为 33 家企业融资 22.03 亿元。

二是普惠金融服务主体更加多元。鼓励设立银行小微专营机构和村镇银行，目前，全市共有专营小微业务的商业银行分行 3 家，小微企业信贷中心 3家，小微专营支行 365 家，村镇银行 11 家，以及覆盖全市 16 个区的小微支行网络，在沪商业银行分行基本都设立了专门负责小微业务的服务部门。推动民营金融机构发展。上海首家民营银行——华瑞银行、上海首家以民营资本为主发起人的保险公司——上海人寿已先后在上海正式成立开业，进一步丰富了民营企业的融资服务渠道。推进融资性担保公司、小额贷款公司发展。目前，上海有 36 家融资性担保公司持有有效经营许可证，担保业务余额 164 亿元；有128 家小额贷款公司获批开业，小微贷款余额 782.2 亿元。此外，我们积极引导创业投资基金支持中小微企业发展。截至 2015 年末，本市创业投资引导基金累计出资 23 亿元，投资于 38 家基金，参股基金总规模约 128 亿元；累计投资项目超过 500 个。天使引导基金认缴出资 3.4 亿元，累计投资天使投资基金 16 家，基金总规模约 18 亿元，资金放大近 6 倍。

三是普惠金融服务手段日益丰富。市政府建立健全小微企业信贷风险补偿和奖励机制，引导商业银行加大对小微企业信贷投放力度。商业银行探索试点引入认股权证以及针对初创科技企业提供授信产品等服务。证券公司积极提升上市辅导、并购重组、资产证券化业务等服务，通过帮助创业企业、小微企业发行集合债券等方式支持企业发展。保险公司利用互联网保证保险保障替代保证金缴纳，解决小微电商企业资金风险难点，目前已支持中小微电商企业超过 346 万家次，提供保险保障 563 亿元。

下一步，上海针对普惠金融领域存在的巨大需求，将进一步完善、落实普惠金融相关政策，鼓励和支持金融市场、金融业机构服务创新，积极搭建更多服务平台，促进金融资源与中小微企业的有效对接。

第三，是"互联网金融"。

当今时代是一个互联网时代，完全脱离互联网的产业没有大的出路。近年来，在国家积极鼓励和支持"互联网+"的大背景下，随着大数据的推广运用，互联网金融得到了迅猛发展。但与此同时，一些企业打着互联网金融的旗号，实际上主要从事非法集资活动，很大程度上混淆了互联网金融的概念，造成"劣币驱逐良币"现象。对于互联网金融，我们始终坚持规范与发展并举、鼓励创新与防范风险并重的思路，努力促进互联网金融持续健康发展。

一方面，多管齐下，鼓励推动互联网金融健康发展，积极出台相关产业政策。2014 年，上海在全国率先出台《关于促进本市互联网金融产业健康发展的若干意见》，从加大对互联网金融企业的支持培育力度、吸引互联网金融人才等方面提出 20 条具体政策措施。推动各类互联网金融机构在沪发展。推动交通银行、浦发银行、国泰君安、太保等在沪金融机构开展"互联网+"战略转型；大力吸引阿里、百度、万达等大型网络企业将其互联网金融板块落户上海；推动众安在线、证通公司等新型互联网金融机构在沪成立并开展业务。夯实大数据等互联网金融的技术基础。充分发挥上海金融科技水平高、大数据运用基础好的优势，不断扩大各类金融信息的覆盖范围和运用机制，培育吸引网络技术、数据库技术等金融信息技术人才。积极优化互联网金融发展环境。市金融办与区县合作共同建设了5家市级互联网金融产业基地，着力营造良好的发展环境。

另一方面，严控风险，加强对互联网金融的规范和监管。加强监管协同，上海积极配合国家金融管理部门推出了一系列互联网金融领域的监管标准与监测制度，建立健全由多个部门参与的金融风险防范机制，稳步推进互联网金融风险专项整治工作。加强司法规制，上海坚决依法打击互联网金融领域的各类违法犯罪行为，根据互联网金融特性，不断探索调解、仲裁等多样化的互联网纠纷解决方式。加强行业自律，2014年8月，上海市互联网金融行业协会成立；2016年3月，中国互联网金融协会在上海成立，充分发挥行业自律机制在规范市场行为方面的积极作用。

下一步，我们将积极会同国家金融管理部门和市有关方面，支持各类互联网金融业态创新发展，同时依法打击以互联网金融为旗号的各类非法金融活动，继续营造有利于互联网金融健康发展的良好环境。

最后，是"绿色金融"。

发展绿色金融，是实现绿色发展、促进经济发展方式转变的重要措施。2016年8月31日，中国人民银行、财政部等七部委联合发布《关于构建绿色金融体系的指导意见》，首次对建立健全绿色金融体系作出全面部署。应当说，上海的绿色金融起步早、发展快，不少领域全国领先，具有金融市场体系健全、政策规划导向明确、绿色金融产品丰富等综合优势。

多年来，上海绿色金融业务取得了积极进展。绿色信贷方面：2016年上半年，上海在节能环保相关领域的信贷余额达2056亿元，不良率只有0.2%。绿色债券方面，2016年1月，浦发银行成功发行境内首单绿色金融债券。7月，金砖国家新开发银行发行30亿元绿色金融债券，这也是国际金融组织首次在上海发行债券。碳金融方面，截至2016年6月末，我国七个试点地区累计碳配额成交量1亿多吨，其中上海5110万吨、成交金额6.2亿元，居各试点省市首位。此外，上海在碳信托、碳保险等领域也积极创新。

下一步，上海发展绿色金融的主要思路是，"市场主导，政策引导，标准引领"。市场主导，即形成金融要素市场合力。充分发挥金融要素市场在绿色资源配置方面的决定性作用，加强各市场业务、产品协同创新。政策引导，即完善绿色金融政策框架。积极发挥地方政府在产业基金引导、企业增信等方面作用，率先构建涵盖财政、税收、产业、环保、金融、人才等领域的地方绿色金融政策框架。标准引领，即建设绿色金融行业规范。标准是话语权的体现，上海可率先试点推出符合国情的绿色金融标准体系，积极发展绿色金融第三方认证机构，协调推进环境信息制度建设等。

高标准基本建成上海国际金融中心 *

建设上海国际金融中心是一项重大的国家战略。2009 年国务院《关于推进上海加快发展现代服务业和先进制造业 建设国际金融中心和国际航运中心的意见》(国发〔2009〕19 号,下称"19 号文"),明确了上海到 2020 年"基本建成与我国经济实力以及人民币国际地位相适应的国际金融中心"的目标。经过多年的发展,上海国际金融中心建设取得显著的进展,完成了"19 号文"绝大部分任务,基本确立以人民币产品为主导、具有较强金融资源配置能力和辐射能力的全球性金融市场地位,为下一步发展奠定了坚实的基础。

一、上海国际金融中心建设取得的成就

多年来,在党中央、国务院的正确领导下,在国家相关部委的指导下,在社会各界的共同努力下,上海国际金融中心建设取得积极进展。如果以"19 号文"的目标来衡量,从三个主要判断维度上看,上海已基本完成这个目标。

(一)国际金融中心的基本架构已经确立

上海已经形成格局完整、品种完备、交易活跃的金融市场体系,和纽约、伦敦一样具备了国际金融中心城市的所有主体要素。比如,上海聚集了股票、

---

* 本文发表于《北大金融评论》2019 年第 1 期,原题为《提升配置全球金融资源能力高标准基本建成上海国际金融中心》。

36

债券、期货、货币、票据、外汇、黄金、保险、信托等各类金融要素市场，成为全球金融要素市场最齐备的城市之一。各类金融要素市场国际排名显著提升，多个品种交易量位居全球前列。2018年末，债券市场规模达86万亿元，位居全球第三（其中公司信用类债券存量16.35万亿元，位居全球第二）；上海证券交易所股票市值位居全球第四；上海期货交易所多个期货品种交易量位居全球第一；上海黄金交易所场内现货黄金交易量位居全球第一。再如，上海已经形成门类齐全、中外荟萃、总部汇集的金融机构体系。截至2018年末，在沪持牌金融机构总数达1605家，较10年前翻了一番。其中，各类外资金融机构占比超过30%，上海已成为外资金融机构在华主要集聚地。同时，各类国际化、总部型、功能性金融机构不断在沪集聚。新开发银行、人民币跨境支付系统（CIPS）、全球清算对手方协会（CCP12）、中国保险投资基金等相继落户上海。还如，上海已经形成产品丰富、服务齐备、创新突出的金融业务体系。上海已成为我国金融产品和业务种类最为丰富、最为集中的城市，自由贸易账户功能不断拓展，原油期货、"沪港通"、"沪伦通"、"债券通"、黄金国际板、国债期货等重大金融产品成功推出，跨境人民币业务、投贷联动、跨境交易所交易基金（ETF）等业务创新层出不穷。银行间债券、外汇、货币等市场加快开放，海外投资者广泛参与市场交易。

（二）国际金融中心的基本功能已经完善

从传统的投融资功能看，近年来上海金融市场规模持续扩大，交易融资功能不断提升，影响力日益增强。上海证券交易所、银行间债券市场的快速发展为全国各地的企业提供了重要的融资平台。2018年，上海金融市场交易总额达1645.8万亿元，是10年前的近10倍；直接融资额达9.6万亿元，是10年前的4倍，占全国直接融资总额的85%以上。

从核心功能看，金融中心归根结底是对货币定价的功能，对于上海而言，就是人民币的价格形成、资产定价和支付结算功能。在这三个方面，上海已经较10年前取得较大进展：价格形成功能方面，人民币基准价格体系建设稳

十年前的近10倍，同比增长15.2%

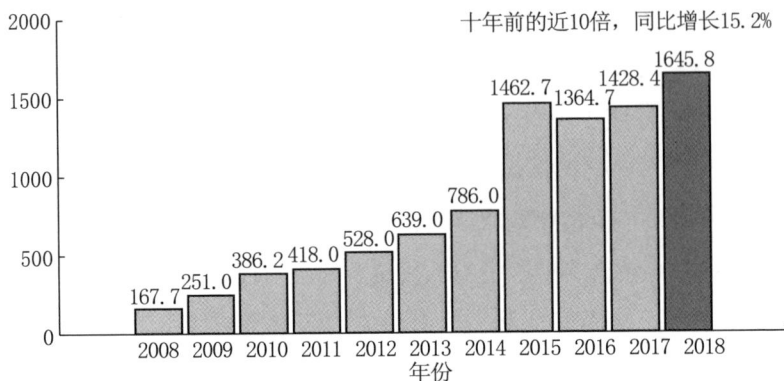

上海金融市场交易总额（万亿元）

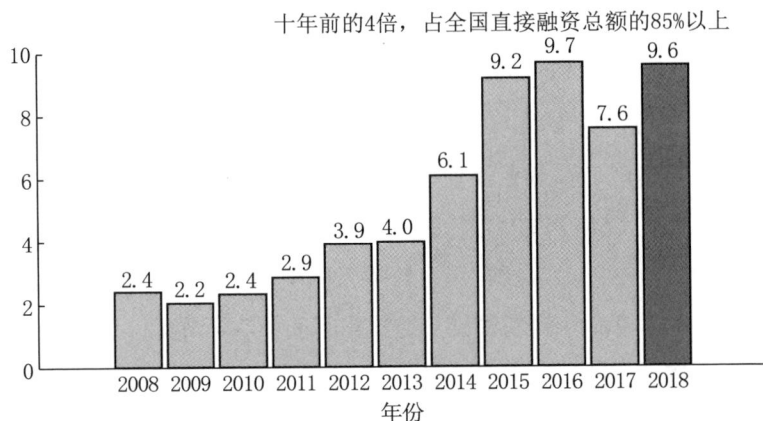

十年前的4倍，占全国直接融资总额的85%以上

上海金融市场直接融资额（万亿元）

步推进。上海同业拆借利率（Shibor）应用范围不断扩大。2018 年货币市场成交 862 万亿元，同比增长 24%，利率衍生品市场成交 21.6 万亿元，同比上升 49.7%。上海关键收益率（SKY）选取 3 个月、1 年期等 6 个期限国债收益率曲线，广泛作为市场定价基准。CFETS 汇率指数已成为国内外市场观察人民币汇率的量化指标和基准价格。资产定价功能方面，一批以人民币计价的产品"上海价格"影响力凸显。"上海金"引入海外投资者，迪拜交易所推出挂钩"上海金"的期货产品。原油期货 2018 年 3 月上市以来，日均成交量已跻身全球交易量前三。螺纹钢、铜、天然橡胶等 10 个期货品种交易量位居全球第一，

对于相关大宗商品的定价能力逐步凸显。支付清算功能方面，上海已经成为全球人民币支付清算的核心枢纽。人民币跨境支付系统（CIPS）二期全面投产，日均处理金额超千亿元，业务覆盖约 160 个国家和地区，为人民币国际化进程提供重要支撑。上海已成为全球交易规模最大的银行卡交易清算中心，银联全球受理网络延伸到 170 个国家和地区。

此外，人民币的国际地位也在逐步提升。2018 年，人民币在全球直接投资、特别提款权和国际支付市场份额方面分别排名全球第二、第三和第五。从交易媒介、支付手段、储备功能等多方面来衡量，人民币国际化程度都在不断提高，与日元的差距正在缩小，但与美元的差距依然较大。

人民币国际化各项指标排名及与美国、日本的占比

指　　标	中国（人民币）排名（2018 年）	美国与中国的比例	日本与中国的比例
经济总量	2	150%	37%
全球直接投资	2	181%	7%
特别提款权	3	382%	76%
国际支付市场份额	5	2008%	162%
全球对外信贷	6	6103%	764%
货币官方储备	7	3263%	275%
国际债券和票据发行额	8	7865%	310%
外汇交易市场	8	2196%	542%
全球国际债券余额	9	10591%	426%

（三）国际金融中心环境生态持续优化

金融法治环境方面，在全国率先设立金融法院，金融仲裁院、金融消费权益保护局、金融纠纷调解中心等陆续成立。颁布实施《上海市推进国际金融中心建设条例》。信用体系建设方面，出台全国首部地方综合性信用条例——《上海市社会信用条例》，中国人民银行征信中心已建成全国集中统一的金融信用信息数据库，上海市公共信用信息服务平台开通运行。人才集聚方面，近年来上海通过主动实施各项金融服务措施，积极吸引金融人才集聚上海，在沪金融从业人员超过 37 万。此外，金融专业服务机构体系不断健全，陆家嘴金融城、沿黄浦江金融集聚区建设成效明显。成功举办十一届陆家嘴论坛，国际影响力进一步提升。

在英国独立智库 Z/Yen 集团最新发布的第 27 期全球金融中心指数（GFCI）排名中，上海已位列全球第四名，根据 GFCI 评价，上海在营商环境、人力资本、基础设施、声誉方面表现不错，也得到了国内外同仁的赞誉和认可。

二、上海国际金融中心建设面临的挑战与机遇

尽管取得了显著的成绩，但与纽约、伦敦等全球发达国家金融中心相比，上海还有较大差距，在国际化水平、全球资源配置能力、促进经济高质量发展及软环境、软实力等方面仍有提升和拓展的空间。

一是金融市场的结构还需进一步完善，市场的定价机制和交易功能的有效性尚有改善空间。金融衍生品市场和交易所之外的场外市场仍需进一步发展和完善；不同板块和不同层次的金融市场之间的联动和互通还需加强。二是金融体系的国际化程度与核心竞争力还有待提高。超大型和跨国金融机构的集聚度亟须提升，本土金融机构开展国际化程度较高的各类金融业务的能力较弱，金融监管需要向先进的理念和模式转变，金融法律和税收体系也需进一步完善。此外，上海专业服务机构（信用评级机构、法律和会计师事务所等）的数量和质量有待大幅度提升。三是吸引人才聚集的环境有待改善。上海金融业从业人员占全市就业人口的比重仅为 3%，大大低于伦敦、纽约（10% 左右），也低于香港、新加坡（5% 左右），其中，中国香港、新加坡的低税率对上海吸引高端金融人才提出了巨大的挑战。

在清醒认识挑战和不足的同时，我们更要看到，上海国际金融中心建设仍然处于重要的战略发展期。习近平总书记在首届中国国际进口博览会开幕式上宣布交付给上海三项新的重大任务；刚刚落幕的第十一届陆家嘴论坛上，国家

金融管理部门发布了一揽子重磅举措；7 月 20 日召开的金融委会议，宣布了进一步扩大金融业对外开放的 11 项举措；7 月 22—23 日，李克强总理来沪考察，对上海金融发展及自贸区新片区建设提出了新要求。这些都是上海金融进一步高质量发展的重要机遇。尤其现阶段，针对我国资本项目开放程度不高的现状，通过进一步扩大金融服务业和金融市场开放，尤其是资本跨境创新业务可以实现最小制度成本下的最大开放效果（沪港通、债券通、QFII、RQFII 都是这种有益探索的尝试），上海国际金融中心建设的国际化和市场化程度未来将大幅提升。

三、上海国际金融中心建设的基本思路

当前，是上海完成第一步基本目标最重要的决胜期和冲刺期。今年 1 月，经国务院同意，中国人民银行、国家发展改革委等八部委联合印发《上海国际金融中心建设行动计划（2018—2020 年）》，指出了实现上海国际金融中心基本目标的建设路径，明确了战略重点和推进举措，具体可以从以下四点重点推进：

第一，建设更加开放、更具辐射力和影响力的国际金融中心。把"三大任务"打造成为上海金融发展新增长极，将金融开放向纵深推进。主动服务好科创板及注册制试点。加强资本市场与科技资源的结合，支持更多优质科技企业做大做强，催生一批标志性的本土科技巨头。打造服务全国科创企业的重要投融资平台，探索在科创板引入海外优质企业上市，使上海金融市场成为世界新经济的代表，提高全球竞争能力。深化自贸试验区新片区金融改革创新。实施更有力度的开放突破举措和更大程度风险压力测试，探索先行跨境资金自由收付和资本项目可兑换，发挥自由贸易账户等作用，加强境内外联动。推进长三角金融一体化。建立完善长三角区域金融政策协调和信息共享机制，提升金融政策一致性。突破金融机构跨区域经营障碍，争取在科创企业金融服务方面率先实现长三角一体化。推动建立信用长三角、风险联控和重大金融案件协处

41

机制。

第二，建设不断创新、更具活力和创造力的国际金融中心。让上海成为全球金融资源最向往的、有活力的金融中心。在金融机构集聚方面，积极吸引全球知名资产管理机构，打造全球资产管理中心。积极培育保险市场，吸引大型再保险公司，打造国际保险中心。在金融创新方面，加快金融市场关键产品和工具创新，推出人民币外汇期货、成品油、天然气、航运价格衍生品等期货产品，加快建设人民币跨境投融资服务中心、全球人民币资产定价与支付清算中心。着力构建金融科技产业生态链，支持金融机构研究制定金融科技中国标准，争取金融科技领域全球话语权，打造金融科技中心。在优化营商环境方面，促进世行营商环境报告"获得信贷"指标提升，完善地方金融监管体系，健全金融仲裁机制，加强信用信息归集共享，进一步完善金融人才政策，激发人才创新创造活力，形成国际一流的优良金融生态系统。

第三，建设谋求合作、更具包容性和普惠性的国际金融中心。以"六个稳"为核心，为实体经济发展提供更高质量、更有效率的金融服务。服务好科创中心。充分发挥科创母基金的作用，吸引更多海内外风投资本。探索多种形式的投贷联动融资服务模式创新。服务好"四大品牌"。提升"上海价格"的影响力，打响"金融服务"品牌。积极推动上海"浦江之光"行动，支持我市优质企业上市并购重组。提升上海股交中心"科技创新板"功能。完善消费金融服务体系，支持碳金融等绿色金融创新发展。服务好社会民生。推动上海健康保险交易中心建设，为老年人提供商业性长期护理保险产品，引导保险资金积极参与旧区改造，推进金融支持住房租赁市场长期发展。

第四，建设规范有序、更具安全性和稳定性的国际金融中心。进一步强化地方监管责任，分类因案施策进行稳妥处置。防范化解重点领域风险，强化金融、市场、司法、信访、维稳等部门的工作合力。充分发挥新型金融业态监测分析平台，做到抓小抓早，防微杜渐。严防跨区域、跨市场、跨行业金融风险交叉叠加成系统性金融风险。稳妥推进 P2P 网贷行业风险处置。加强地方监管制度保障，推动尽快出台《上海市地方金融监督管理条例》，完善类金融活动监管制度，切实履行国家赋予地方的金融监管职责。建设金融风险管理与压力测试中心，争取金融产品、技术应用、机制创新以及重要的金融改革措施在上海先行先试。探索基于大数据等技术的穿透式监管和智能监管方法，健全风险警示宣传教育常态化机制，使上海成为金融风险管理与压力测试的承载地，牢牢守住不发生系统性、区域性金融风险的底线。

国际金融中心建设与人民币国际化[*]

改革开放 40 多年来，我国经济增长迅速，开放程度不断提高，目前我国经济总量和国际贸易总额都稳居全球第二，已成为对世界经济增长和金融稳定具有重大影响力的国家。金融作为现代经济的核心，已经成为国家重要的核心竞争力。纵观历史上大国之崛起，无不以金融兴盛为标志，强国之鼎盛，无不有赖于本国货币的国际化和具有国际竞争力的金融中心。

历史经验表明，货币国际化与国际金融中心的演进存在较强的同步关系。国际金融中心可为货币国际化提供必不可少的市场平台，而货币国际化则是国际金融中心建设的重要货币条件。从我国的实践来看，人民币国际化与上海国际金融中心建设都是国家战略，两者之间彼此促进、相得益彰。

一、人民币国际化与上海国际金融中心建设相辅相成

人民币国际化与上海国际金融中心建设都是我国金融改革开放战略的重要内容。随着我国经济外向性不断增强，人民币的跨境流通和使用越来越普遍，金融业的开放和国际化已成为必不可少的支持要素。一方面，推进人民币的国际化，可以便利国际贸易结算，促进我国与国际市场的交流和融合；另一方面，我国对外开放持续扩大也需要建立相应的国际金融中心，发挥金融集聚

---

[*] 本文发表于《中国金融》2019 年第 14 期。

效应，整合全球金融资源，提高我国在金融领域的竞争力。正因为如此，国务院于 2009 年发布了支持上海建设"两个中心"（国际金融中心和国际航运中心）的意见，明确要求"到 2020 年将上海基本建成与中国经济实力和人民币国际地位相适应的国际金融中心"。

人民币国际化为上海国际金融中心建设提供了重要机遇。从国际经验来看，本币的国际化进程将极大地促进本国金融中心地位和影响力的提升。近年来，人民币国际化进程稳步发展，人民币在全球货币体系中的地位不断提升。2017 年，人民币已成为全球第二大贸易融资货币、第五大支付货币，作为计价、支付、投资、储备的货币功能明显增强，初步具备成为国际主要货币的基本条件。人民币国际化会产生大规模的本币资产国际交易需求，有利于为上海金融市场聚集国际投资者，促进上海金融市场的发展和完善，从而为上海国际金融中心建设提供强大的发展动力。

上海国际金融中心建设为人民币国际化提供坚实有力的市场支撑。人民币要成为国际市场上广为接受的国际货币，离不开一个发达的、具有国际影响力的在岸金融市场。经过多年的发展，上海已成为国际上少数几个市场种类比较齐全的金融中心城市之一，主要金融市场的规模位居世界前列，市场广度和深度不断拓展。尤其是上海建设全球性人民币产品创新、交易、定价、清算和业务中心，将为人民币跨境投融资提供更加高效便利的市场平台，进而实现人民币良性循环，为人民币国际化提供坚实的市场支撑。

二、上海国际金融中心建设推动人民币国际化取得积极成效

目前，上海已经集聚了股票、债券、货币、外汇、期货、黄金、票据、保险、信托等各类全国性金融要素市场，人民币跨境支付系统（CIPS）二期于 2018 年 5 月全面投产，金融基础设施不断完善，逐步形成了包括交易、清算、结算、支付等在内的完整金融生态链，人民币计价体系初步建立，为人民币国际使用和投资提供了坚实保障。

人民币投融资渠道不断拓宽。一是银行间债券市场加快对外开放。2010年以来，银行间市场的境外机构投资者范围、发行主体类型及业务范围等不断扩大，准入管理流程逐步简化。2017年7月，银行间债券市场推出了债券通业务，并正式开通北向通业务，为境外投资者参与银行间债券市场提供了新渠道。俄罗斯、韩国、波兰、匈牙利、菲律宾等"一带一路"沿线主体在沪发行熊猫债。截至2018年末，境外投资者持有我国债券的规模达到1.7万亿元，境外各类主体在银行间市场累计发行人民币熊猫债1981亿元。二是境外人民币参与股票市场渠道不断拓宽。2011年12月，人民币合格境外机构投资者（RQFII）启动，境外人民币参与股票市场程度逐步提高。2014年11月，沪港通正式运行，为境外投资者参与我国股票市场开辟了新渠道。随后，相关制度规则不断优化，额度逐步扩大。截至2018年末，境外投资者持有我国股票资产总额超过1.1万亿元人民币。三是黄金国际板功能有力提升。2014年9月，上海黄金交易所国际板开通，境外投资者得以使用离岸人民币参与上海黄金所交易。此外，迪拜黄金与商品交易所还上线了"上海金"期货合约产品，为国际金融市场首次应用"上海金"。四是原油期货市场规模逐步扩大。2018年3月，以人民币计价结算的原油期货正式挂牌交易，并于5月正式引入境外投资者。目前，上海原油期货已成为亚洲市场交易量最大的原油期货合约，仅次于纽约的WTI原油和伦敦的布伦特原油。截至2019年3月末，原油期货累计成交3670万手，累计成交金额17万亿元人民币；日均成交15万手，日均成交金额705亿元人民币。五是金融市场全面纳入全球指数体系。2017年7月中国债券纳入花旗世界国债指数，2018年6月A股正式纳入MSCI指数，2018年9月富时罗素宣布将A股纳入其指数体系，2019年4月中国债券纳入彭博巴克莱债券指数。

自贸试验区金融改革推动跨境人民币业务稳步发展。上海自贸试验区建设启动以来，积极推进金融改革，创新设立本外币一体化的自由贸易账户体系，率先建立宏观审慎的跨境资金流动管理制度。目前，自由贸易账户可以提供包括跨境结算、跨境融资、跨境担保、跨境并购、跨境理财、跨境债券等在内的经常项目和资本项目下的本外币一体化金融服务，支持黄金国际板、国际再保险平台、自贸试验区市政债、自贸试验区航运及大宗商品衍生品中央对手清算等业务。2018 年以来，自由贸易账户进一步拓展到上海全市范围，自贸账户系统已累计纳入区外企业三批 5520 家。截至 2019 年 4 月末，共有 58 家金融机构通过分账核算系统验收，共开立自由贸易账户 13.6 万个。目前，上海自贸试验区共发布了九批 110 个金融创新案例，其中关于跨境人民币使用的案例约 20 个，主要包括人民币境外借款、跨境人民币双向资金池、经常项下人民币集中收付、跨境电子商务人民币结算等。随着自贸试验区建设的不断深入，这些创新业务规模也实现了快速发展。2010—2018 年，上海年跨境人民币业务结算量从 400 多亿元增长至 7.3 万亿元，年增长率 88.1%；结算量在全国的占比从 10% 左右上升至 45.7%，始终位居前列。

三、加快以人民币金融市场和资产管理为基础的上海国际金融中心建设

一是打造人民币资产定价、支付清算中心。丰富人民币产品和工具、促进债券市场互联互通，支持在沪金融要素市场协调发展，使上海发展成为全球人民币产品交易主平台和定价中心。提升人民币产品和大宗商品定价能力，打造"上海价格"（上海金、上海油、上海铜等）。完善上海银行间同业拆借利率（Shibor）。积极发挥 CIPS 和全球清算对手方协会（CCP12）的作用，提高人民币清算、结算效率。加快金融市场交易、服务、咨询等配套建设，满足全球人民币资产投资者的需求。

二是打造人民币金融资产的风险管理中心。完善人民币产品和风险对冲工具，大力推进人民币衍生工具的创新和市场建设，积极发展各类人民币金融衍生产品，有序推进人民币资本项目可兑换，加强金融风险监测和管理。丰富监管科技手段，探索基于大数据等技术的穿透式监管和监管方法，设立金融风险监测中心，有效监测人民币金融资产的流动。

三是打造人民币跨境投融资中心。研究推动境外机构和企业在上海金融市

场发行债券，支持"一带一路"建设、合作、发展及资金融通，形成海外重大项目的投融资中心。促进人民币在"一带一路"沿线国家（地区）使用，积极开展与世界银行、亚投行、金砖国家新开发银行等多边金融组织合作，通过政策性、开发性金融和商业金融相结合的模式，进一步扩大人民币的国际使用。

四是扩大金融市场开放。充分借助上海自贸试验区金融改革先行先试的经验，不断优化完善沪港通，积极稳妥推进人民币可兑换，加快金融市场对外开放。进一步拓展境内外主体参与上海金融市场的渠道，支持符合条件的境外机构发行人民币债券。积极推进境外机构以人民币资金投资境内债券和试点投资其他金融市场，积极探索境外个人投资者直接投资境内金融市场的有效方式。在上海自贸试验区内加快建设面向国际的金融市场平台，除了已经启动的黄金国际板、国际能源交易中心，还将积极支持上交所、清算所、中金所等金融要素市场设立面向国际的金融交易平台或开展面向国际的金融交易业务，推进自贸试验区国际债券市场建设，完善自贸试验区内国际金融市场服务体系。

五是增强金融市场功能。深化市场细分，拓展市场的深度和广度。加大创新研发力度，不断丰富金融市场人民币资产交易品种。在推动股票、债券等基础性金融产品加快发展的基础上，发展各类 ETF 产品，有序推出新的能源和金属类大宗商品期货，研究探索并推出以汇率、利率、股票、债券等为基础的金融衍生产品。同时，积极发展新的金融市场形态，大力推进保险市场、票据市场、信托受益权转让市场等发展。

六是加强在岸和离岸市场的互动发展。支持离岸市场发展，是人民币国际化的重要方面。随着人民币国际化步伐的加快，除了中国香港以外，伦敦、新加坡、法兰克福、悉尼等地区人民币离岸市场也在加快发展。下一步，上海将积极开展与其他离岸人民币市场的交流、互动与合作，充分发挥各自优势，共同推进人民币国际化进程。

外汇改革先行先试与上海国际金融中心建设 *

国务院《关于推进上海加快发展现代服务业和先进制造业　建设国际金融中心和国际航运中心的意见》2009 年 4 月发布后，上海国际金融中心建设在服务经济社会发展和金融改革开放方面取得了突破性进展。为大力支持上海国际金融中心建设，外汇管理部门率先在上海开展先行试点，较好地便利了对外贸易投资活动，促进了上海国民经济平稳较快发展。随着上海国际金融中心建设跨入关键时期，也将推向更新更高阶段，持续推进外汇改革和先行先试，优化金融外汇资源配置，将有助于适应全球化新格局和对外开放新形势，有效推动上海国际金融中心建设，服务全国经济社会发展。

一、外汇管理与国际金融中心的关系

所谓外汇管理，是指一国政府或货币管理当局通过立法和订立市场规则，对外汇的收支、买卖、价格、结算、市场等行为所进行的组织、协调、制约和控制。它既包括从政府角度对外汇运作的宏观管理，也包括从企业或经营外汇业务主体角度进行的外汇经营的微观管理。一国进行外汇管理主要是为了实现

---

* 本文由三篇发表文章整理而成，一是发表于《中国金融》2012 年第 9 期，原题为《上海国际金融中心建设与资本项目可兑换的协同推进》；二是发表于《国际金融报》2011 年 5 月 24 日第 7 版，原题为《外汇改革先行先试与上海"两个国际中心"建设》；三是发表于《国际金融报》2008 年 8 月 13 日第 4 版，原题为《论加强外汇管理与促进上海国际金融中心建设》。

国际收支平衡、保持汇率稳定、维护经济金融安全和促进本国经济发展等目的。作为政府宏观调控政策的重要组成部分，外汇管理与一国经济发展水平有着密切联系，一般都是在经济发展到一定水平后才逐步放松外汇管制的。鉴于外汇管制的放松是有条件、分阶段进行的系统工程，应该从战略高度进行统筹规划，与经济发展和改革的全局相协调，并在实践中不断创造条件。有关政策的放松要与社会发展水平相适应，与宏观调控和金融监管的能力相适应，与对外开放的要求相适应，并遵循先国内改革、后对外开放，先放松经常项目管理、后放松资本项目管制的顺序。因此，外汇管制的放松是一个长期、渐进、水到渠成的过程，如果在时机不成熟的情况下完全放弃外汇管理，或是顺序安排不当，则易产生货币政策独立性和汇率稳定性之间的冲突、金融部门的不稳定、民族和幼稚产业保护困难等问题，甚至可能酿成货币金融危机。

金融中心集聚各类国际金融机构，提供复杂多样的金融服务，起着完善资源配置的枢纽作用，具有强大的金融辐射和金融创新功能。从发展路径看，国际金融中心主要有"基于经济发展自然渐进"和"基于政策推动的政府主导"两种模式。决定和影响这一过程的因素很多，包括强大的经济基础、稳健的宏观经济政策、稳定的社会政治环境、充裕的专业人力资源、公平有效的法律环境、宽松有序的监管环境等。

总体而言，加强、改善外汇管理，乃至推进货币自由兑换和国际金融中心建设都是长期动态的发展过程。作为一国重要的战略安排，两者都有着自身的目标、特点、前提条件和发展轨迹，不是简单地"谁决定谁"的关系。

从加强外汇管理对国际金融中心建设的影响看，一方面，加强和改善外汇管理，乃至推进货币自由兑换能改善国际金融中心建设的制度环境。在国际金融中心形成的过程中，外汇管理作为一种外在的制度环境，其"宽严"的程度会直接影响国际金融中心内部的市场发展，因此，外汇管制的放松能直接改善软环境制度建设，影响国际资本进出金融中心的便捷程度，进而提高金融中心的整体交易效率。另一方面，从风险的角度出发，外汇管理的存在能为国际金融中心的建设提供一个有力屏障。国际金融中心的形成与发展必然会引起资本大规模的流入和流出，对于新兴市场经济体而言，由于自身经济和金融结构存在较大的脆弱性，完全取消外汇管制可能会导致该国产生货币金融危机。因此，适度的外汇管制对于发展中国家的金融中心建设来说，是抵御国际游资和热钱冲击的一道重要"防火墙"，可以有效防止新兴经济体相对脆弱的金融体系在建设国际金融中心的过程中完全暴露在国际经济环境中，并降低各种外部不确定性。

从国际金融中心建设对加强和改善外汇管理的影响看，一方面，国际金融中心建设为实现货币自由兑换创造了有利条件。在金融中心建设的过程中，一国或地区的整体环境会发生改善，无论是政府管理效率、市场发育程度还是宏观经济环境等都会对外汇管制产生影响。作为长期性、结构性的制度安排，外汇管制的放松需要具备各种内外部条件，尤其是随着外汇管制由紧到松，金融体系自身必须有足够的控制风险能力，确保放而有序、放而不乱。国际金融中心的形成与发展客观上为放松外汇管制创造了条件。另一方面，国际金融中心建设对外汇管理提出了新的需求。随着国际金融中心建设的渐次深入，金融中心功能和经济活跃程度将由弱到强，对放松外汇管制的要求会逐渐加强，并在一定程度上推进外汇管理改革。

加强和改善外汇管理和国际金融中心建设作为两个长期、动态、发展的过程，是相互作用、相互关联的。因此，问题的关键并不在于是否一定要把放松外汇管制作为国际金融中心建设的先决条件，而在于如何保证二者协调统一，共同推进。

二、国际经验的启示

其一，金融市场体系的建设是金融中心形成和发展的核心内容。第二次世界大战后在美国倡导下建立的布雷顿森林体系使美元取代英镑成为最主要的国际清偿手段和国际储备货币，由此金融市场发达的纽约随着布雷顿森林体系的建立而成为国际金融中心。再以东京为例，1975 年，东京外汇（美元）拆借市场的交易额为 418 亿美元，而到 1985 年达到了 1 万亿美元，10 年扩大了 25 倍。随着东京外汇市场迅速成为仅次于伦敦和纽约的国际性外汇市场，东京在为汇集来自世界各地的巨额资金提供便利的同时，也为其成为世界性的国际金融中心奠定了基础。

其二，不断推进外汇管理改革是国际金融中心形成和发展的重要条件之一。对于任何一个国际金融中心来说，应随着内外环境的变化而进行必要的变革，以维持和发展自己作为金融中心的角色，金融外汇改革是其中一项重要举措。例如，1986 年英国的"金融大爆炸"、20 世纪 80 年代纽约设立离岸金融市场、1985 年日本实施完全的金融自由化。

其三，国际金融中心的形成和发展是一个渐进和长期的过程，是多种因素综合作用的结果。历史表明，无论是发达国家的，还是发展中国家或地区的国际金融中心，都是以经济中心的发展壮大为前提条件，以该国国民经济与社会发展综合实力为支撑。影响和决定金融中心建设的变量很多，外汇管制的放松并不是国际金融中心建成的静态、先决条件，也并不能完全决定国际金融中心的进程。

其四，大多数国家外汇管制的放松都是一个谨慎的过程，要始终注重对金融风险的控制。外汇管制的放松要适应整体经济发展的需要，即使是发达国家也不例外。从日本的经验看，从 1960 年开始放松外汇管制到 1998 年实现资本项目可兑换至少花了近 30 年的时间。可见，作为一种不可逆的制度安排，外汇管理体制改革是长期并稳步推进的，并非因经济周期性因素的变化而作出的临时性安排。而且，我们在前所未有的时代背景下进行国际金融中心建设，无法复制其他国际金融中心形成的种种条件，只能创造性地解决建设过程中不断出现的新问题。

由此可见，随着我国对外开放力度的不断加大，外汇管理改革变得更加复杂，任务也更为艰巨。一味地快速推进资本项目放开和货币自由兑换可能会带来很大风险，并且直接关系到整个国家的金融稳定和安全。在这种情况下，外汇管理搞得好就是促进国际金融中心建设的积极因素；搞得不好就可能对整个宏观经济产生不利影响，上海国际金融中心建设也无法幸免。因此，不能在发生危机时才想到外汇管理的作用，重要的是应在危机还没有出现时，就努力加强和改善外汇管理，提升外汇管理的效力，真正做到防患于未然。当前，可以通过先行先试和改革创新来实现外汇管理在上海国际金融中心建设中的积极作用，一方面不断为国际金融中心建设提供新的动力，另一方面为国内广大金融机构和市场发展提供必要的屏障，为其尽快提高竞争能力，从弱小到壮大赢得宝贵时间。

三、相关政策建议

目前，上海加快推进国际金融中心建设的基本方向是"一个核心、两个重点"，即以金融市场体系建设为"核心"，同时"重点"在金融领域多个方面"先行先试"，并"重点"营造良好的金融发展环境。这可谓任重道远。我们必须正视上海国际金融中心建设中外汇管理面临的突出问题。

第一，金融市场参与主体不够广泛。目前在上海国际金融中心建设过程中，主要是居民参与金融活动。而只有非居民的不断参与，金融中心才能成为全球金融服务和交易的场所，非居民的参与程度决定了金融中心的国际化程度。第二，作为上海国际金融中心的重要组成部分，外汇市场活跃程度不高。虽然中国外汇市场的整体框架已经建成，但是大规模的外汇与外汇之间、人民币与外汇之间的交易还不活跃。第三，监管协调机制有待改进。上海国际金融中心建设是个长期的系统工程，涉及多个职能部门的监管。目前还缺乏一个高效规范且强有力的监管协调机制，不利于形成政策合力。因此，必须以贯彻落实新修订的《中华人民共和国外汇管理条例》为契机，求真务实，不断开拓，从以下几个方面着手，不断加强和改善外汇管理，并以此促进上海国际金融中心建设。

（一）加快发展外汇市场，完善金融市场体系

目前上海国际金融中心建设的重要任务就是积极开展各项工作，支持完善

人民币资金、外汇、债券、股票、商品期货、金融期货、黄金、产权等金融市场体系，增强市场服务功能。其中，外汇市场作为国际金融中心的重要桥梁和媒介，其发展和活跃的程度会对金融中心建设产生深刻影响。为此，一方面要充分发展外汇市场。在现有良好电子化市场交易平台的基础上加快发展充分、自主、开放的中国外汇交易，通过延长交易时间、改进交易方式、逐步降低交易费用、推进交易平台和清算系统的开发和升级等措施，提高外汇交易的效率，满足交易主体不断扩大、交易品种日益丰富以及交易量持续增长的需要，并在这一过程中促进外汇衍生工具定价和交易机制的完善。另一方面，要加快发展境内外汇同业拆借市场。外汇同业拆借不会导致本外币的直接转化，对国内货币供应量的冲击较小。应扩大拆借市场的参与者范围，引入更多类型符合条件的机构，促进外汇同业拆借市场的发展，增强上海国际金融中心的外汇资金交易量。

（二）推进金融工具和产品创新，满足市场主体发展需要

上海正在积极鼓励金融机构开展金融产品、金融服务、交易制度、管理方式和技术运用等方面的创新。随着利率市场化和汇率形成机制改革的不断深化，有必要深入研究并加大外汇产品的创新力度。一要推动外汇衍生产品的发展。结合上海银行机构和企业多的特点，在风险可控的前提下，可根据银行、企业的实际需求，深入研究并适时推出相应的外汇衍生产品，促进多层次的外汇衍生产品市场体系的形成。二要密切关注和持续跟踪人民币汇率形成机制改革对银行、企业经营的影响，大力支持金融机构推出适应市场需求的汇率风险管理产品，为企业提供更多更好的汇率避险工具。三要在鼓励外汇产品创新的同时，加强对外汇市场的监测和预警，确保外汇市场的平稳运行。

（三）完善投资者结构，加快培育市场主体

上海正在努力集聚和发展市场竞争力强、服务特色鲜明的专业化金融机构，大力支持金融资产管理机构及各类公募、私募投资基金来沪发展。从完善投资者结构的角度出发，还应发挥跨国公司和非居民的市场主体作用。一要推进跨国公司地区总部落户上海。充分认识地区总部的重要作用，发挥上海"靠近市场、便于决策"的优势，提高政府办事效率，为跨国公司地区总部的资金管理营造一个良好的政策环境，努力降低外商投资企业的商务成本，吸引地区总部落户上海，帮助公司实现内部资金管理功能的优化。二要随着资本项目可兑换的推进，逐步吸引非居民有序地参与各项金融活动。目前，应尽快明确界定外资银行的离岸金融业务，制订同时适用于中外资银行的离岸金融业务管理办法，解决外资银行开展此项业务多年而没有相应管理规定以及中外资银行政策待遇不一致的问题。

（四）深化金融改革，实现资本流动的完整循环

一要通过扩大实体经济流量带动资金流量的增长。充分发挥上海的区位优势，努力营造良好的外汇监管环境，促进国际贸易的发展，并在增加贸易流量的基础上，促进国际结算、贸易信贷、结构贸易融资、套期保值等金融业务的快速发展，从资本运动所需的金融服务增量中寻求最大份额和最优收益。二要增强上海对内、对外的资金辐射功能。坚持改革创新，不断提升外汇管理和服务水平，促进上海成为国内企业的主要融资场所、中资企业集团的境内资金管理中心，以及企业"走出去"的资金输出地。继续吸引外资跨国公司在上海设立资金管理总部，不断拓展现有的资金集中管理功能。积极推动 QDII 制度发展，支持银行、证券和基金公司、保险公司等金融机构发展代客境外理财业务，扩大金融对外投资，不断拓宽资金流出渠道。继续推进 QFII 制度的实施，鼓励中长期投资者进入国内资本市场。支持外资银行的本地法人化经营，完善银行转制过程中的外汇资本金和营运资金的管理。

（五）加大金融业对外开放，推动区域合作发展

一方面，要借助长三角地区的联动，深化国际金融中心的集聚与辐射功能。在上海国际金融中心辐射与长三角其他地区接受辐射的互动中加强经济的

关联性，以合作共赢为宗旨，以利益为纽带，从更高层面规划长三角发展，真正从制度安排上实现长三角金融合作联动。具体而言，应支持企业根据自身经营和跨区域业务发展需要，办理异地开立经常项目外汇账户、异地进出口收付汇核销等业务；支持中资企业集团和外资跨国公司的地区总部为长三角地区的成员公司集中办理进出口收付汇核销手续；通过大力改进服务贸易外汇管理，促进长三角地区服务贸易的快速发展；支持企业根据实际经营需要申请在异地开立外汇资本金账户，加强外商投资企业验资和外资外汇登记的协作；完善长三角地区的外币资金清算服务，提升金融服务质量。另一方面，充分借助上海特殊经济区的区位优势，发展其改革试验田的作用。要将特殊经济区的功能整合同外汇管理改革创新相结合，为相关金融服务需求和供给的实现提供一个平台和载体；充分发挥洋山保税港的功能，积极先试先行，利用大量与贸易有关的资金运作，将上海国际航运中心建设、国际贸易中心建设同国际金融中心建设结合起来，实现良性互动。

（六）创新金融监管方式，优化金融环境

一要针对金融中心建设过程中出现的新情况与新问题，借鉴其他国际金融中心的成功经验，研究制订新的监管措施，在改进管理手段、实现便利化的同时，减少监管的真空点和薄弱点，尤其要重视外汇收支总量大、结构复杂、资金流速快、跨境资金"大进大出"等问题。二要提高各监管部门之间的协作，实现深层次合作以发挥整体优势，形成群体合力。加强同海关、外经贸和税务等部门的协作，密切关注和研究外贸增长方式转变、利用外资政策调整等落实情况。加强同证券、银行、保险等金融监管部门的联动，进一步规范金融机构的外汇收支监管。加强与公安等部门的协作，严厉打击非法外汇交易。三要加强信息化建设。在现有各种业务系统的基础上，强化对系统信息的资源整合和优化处理，探索构建高效统一的外汇业务公共数据平台。同时，要完善国际收支统计监测预警体系，及时跟踪分析跨境资本流动的异常情况，加强对跨境短期资本流动特别是对投机资本的有效监管。

现代保险服务业在金融中心建设中的重要作用 *

　　上海是中国保险业的重要发祥地。1865 年，第一家民族保险公司义和保险行在上海成立。1875 年，保险招商局在沪宣告成立，开创了中国船舶保险之先河。1980 年，国内商业保险业务全面恢复，上海着力改革创新和对外开放，第一家外资保险公司友邦保险、首家中外合资的中宏人寿保险在沪成立，首笔投资连结险、单项风险防范技术标准、第一单不动产债权、自贸试验区保险业国际平台等创新业务率先在上海试点，多个"第一"在上海诞生，铸造着上海保险业的辉煌，引领了我国保险业的发展趋势。

　　2014 年 8 月，国务院颁布《关于加快发展现代保险服务业的若干意见》（以下简称《若干意见》），这是党中央、国务院站在社会经济发展全局高度，出台的引领中国保险业未来发展方向的纲领性文件。《若干意见》为上海保险业发展翻开了新篇章、提供了新动力、创造了新机遇，更赋予上海改革当先、创新发展的重任，上海保险业将进入崭新的发展阶段，助推上海国际金融中心建设国家战略加快实施。

一、现代保险是上海国际金融中心的重要组成部分

　　保险是现代金融体系的支柱产业，发达国家保险业总资产占金融业总资产

---

* 本文发表于《上海金融》2015 年第 2 期，原题为《加快发展现代保险服务业，推进上海国际金融中心建设》。

一般在 30% 左右，美国、英国两国都接近 40%，而且这一比重还在上升。在西方成熟资本市场，保险资金作为特别重要的机构投资者，在现代金融体系发展中占有十分重要地位。尽管近十年来，我国保费收入保持年均 15% 以上增长，目前保费收入总量已占全球第四位，但我国 2013 年保险资产占金融资产比重仅为 4.8%，与发达国家差距较大，对构建现代金融体系的支柱作用远未得以发挥。

保险是现代经济的重要产业，发达国家的保险深度，即保费收入占 GDP 比重，一般在 10% 左右。例如 2013 年美国保险深度为 7.5%，英国 11.5%，日本 11.1%。保险已渗透到社会经济的方方面面。反观我国保险深度仅为 3.5%，上海略高也仅为 5%，与发达国家相差甚远。按人均保费支出来看，差距则更为明显。2013 年，美国人均保费达 3979 美元，英国 4561 美元，日本达 4207 美元。我国由于人口基数庞大，保险服务覆盖范围较窄，人均保费支出仅为 201 美元。较大的差距决定了我国保险业发展任重道远，也预示着未来的发展空间巨大。

二、创新上海特大城市社会治理需要充分发挥现代保险功能

现代保险业具有经济补偿、资金融通和社会管理三大功能。经济补偿是保险的基本功能，是一种比较简单的集合和分散风险的机制。当保险业发展达到一定层次，特别是随着寿险业务的快速发展，大量的保险资产得以累积时，保险资金的资金融通功能将逐步增强。社会管理是保险的高级功能，要求保险业在经济补偿功能基础上，主动、自觉、深入地去研究风险，为社会提供识别与管理风险的服务，达到防灾减损、有序治理的目的，实现保险业发展和社会治理体系完善的双赢。当前，随着上海社会经济发展进入到一个新的阶段，迫切需要增强保险的社会管理功能，需要保险在经济社会转型发展中发挥更大更全面的作用。

一是构筑民生保障网需要进一步发挥保险的作用。上海是我国最早进入老

龄化的城市，目前已迈入老年人口快速增长期。到 2025 年，60 岁以上老人占比将接近 40%。发达国家经验表明，发展商业养老保险和医疗保险，作为社会基本保险的重要补充，成为社会保障体系的三大支柱之一，有利于提高社会保障资金的使用效益，提升社会的效率。下一步，上海要积极推动保险机构开发各类养老、健康保险产品，包括推动个人税收递延型养老保险在沪率先试点，尽快开展住房反向抵押养老保险试点，发展独生子女家庭保障计划，创建失独老人保险保障模式，探索建立失地农民补充养老保险。积极推动保险机构参与开展各类养老、医疗保险经办服务，稳妥参与养老、健康、医疗服务等产业链建设。

二是特大城市治理需要进一步增强保险的功能。特大城市治理的重要职责是要发现风险并管理风险，促进社会和谐，有效化解社会矛盾和解决社会纠纷。在特大城市治理中运用保险机制，保险公司出于自身商业利益的考虑，会在事前、事中和事后阶段，认真深入地研究风险、管理风险、化解风险，既有利于改善社会治理机制，也有利于提高全社会的风险意识和风险防控水平，提高社会管理水平。上海保险业积极探索完善保险风险管理功能，在全国率先推出了多个创新产品。如在沪首创的"住宅工程质量潜在缺陷保险"，对住宅进行长达 10 年的质量保险，这为建筑行业的质量监管提供了新的工具。下一步，上海将在涉及公众利益的环境污染、食品安全、医疗责任、校园安全、单用途预付卡等方面探索开展责任保险试点，加快发展危险化学品安全生产责任保险、火灾高危单位责任保险、地下空间综合责任保险、电梯综合责任保险等，并将保险全过程风险管理技术纳入火灾、积涝、台风、雷电等灾害防范求助体系。

三是经济发展提质增效需要用好保险资金。商业养老、医疗保险等累积的长期资金可用于经济建设长期投资，有利于引导金融体系更注重长期的价值投资，有利于社会投融资体系的优化。截至 2013 年底，上海市共有 12 项基础设施和不动产债券投资计划，注册（备案）规模共 855 亿元，占全国比例达 14.69%，2013 年全年新增注册规模 650 亿元，总规模和新增规模均位列全国之首。上海将继续发挥保险资金长期投资的优势，积极支持保险资金参与上海重大基础设施、棚户区改造、保障性安居工程、智慧城市建设等工程建设。支持保险资金以股权、债权、基金、资产支持计划等多种形式，为上海科技企业、文化企业、贸易企业、新经济新业态等各类型企业提供资金支持。

四是深化保险服务功能需要构建更加完善的保险机构体系。到今年上半年，上海保险业机构达 353 家，包括 90 家中资保险公司和营运中心，40 家外资，212 家保险中介法人公司，11 家中外资保险公司在自贸试验区设立了分支机构。完备的市场和机构体系，有利于保险业不断拓宽服务领域，深入有效地覆盖社会经济、民生的方方面面。下一步，上海将积极争取中国保监会支持，尽快建立保险交易所。积极吸引各类中外资保险法人机构集聚，支持各类专业性保险公司及资产管理公司在沪设立，提升保险中介国际化、专业化水平，推动保险公司将航运、资金运用、数据、研发等各类功能性机构设在上海，同时鼓励会计、审计、税务、法律、咨询等金融专业服务机构发展，完善保险服务链。

三、上海将努力营造优良环境促进现代保险服务业发展

国务院《若干意见》立足国家治理体系与治理能力现代化，提出了多方面的政策措施，重点聚集构筑保险民生保障网、发挥保险风险管理功能、完善保险经济补偿机制、发展"三农"保险、拓展保险服务经济提质增效服务功能、推进保险业改革开放、加强和改进保险监管、优化保险业发展环境和完善现代保险服务业发展的支持政策等方面，从顶层设计高度对新时期加快发展现代保险服务业作出了重要战略部署。这些政策措施和保险改革创新举措，对指导上海保险业未来发展具有很强的针对性，为下一步上海保险业改革创新发展注入了强大的动力。

为切实落实好《若干意见》，11 月 25 日市政府印发了《上海市人民政府贯彻〈国务院关于加快发展现代保险服务业的若干意见〉的实施意见》（以下

简称《实施意见》），提出了上海贯彻落实国务院文件的总体要求、重要任务及政策措施，并明确了一批重点工作时间进度安排。《实施意见》提出，到 2020 年，基本建成与上海经济社会发展需要相适应的现代保险服务体系，发展成为国际保险中心。上海地区的保险深度达到 6%，保险密度达到 7300 元 / 人。为实现上述目标，《实施意见》提出以下重要措施：（1）上海将利用自贸试验区先行先试契机，发展离岸保险市场建立区域性再保险中心，推动自贸试验区内保险资金跨境双向投融资试点，打造自贸试验区国际保险创新平台，支持在自贸试验区探索保险监管制度创新；（2）立足上海国际金融、航运中心建设，完善现代保险市场体系，加快建设航运保险中心，推动建立保险资金运用中心；（3）强化保险对民生保障的有效支撑，积极发展应对老龄化风险的民生保险，推动商业养老和健康保险服务转型升级，鼓励政府购买养老、医疗等保险经办服务；（4）加强保险在特大城市治理中的高效运用，运用责任保险促进社会管理模式转变，构建防灾防损体系增强城市抵御风险能力，深化农险创新保障都市型农业发展；（5）围绕创新驱动转型发展战略，支持保险资金尝试参与上海城市建设，加大保险对科技创新的支持力度，强化保险与文化产业的合作联动，发挥保险对贸易转型升级的保障功能，增强保险对新经济、新业态的培育作用。这些措施既承接了《若干意见》的多项重点工作，又与上海经济社会发展需求相衔接，突出上海自贸试验区和"五个中心"建设的要求，力求上海在保险改革创新和扩大开放方面先行先试。

《实施意见》的落实，离不开国家金融监管部门的支持，需要保险机构大力开拓创新、改善服务，需要社会经济有关方面充分认识保险、运用保险，地方政府将努力营造环境，促进现代保险服务的充分运用与发展，积极推进以下工作：

一是建立保障工作机制。建立由市领导牵头、各相关部门参与的联席会议，统一制定本市加快现代保险服务业发展的政策措施，协调解决相关事项。促使各区县、各有关部门结合自身职责和工作实际，在加快现代保险服务业发展方面发挥积极作用。

二是完善支持政策措施。在《若干意见》的基础上，上海提出"优先保障新增供应"、"对符合土地协议出让规定的，可采用协议出让方式供地"、"结合保险交易市场建设，完善健全各级财政出资购买保险、市政工程建设所需保险、市属国有企事业单位所需保险等的集中采购平台"等上海特色政策。

三是建设保险人才高地。人才是上海保险业打造核心竞争力的关键因素。通过引进与自我培养相结合的方式，打造上海保险业人才高地。一方面加强国际保险人才开发，引进海外高层次保险人才，另一方面促进高等院校加强保险等相关学科专业建设，重点支持复合型保险专业人才培养。同时优化保险业人才政策环境，提供人才引进便利、生活保障和创业就业等支持。

四是加强信用、法制环境建设。高效健全的信用和法治环境是上海现代保险服务业发展的基础。上海将加强本市公共信用信息与保险信用信息的共享互通与联动合作，建立健全本市信用信息体系。积极发挥保险大数据的作用，提升城市交通、居民健康、养老保障等相关行业的精细化管理水平。配合国家有关部门，促进保险行业法律法规和规章制度体系不断完善。支持以司法改革试点为契机，进一步优化司法环境，健全上海金融检察、审判专业化机构组织体系。探索建立保险消费纠纷多元化解决机制，推动设立第三方保险纠纷调解中心，建立健全保险纠纷诉讼、仲裁与调解对接机制。同时积极宣传和引导，提升全社会保险意识，形成学保险、懂保险、用保险的氛围，同时增强保险消费者保护意识，培育用好保险的良好氛围。

在我国经济发展进入新常态的大背景下，《若干意见》的出台具有深远意义，现代保险服务业必将发挥更大作用，勃发旺盛生机，更好地服务于国家经济社会发展。当前上海正处在创新驱动发展、经济转型升级的关键时期，上海国际金融中心正借力自贸试验区加快建设步伐。上海落实好《若干意见》，需要具备服务全国的大视野，自觉将推动保险业加快发展、率先发展作为上海保险业创新发展的责任。上海将积极配合中国保监会等国家金融监管部门，发挥好上海金融资源集聚和自贸试验区先行先试的优势，合力推进各项意见和措施加快落实，主动营造优良的发展环境，做到率先发展、先行一步，为上海经济社会的发展进步注入无穷的活力，为上海国际金融中心建设增光添彩。

金融中心建设与航运中心建设联动 *

　　航运金融是上海国际金融中心和国际航运中心建设联动结合点，其涵盖船舶融资、航运保险、资金结算和航运衍生交易等要素的综合性业务，具有行业关联度强、产业附加值高等特点，是连接航运业和金融业发展的重要纽带和服务平台。航运业的发展需要租赁、保险、国际结算等金融产品服务的支撑，发达的金融业能够为航运业提供完备的配套金融服务；金融业的发展需要航运业不断提供业务需求和动力。航运金融既有利于上海航运业的加快发展，也有利于金融业的拓展与创新。大力推进航运金融发展，创新金融服务方式，拓宽金融服务领域，将为上海经济结构调整和经济发展方式转变提供强大的金融资源支持，有力推动上海国际金融中心和国际航运中心建设。

　　近年来，世界航运业务的重心正由欧洲向亚洲转移。2009 年 3 月，国务院出台了《关于推进上海加快发展现代服务业和先进制造业　建设国际金融中心和国际航运中心的意见》(以下简称《意见》)，中国有效应对国际金融危机，在全球率先实现经济回升向好，上海航运金融发展面临前所未有的良好机遇。据统计，上海港在自 2009 年货物总吞吐量成为世界第一之后，2010 年前三季度实现集装箱吞吐量 2160 万标箱，超越新加坡成为世界第一大港。但必须看到，与伦敦、新加坡、香港等国际金融中心和国际航运中心相比，上海航运金融市场目前仍属起步阶段，在市场规模、中介服务、人才集聚、政策环境、金融机

---

* 本文发表于《国际金融报》2011 年 1 月 5 日第 1 版，原题为《发展上海航运金融的若干建议》。

构实力等方面差距仍然较大。因此，要清醒地认识当前上海航运金融发展的现状和形势，加大对航运金融的政策支持力度，建立健全综合化的航运金融服务体系，提高航运金融服务的创新力，推动其健康快速发展，从而有力地促进上海两个国际中心建设和经济转型。

一、上海航运金融的发展势头良好

航运金融产品服务走向专业化和多样化。为拓展航运金融业务，上海众多金融机构纷纷调整发展策略，成立专门的航运金融业务部门，推出各具特色的专业产品和服务。在机构设置方面，交通银行成立了航运金融部，工商银行建立了上海航运金融中心，中国银行成立了国际航运金融服务中心，太平洋保险公司设立了航运保险事业部，人保财险公司考虑设立航运保险运营中心。在产品和服务方面，中国银行的"委付通"为航运企业资金运作提供新的效率提升方案，交通银行推出了兼具人民币融资、出口买方融资和境外船舶融资等创新融资业务，深圳发展银行的"商运通"供应链融资平台为航运相关企业提供短期融资服务，上海航运交易所和上海期货交易所正在共同研究开发上海本地的航运价格衍生产品。

航运金融融资手段和渠道开始多元化。通过完善包括直接融资、间接融资、航运保险、航运衍生品等市场在内的航运金融市场体系，上海不断丰富航运融资手段和渠道。一是基于航运金融融资的特殊需要而成立特殊目的公司（SPV），有效隔离风险和便利外部融资。上海综合保税区启动了单船单机的融资租赁项目，注册在上海的交银租赁和招银租赁公司成立了1家单船项目公司和5家单机项目公司，海航集团在浦东出资17亿元注册成立了船舶租赁公司。二是成立船舶产业基金，发挥其作为产业资本和金融资本结合体的优势，以出让或租赁等方式运营，为航运企业提供股权、债权等投融资服务，有效扶持航运业和造船业。上海航运产业基金等正在加紧筹备中。三是加大对航运企业融资的支持力度。正在酝酿成立中小货代公司的同业担保公司，帮助中小航运企业获得银行贷款。

航运保险发展较为迅速。2009 年，船舶险首次超过企财险，成为市场份额第二的险种，船舶与货运险总和在上海产险市场的占比超过 22%。除船舶险、货运险这些传统险种外，外资保险公司在上海陆续推出物流责任险、码头操作责任险等延伸险种，丰富了上海的航运保险产品。如美亚保险公司针对上海航运中心建设专门推出了"港口和码头综合保险"、"物流经营人综合责任保险"等创新型险种。

航运金融的国际合作趋向密切。苏黎世金融服务集团与上海浦东新区合作设立了"苏黎世国际航运与金融研发中心"，专门从事针对国际航运与金融领域新技术、新发展、新趋势的研发工作。伦敦金融城和浦东新区将在船舶融资、海事金融教育，以及包括国际海事事件仲裁纠纷在内的法律服务等方面开展合作。人保财险公司在海外 100 多个国家和地区及主要港口委托数百家有经验的海损代理人，协助其在境外为客户提供相关的海上保险服务。太平洋产险公司与劳合社（Lloyd's）等国际性的海损检验服务网络建立了良好合作关系。许多金融机构航运金融部门已纷纷派出多批员工前往伦敦、新加坡、香港等地接受较为系统的航运金融业务培训。

二、上海航运金融发展所面临的制约因素

近年来，上海航运金融发展取得了较大进展，但离国际航运中心和国际金融中心所要求的强大资源全球配置能力和高端金融服务能力相距甚远。据统计，全球每年与航运相关的金融交易规模高达数千亿美元，上海所占其中份额不足 1%，国际航运相关的融资、保险等金融业务仍主要集中在欧洲。当前，上海航运金融发展面临的瓶颈制约主要体现在以下方面：

航运金融产品和服务滞后于航运业发展需要。一是规模不大。上海仅交行、工行、中行等几家银行开展了船舶融资。以船舶资产为抵押、以船舶收益为还款来源的标准意义上的船舶融资更少。二是服务面窄。航运金融服务主要

针对大型船舶制造企业，为中游及下游航运类客户提供的金融服务有限，中小航运企业融资困难突出。三是产品单一。航运业周期长、市场波动大、经营风险高、专业性强，金融服务要求高，但中资金融机构所提供的航运金融服务种类较少，难以根据航运产业链中相关行业的不同特点，设计并提供有针对性的金融产品和解决方案。目前，中资金融机构的航运金融服务主要采用一般信贷业务方式经营的船舶融资，针对汇率、利率等避险服务的产品供给明显不足。

上海航运保险发展滞后于航运业发展。一是市场占比小。由于中国在国际货物贸易中的定价权不强，导致大量的货物进出口保险由国际市场承保。目前，上海航运保险业务占全球市场份额还不到1%。二是产品少。国内的保险公司推出的新险种少，保险服务的短缺导致中国进出口货物的保险大都在境外投保，运输险在境内的承保面还达不到进出口贸易总额的10%。三是保险机构实力弱。中资保险机构的国际认可度低、风险评估技术相对落后、风险定价能力不强，缺乏航运金融服务所需的全球网络布局、先进的管理技术和经验积累。

缺乏完善的政策支持环境。航运金融涉及的产业链长、行业部门多，中国目前尚无完善的综合性支持政策。一是我国金融营业税较高，企业所得税偏高，税制设计不够合理，降低了境内航运金融服务机构的竞争力。如金融租赁公司的经营性融资业务需按全额租金缴纳5%的营业税，而不是采用外资银行境外融资以息差为税基的做法。二是国内船舶登记制度程序较为繁琐，境内航运企业的船舶大量在方便旗国注册，境内的航运金融服务需求大量外流。三是对于金融租赁公司等航运金融服务机构的业务范围、设立境外分支机构等方面仍存在限制，从而影响航运业融资渠道的多元化和国际化。

尚未形成与航运金融配套的服务体系。一是航运金融中介机构发展缓慢。相关中介机构发展仍处于起步阶段，保险公估、海事法律服务、船检、诉讼仲裁等机构亟待发展。二是金融法律环境有待完善。目前，中国与航运相关的法律制度严重不足。虽然出台了《海事诉讼特别程序法》，但仍有不少问题亟待解决；中国的航运保险条款与国际通用的英国协会条款常有差异。三是航运金融专业人才匮乏。虽然银行、保险、融资租赁和各大航运企业已经设立了专业部门，但在专业化的管理流程和团队建设方面还不完善。严重缺乏高端航运金融专业人才，直接影响到航运金融服务的相关产品创新和业务拓展。

三、相关对策建议

拓宽航运企业的融资渠道，丰富航运金融产品。积极吸引船舶租赁、保险、再保险公司等航运金融服务机构落户上海；支持金融机构产品创新，加快发展船舶融资、国际结算、航运保险等金融业务；加快成立航运产业投资基金，引导国内资金投入国际航运市场；支持金融租赁公司进入银行间市场拆借和发行债券；放宽金融租赁公司境外融资限制，有效利用国际金融市场资源。加快开发原油期货、有关运价指数衍生品、外汇衍生品等风险投资产品，提供更多的航运投资和避险工具，积极参与全球航运金融产品定价机制。

便利航运资金全球运作管理。鼓励航运企业抓住人民币跨境贸易结算试点契机，充分利用试点政策便利，实现国际结算币种多样化，探索航运企业在全球化布局时使用人民币对外投资，在船舶融资业务中吸收境外人民币回流，有效规避汇率风险。利用跨国公司外汇资金管理方式改革、新型国际贸易结算中心试点等支持政策，实现航运企业集团外汇资金的高度集中运作，提高外汇资金运作效率，降低资金运营成本。

完善政策环境，加大扶持力度。从国际经验看，世界上几大航运中心和金融中心都无一例外得到了政府的大力支持。上海航运金融发展需要政府在财政税费、行政登记审批等方面出台一系列配套政策。一是采取税收减免政策，鼓励上海海上货运险本地投保，适当降低银行船舶贷款业务、保险公司海上保险业务的营业税，对国际航运业务收入免征营业税，扩大航运保险免营业税的险种范围，先行试点从事国际航运船舶和飞机融资租赁业务的融资租赁公司（金融租赁公司）等税收优惠政策。二是积极配合国家有关部门完善船舶抵押登记制度，简化抵押登记手续，降低抵押费用。三是鼓励航运金融机构实施国际化、全球化的发展战略,放松对其境外投资限制。四是积极适应航运金融发展形势,根据航运企业和相关金融机构的需求,及时出台支持航运金融发展的金融外汇政策,便利航运相关外汇资金跨境收付。

尽快形成完善的世界级航运金融配套服务体系。一是加快建立和完善航运保险法规体系,修订《海商法》中有关航运保险条款的内容,协调《保险法》、《合同法》、《担保法》等相关法律规定,完善《海事诉讼特别程序法》等法律。二是完善人才激励政策。大力吸引和培养具备航运、金融、保险、法律等综合专业知识背景和丰富从业经验的专业技术人才,对航运金融高端人才放宽户籍准入限制,加大税收减免,为航运金融发展提供人力资源保障。三是加快发展保险经纪、保险公估、海事法律、船舶检验等航运金融中介机构,提高航运金融中介服务水平。

第 二 编

金融开放与创新：
核心优势

上海自贸试验区金融改革：定位、框架及重点领域 [*]

中国（上海）自由贸易试验区（以下简称"试验区"）不同于传统的自由贸易园区，具有鲜明的中国特色，必须以开放促改革，打造具有国际高水准的制度创新高地。金融是现代经济的核心，是试验区制度创新的重要内容。在28平方公里的试验区内对金融领域的开放创新先行先试，做点压力测试，有利于为下一步全面改革与开放做好准备。为此，应抓住试验区与上海国际金融中心建设两项国家战略的机遇，整体推进、有机联动，为下一步全面深化金融业改革开放探索新途径、积累新经验。

一、从试验区定位看金融改革定位

从国家战略的背景看，试验区的定位是应对国际经济形势变化、进一步深化改革开放的"试验田"。试验区不是政策洼地，而是机制体制创新的高地，要以开放促改革，形成可复制、可推广的体制机制。

对外，试验区有利于参与国际经济治理。目前，我国经济总量已跃居世界第二，但经济大国不等于经济强国。只有使我国由规则接受者成为规则制定者，才能实现向经济强国的跨越。近年来，发达国家主导的跨太平洋战略经济伙伴协定（TPP）、跨大西洋贸易和投资伙伴协议（TTIP）、服务贸易协定

* 本文撰写于 2013 年 9—10 月，发表于《新金融评论》2014 年第 1 期，原题为《中国（上海）自由贸易试验区金融改革：定位、框架及重点领域》。

（TISA）谈判，以及美国近年来力推的双边投资协定（BIT），正在重塑国际贸易、投资和世界经济新格局。如果我国在国际经济治理结构方面被边缘化，就会丧失国际竞争主动权。第五轮中美战略与经济对话成果显示："中方正积极研究进一步扩大服务业开放的措施，包括建立中国（上海）自由贸易试验区，该试验区将适应新的外资管理模式，并营造国内外企业平等准入的市场环境。"这说明，中央做出的重大决策是全面参与国际经济治理，试验区建设就是这一重大决策的落实和体现。试验区可在小范围内先行推动部分领域的高标准开放试点，形成与国际通行规则相互衔接的基本制度框架，成为中国进一步融入经济全球化的重要载体，并为主动参与国际贸易投资新规则制定积累经验。

对内，试验区有利于以开放促改革。试验区的制度、管理、服务将坚持高水准，以国际标准作为标杆。投资管理方面，试验区将从正面清单转变为负面清单，强调"法无禁止即可为"。制度创新方面，试验区将从注重事前审批转为事中、事后监管，形成安全审查机制、反垄断审查机制、企业年度报告公示制度、信用管理体系、综合执法体系和部门监管信息共享机制等六项可复制、可推广的事中事后监管基本制度，强调全过程跟踪、管理和监管。这些更具开放性的制度安排都与国家层面的改革紧密衔接，有利于培育我国面向全球的竞争新优势，拓展经济增长的新空间，打造中国经济"升级版"。

因此，试验区实质上是我国进一步推进改革开放的"试验田"，不能被视同境外。试验区通过扩大开放、深化改革，进一步降低制度成本、社会成本和环境成本，将形成我国参与国际竞争新的比较优势。只有建成一个开放度和国际化水平更高、具有国际水准、与境内有机关联的试验区，才能开枝散叶、释放改革红利，发挥其示范带动、服务全国的积极作用。

从试验区定位看金融改革的定位就很清晰了，总的来讲有四点：第一，试验区金融改革要支持经济结构调整和转型升级，以服务实体经济发展和促进投资贸易便利化为出发点和落脚点，稳妥、有序、可控地先行推进。既不能搞成纯粹的金融试验区或"金融飞地"，也不能把试验区搞成完全投机、寻租、逐利的地方。第二，试验区金融改革是一个整体系统的概念，增量改革与存量改革要有机结合，要综合考虑各领域政策措施的有机关联、互相配套，全面激活市场机制在配置资源中的决定性作用。第三，试验区金融市场、资金流动在与境外打通的同时，不能搞区内区外隔离。应坚持"一线放开、二线管好、适度渗透、有效监测"，充分发挥试验区的腹地优势与辐射功效。如果与境内区外完全隔离，试验区就变成了"外来外去"的离岸市场，和内地市场就不通了，既容易引发资金、价格的双重套利，又不利于金融政策在全国范围的复制与推广。第四，坚守风险底线。完善中央金融监管部门和地方金融管理部门的双层监管，做好监管方面的配套制度安排，密切防范跨境资金异常流动风险，严厉打击洗钱、恐怖融资、逃税等行为。

二、试验区金融改革的框架

目前，中国人民银行已出台金融支持试验区建设的"金改三十条意见"及第一批五个配套实施细则，中国银监会、中国证监会、中国保监会分别推出支持试验区建设的八条、五条、八条政策措施。为落实中央关于建设好、管理好试验区的重大决策，更好地推动相关金融改革规划取得实效，按照党的十八届三中全会确定的金融改革路线图，本文从一线工作的角度出发，提出试验区金融改革的基本框架。具体来讲，就是在实现贸易投资进一步便利化的前提下，以市场为导向，以化解国内金融改革的瓶颈为己任，面向全国、放眼世界，充分考虑国家改革大局和全球经济发展态势，与上海国际金融中心建设有机联动，形成一个整体、系统、协同的改革框架，避免改革的碎片化；围绕金融市场化、国际化、法制化三大支柱，形成利率与汇率改革、金融市场开放、人民币国际化、资本项目可兑换"四位一体"的协同推进格局，实现金融重要领域和关键环节改革的"破冰"，全方位推动我国货币金融体制机制改革。

（一）"三大支柱"

金融市场化、国际化、法制化，是我国金融改革的瓶颈所在，是上海与领先国际金融中心的主要差距，也是试验区金融改革必须坚持的基本方向。唯有持续不断地推进金融市场化、国际化、法制化，才能使金融改革成为"一着棋活、满盘皆活"的改革，才能渡过湍流与险滩，走向胜利的彼岸。

金融市场化，包括金融市场的金融资源配置能力、投融资效率和金融基础设施水平。金融市场建设要与上海国际金融中心建设有机联动，进一步拓展试验区金融市场的广度和深度，优化市场结构，推动产品创新，发展衍生工具以对冲市场风险，提升市场规模与服务质量，加快形成分层有序、互为补充的市场体系；要着力发展在岸市场，适度发展离岸业务，并与在岸市场形成优势互补；加快建设现代化金融基础设施体系。

金融国际化，包括提高金融市场开放度和在国际金融市场中的话语权等。扩大金融业对内对外开放，是改变我国金融弱国形象、建设开放型大国经济的必由之路，是完善社会主义市场机制的内在要求，更是提升试验区金融业整体竞争力的迫切需要。扩大试验区金融业对内对外开放，关键是为企业利用境内外两个市场、两种资源创造政策环境，建设透明的治理体系，把培育金融国际化功能与拓展金融创新空间相结合，形成与国际规则相接轨的金融制度体系，以求其最终与国内、国际金融市场融为一体。

金融法制化，包括金融法律、监管、税制等金融生态环境的国际竞争力等。要突破不合理的法律规则，进一步巩固试验区金融创新成果，完善相应的管理办法，及时修订负面清单，推动试验区金融立法，建立多元化纠纷解决机制，改善金融执法和司法机制，厘清政府边界，处理好创新与监管的关系。按照国际惯例和全球新的贸易投资规则，在管理体制和法制方面先行先试，加快形成具有国际竞争力的法制与监管环境。

（二）"四位一体"

利率及汇率改革、金融市场开放、人民币国际化、资本项目可兑换是试验区金融改革要重点推动与有所突破的主要领域，这一"四位一体"、旨在促进贸易投资便利化的金融改革路径已日益清晰，并且有着内在的逻辑关联和递进顺序。逐步形成市场化的利率、汇率形成机制，这是金融体系有效配置国内、国际资金的前提，有助于市场开放和资本项目可兑换，减少了套利空间。金融市场是资金配置的平台，只有全面扩大双向开放，才能更好地利用境内外两个市场、两种资源。利率及汇率改革、金融市场开放为人民币国际化提供了必要前提和战略纵深。从国际货币发展史来看，货币可兑换进程通常伴随着货币的国际化过程，人民币国际化就是人民币从国内货币转变为国际货币，其同步于人民币可兑换进程，但也受制于人民币可兑换步伐。在实践中，人民币国际化与资本项目可兑换是协调推进、相辅相成的。总的来看，要处理好上述四个方面改革与审慎监管的关系，注意把握好节奏，循序渐进，"成熟一项，推动一项"。同时，要制订出切实可行的预案，完善相应的监管手段。具体而言，改革的内容如下。

一是利率、汇率改革。试验区利率、汇率改革是既有改革成果的进一步深化。利率是资金的成本，利率市场化必然需要整体市场的参与，不可能仅在试验区完成。利率改革应按照宏观审慎的金融管理原则，根据服务区内实体经济发展需要、金融市场主体培育目标以及市场环境建设情况，结合金融抗风险状况，稳步推进。近期可在试验区进行一些探索与准备。汇率改革应以发挥市场供求在外汇资源配置和人民币汇率形成中的决定性作用为出发点，在试验区发展外汇市场，丰富外汇产品，拓展外汇市场的广度和深度，更好地满足企业和居民的需求。需要指出的是，在试验区利率、汇率改革过程中，境内境外、区内区外的利率和汇率可能存在一定的差异，客观上存在套利风险，但只要未来这些改革在整体上迅速跟上，抓紧时间快速推广，加上有效的金融管理，这些套利机会自然会消失，其风险是可控的。

二是金融市场开放。试验区要在集聚、配置全球资源方面发挥引领作用，金融市场就必然要与国际接轨。要按准入前国民待遇和负面清单的原则，扩大金融市场高标准双向开放，相关交易不仅要对境内、境外机构开放，也要对个人开放，进一步方便国外投资者和国内投资者开展在境内外金融市场的双向投融资行为，为人民币国际化提供市场基础。

三是人民币国际化。《"十二五"时期上海国际金融中心建设规划》明确提出，要抓住人民币跨境使用进程加快的历史性机遇，不断增强上海金融市场的国际内涵和全球影响力，力争到 2015 年，基本确立上海的全球性人民币产品创新、交易、定价和清算中心的地位。过去几年，人民币国际化的主要推动力量来自贸易结算，试验区应着重推动跨境交易人民币计价和人民币在岸市场深化，为人民币国际化提供新动力，不断提升人民币的国际地位，将人民币国际化推向新的高度，使境内外企业和个人更加灵活使用人民币进行跨境交易、投资。

四是人民币资本项目可兑换。贸易投资便利化必然要求资金自由流动、支付结算便利并控制汇率风险，也就是要求可兑换。大量研究表明，我国已基本具备资本项目可兑换的条件。在试验区内先行试验资本项目可兑换，应在实行分账核算管理的前提下，允许区内居民和非居民机构及个人开立自由贸易账户，自由贸易账户之间，以及自由贸易账户和境外账户之间资金可以自由划转，而自由贸易账户和其他普通账户之间的资金划转视同跨境管理。通过上述制度安排，有序提高跨境资本和金融交易可兑换程度，建立健全宏观审慎管理框架下的外债和资本流动管理体系，在试验区探索形成尊重和保护消费者财产所有权，并与资本项目可兑换相适应的外汇管理新框架，为全面实现人民币资本项目可兑换积累管理经验。

三、近期可推进、突破的重点领域

党的十八大报告提出，要"加快实施自由贸易区战略"。党的十八届三中全会通过的《中共中央关于全面深化改革若干重大问题的决定》指出，在推进现有试点基础上，选择若干具备条件的地方发展自由贸易园（港）区，"一分部署，九分落实"。试验区金融制度创新要形成可复制、可推广的经验，时间要求非常紧迫。当前，各方面对试验区金融改革的期待较高，建议尽快推进八个方面的改革创新，在金融市场化改革、金融市场开放、完善金融市场和机构体系、优化金融监管体制机制等方面和领域取得重点突破，真正走出一条阳光大道来。

一是加快推进利率、汇率改革。在利率方面，放开试验区内一般账户小额外币存款利率上限，扩大存款利率上浮幅度。建立贷款基础利率集中报价和发布机制，为信贷产品定价提供参考。引导在试验区内设有分支机构的商业银行参照 SHIBOR、国债收益率等市场基准，对内部转移资金价格实行市场化定价，健全银行内控和利率定价自律机制，让试验区发现和决定市场的均衡利率，从而为全面放开存款利率做好准备。在汇率方面，要建设中国外汇交易中心试验区模块，满足试验区内实体经济派生的金融需求，增加与人民币直接挂牌交易的币种，推进人民币外汇衍生产品市场发展，根据市场需求发展套期保值等产品。改革外汇市场交易机制，放宽外汇市场准入和交易审批限制，减少行政干预。增加汇率弹性，根据外汇市场发育状况和经济金融形势，逐步放宽人民币对美元和人民币对非美元货币的波动幅度，增强人民币汇率双向浮动弹性，保持人民币汇率在合理均衡水平上的基本稳定。

二是有序扩大金融市场双向开放。尽快出台配套措施，建立与发展多层次的资本市场，优化金融市场结构体系。设立提供跨境综合金融服务的创新型证券公司，允许试验区内金融机构和企业进入上海地区的证券和期货交易场所进行投资和交易，支持试验区内符合一定条件的企业和个人投资境外证券期货市场，在试验区先行先试合格境内个人投资者（QDII2）试点。在试验区试点扩大保险机构境外投资范围和比例。在试验区建立境内外股市的互联互通机制。在试验区内开展国际金融资产交易。依托上海国际能源交易中心股份公司这一平台，全面扩大期货市场对外开放。建设上海黄金交易所试验区板块，推出面向国际投资者、离岸投资人的贵金属产品，将上海黄金交易所建设成具有全球影响力的国际交易市场。大力发展具有区位优势与国际竞争力的金融市场业务，丰富金融现货市场和衍生品市场的产品线。

三是向纵深推进人民币国际化。全面推动试验区跨境交易人民币计价，建立顺畅的人民币跨境双向流动渠道。在试验区试点跨境贸易和投资的管理、核算、统计等环节采用人民币作为计价货币，鼓励试验区金融机构开发面向国际投资者的、以人民币计价的投融资金融产品，鼓励开展境内银行境外项目人民币贷款。继续完善跨境人民币资金清算渠道与支付系统。扩大境内人民币金融市场的参与者范围，放宽境外主体通过试验区进入境内金融市场的准入条件，扩大投资额度，待条件成熟时取消资格和额度限制。允许试验区内企业的境外母公司在境内市场发行人民币熊猫债券。允许具备条件的境外公司在境内资本市场发行人民币计价股票，发行实行注册制。

四是探索资本项目可兑换实现路径。应抓住资本项目可兑换的有利时间窗口，实现试验区内与境外资金的自由汇兑、自由流动，有序扩大试验区内与境内试验区外的资金渗透，通过对试验区内主体、交易加标识的方式，在与企业经营相符、不搞投机、满足反洗钱及反恐融资等监管要求的前提下试点可兑换业务。近期，应精简行政审批，允许试验区内企业直接在银行办理跨境直接投资涉及的资金收付、汇兑，与前置核准脱钩；提高境内企业向境外提供人民币和外币信贷及融资担保的便利程度，实现直接投资、直接投资清盘可兑换。近中期，取消外债额度审批，按照试验区内主体资产负债、币种、期限匹配情况调控外债规模，完善全口径外债的宏观审慎管理制度；建立健全相关监测体系，实现资本跨境流动便利化和收集有效信息的统一，为全面实现资本项目可兑换做好准备。

五是增强金融机构多样性。鼓励全国性中资商业银行、政策性银行、外资银行进入试验区，鼓励试验区内设立证券期货经营机构、财务公司、金融资产管理公司、金融租赁公司、外资专业健康保险机构等非银行金融公司。大力吸引境外重要金融机构在试验区设立全球营运总部，引进国际知名的股权投资企业、创业投资企业、对冲基金等资产管理机构。在试验区建设人民币国际投贷基金平台，扩大人民币海外投资、项目贷款业务。支持上海股权托管交易中心区内运作，建立区域性非上市公司股份转让市场。在试验区内建立全国性、融资性的票据交易中心和信托产品托管、登记、交易、结算中心。建立跨境电子商务支付平台，积极发展互联网金融等新型金融业态。建立功能完善的航运服务体系，推动航运保险定价中心、再保险中心和保险资金运用中心等功能型保险机构建设。

六是允许民间资本发起设立中小型金融机构。尽快研究2014年版的试验区负面清单，立足于建立公平、开放、透明的市场规则，实行统一的市场准入制度，由市场经济规律而不是行政管制选择金融服务的提供者和出资方。鼓励民营资本以平等的地位进入银行业，在试验区内设立自担风险的民营银行、金融租赁公司和消费金融公司等金融机构，以参股方式与中外资金融机构在试验区内设立中外合资银行，为实体经济提供必要的竞争性金融供给。

七是稳妥探索上海地方金融国资改革。鼓励地方金融国企在试验区注册，鼓励民间资本和外资参股、控股，积极发展国有资本、集体资本、非公有资本等交叉持股、相互融合的混合所有制。试验区内注册的地方金融国企先行建立规范有效、包括股权激励等薪酬制度在内的长效激励约束机制。试验区内注册的地方金融国企实行市场化的管理层选拔方式，取消行政任命。

八是完善鼓励创新的金融管理体制。在监管目标上，由微观审慎监管为主向宏观审慎监管为主转变，加强对试验区反洗钱、反恐融资、反逃税和短期投机性资本流动的监管。在监管体制上，在试验区探索金融综合监管，加强"一行三局"之间及其与地方金融管理部门的监管协调，健全金融管理部门与司法、海关等部门的协作，保证信息的及时充分共享，增强对跨行业、跨市场、跨境风险和系统性风险的监测、评估、预警和处置能力。在监管方式上，放松金融管制并加强监测预警，授权试验区实行金融创新的负面清单监管。简化试验区内金融机构准入方式，将部分准入事项由事前审批改为事后报告。完善符合试验区内银行业风险特征的监控指标，优化调整存贷比、流动性等指标的计算口径和监管要求。简化产品创新的审批流程，将具体产品和业务审批转为注册制。

贯彻落实"金改 40 条" 深入推进自贸试验区金融开放创新 [*]

2015 年 10 月 30 日，经国务院批准，中国人民银行会同商务部、中国银监会、中国证监会、中国保监会、国家外汇管理局和上海市人民政府联合印发《进一步推进中国（上海）自由贸易试验区金融开放创新试点，加快上海国际金融中心建设方案》（以下简称"金改 40 条"）。这是党中央、国务院在新形势下为全面深化改革和扩大开放探索新途径、积累新经验的重要举措，是对前一阶段上海自贸试验区金融改革的继续和深化，是新阶段进一步推进上海自贸试验区和上海国际金融中心建设的重要纲领性文件，贯彻落实"金改 40 条"对于深入推进自贸试验区金融开放创新具有重要积极意义。

一、当前上海自贸试验区金融开放创新取得积极进展

近年来，在党中央、国务院的正确领导下，在国家各有关部门的大力支持和帮助下，上海紧紧围绕着国际金融中心建设目标，以自贸试验区金融开放创新试点为重点，深入推进金融创新，取得了重要进展。

一是基本形成了以探索资本项目可兑换和金融服务业开放为主要内容的金融制度创新框架体系。上海自贸试验区挂牌后，在坚持宏观审慎、风险可控前提下，国家金融管理部门共发布了 51 项金融支持自贸试验区建设的意见和措

---

* 本文撰写于 2015 年 12 月，部分内容在《进一步推进中国（上海）自由贸易试验区金融开放创新试点，加快上海国际金融中心建设方案》专题采访中发表。

施以及一系列实施细则，内容涉及人民币跨境使用、资本项目可兑换、利率市场化、外汇管理改革、金融服务业对内对外开放、金融监管简政放权、金融风险防范等先行先试。2015 年 4 月份，自贸试验区扩区后，经国务院同意，中国人民银行等六部委和上海市政府联合发布了《进一步推进中国（上海）自由贸易试验区金融开放创新试点，加快上海国际金融中心建设方案》。"金改 40 条"的出台，彰显了中央坚定不移地推进改革开放的决心和勇气，也是下一步推进上海自贸试验区金融改革创新和国际金融中心建设的纲领性文件。

二是有序开展了自由贸易账户业务、跨境投融资汇兑便利、人民币跨境使用、利率市场化、外汇管理改革等一系列金融创新试点。截至 2016 年 2 月末，上海自贸试验区内共有 40 家单位接入分账核算单元体系，累计开立自由贸易账户 47549 个，自贸试验区跨境人民币当年结算总额超过 1714 亿元，占到全市的 47.6%。按照"分类别、有管理"的模式，简化自由贸易试验区经常项下和直接投资项下人民币跨境使用业务流程，稳步推进人民币境外借款、跨境双向人民币资金池等创新业务，放宽对外债权债务管理。截至 2016 年 2 月末，累计有 342 家区内企业发生跨境人民币双向资金池业务，自政策发布以来资金池收支总额超过 5869 亿元；上海自贸试验区内共有 81 家企业完成跨国公司总部外汇资金集中运营试点备案；人民币跨境支付系统（CIPS）一期已上线运行，首批 19 家银行直接参与。

三是稳步推进了面向国际的金融交易平台建设。上海黄金交易所于 2014 年 9 月推出了黄金国际板，2015 年与香港金银业贸易场建立"黄金沪港通"。截至 2015 年末，"黄金国际板"累计成交 6564 吨，交易金额达 1.14 万亿元。上海证券交易所于 2014 年 10 月正式启动"沪港通"，累计成交金额约 2 万亿元，"沪港通"的推出为对接与打通沪港两市金融市场作了富有成效的探索。2015 年 11 月，上海证券交易所、中国金融期货交易所与德意志交易所集团合作，在法兰克福设立了中欧国际交易所，开展离岸人民币金融工具交易，这是我国资本市场"走出去"服务人民币国际化的重要探索。上海期货交易所已在上海自贸试验区内设立了国际能源交易中心，原油期货品种已获批准，相关配套政策陆续发布。上海清算所推出了上海自贸试验区铜溢价和乙二醇进口掉期中央对手清算业务，并与上海航运交易所合作推出了人民币集装箱掉期和中国沿海煤炭远期运费协议中央对手清算业务。上海保险交易所获得国务院批准筹建，中国信托登记有限责任公司获得国务院批准设立。此外，中国外汇交易中心、上海证券交易所正在上海自贸试验区内筹建国际金融资产交易平台。

四是不断完善自贸试验区金融监管和风险防范机制。为加强自贸试验区金融开放创新试点的统筹协调，上海成立了自贸试验区金融工作协调推进小组，由国家金融管理部门在沪机构和市政府有关部门组成，加强信息沟通，定期研究工作，共同做好创新促进、监管协调、风险防范、环境营造等工作。依托自贸试验区金融工作协调推进小组，金融管理部门建立了监管协调机制和跨境资金流动监测机制。金融管理部门进一步简政放权，简化事前准入事项，加强事中事后监管，建立了监管和市场良性互动机制。上海银监局创建了"自贸试验区银行业务创新监管互动机制"，为商业银行提供鼓励创新的先行先试绿色通道；上海保监局开展了航运保险产品注册制改革，支持上海航运保险协会加入全球最具影响力的航运保险组织——国际海上保险联盟（IUMI）。

五是认真总结经验，按照"成熟一项、推动一项"的原则，配合国家有关部门做好金融改革创新举措的复制推广工作。经过两年多来的探索和实践，上海自贸试验区已经形成了一批可复制可推广的创新成果。为做好金融创新成果的宣传推广，以便更多的金融机构和企业知晓和运用，上海自贸试验区金融工作协调推进小组举办了五次上海自贸试验区金融创新案例发布会，先后发布了50个金融创新案例，得到了金融机构和企业的积极响应和广泛认可。同时，根据国务院总体部署，上海自贸试验区形成的一批金融创新成果已在广东、天津、福建自贸试验区乃至全国复制推广，有力地促进了全国金融改革开放。目前，经常和直接投资项下人民币结算流程、个人跨境贸易人民币结算业务、跨境双向人民币资金池、经常项下人民币集中收付、跨境电子商务人民币结算业务、放开小额外币存款利率上限、全口径跨境融资宏观审慎管理等措施已在其他三地自贸试验区或全国复制推广。中国银监会、中国证监会、中国保监会已将支持上海自贸试验区金融机构入区发展、支持民间资本进入金融业、鼓励开展跨境投融资业务、简化准入方式等创新发展措施在其他三地自贸试验区复制推广。外汇管理局已将取消境外融资租赁债权审批、取消对外担保行政审批、取消境外支付担保费行政审批、外商投资企业资本金意愿结汇、便利银行开展大宗商品衍生品柜台交易、直接投资项下外汇登记及变更登记下放银行办理、跨国公司外汇资金集中营运管理等措施在其他三地自贸试验区或全国复制推广。

二、"金改40条"出台将进一步深化金融开放创新

"金改40条"的出台为自贸试验区金融开放创新和上海国际金融中心建设注入了强大动力、指明了发展方向，它的重要作用主要体现在以下几个方面：

一是深化金融开放创新是自贸试验区建设的重要内容。自贸试验区与过去的保税区或特殊监管区有所不同，保税区或特殊监管区重点是围绕着货物贸易开展的，而自贸试验区则是围绕投资贸易便利化这一中心任务，从过去的货物贸易延伸到服务贸易和投资领域。自贸试验区的投资贸易便利化蕴含着丰富内涵，金融服务便利化是投资贸易便利化的必然要求，体现在资金进出便利、境内外融资便利和资产管理便利等方面，而这些都要依靠金融开放创新实现。

二是深化金融开放创新是上海国际金融中心建设的直接动力。建设上海国际金融中心是一项国家战略，经过多年的努力，已初见成效。目前，内地主要金融市场集聚在上海，2015年交易量总和达到1463万亿元人民币，配置金融资源的功能日益凸显。但是，与成熟的国际金融中心城市相比，金融市场运行机制还不够健全，特别是国际化程度还有待提高。推进自贸试验区金融开放创新，其中一项重要工作就是建设面向国际的金融市场，这也将有利于加快上海国际金融中心建设，提高国际化程度。

三是深化金融开放创新是促进国家金融体系健全完善的有效方式。国家要求上海自贸试验区为下一步深化改革、扩大开放探索新途径，积累新经验。上

海自贸试验区许多金融开放举措是下一步国家健全完善金融体系的方向性措施，包括完善金融市场体系和金融机构体系，以及完善金融监管体制等方面，因此，深化上海自贸试验区金融开放创新试点，将会为国家金融体系的完善提供有益探索。

三、贯彻落实"金改 40 条"的主要思路措施

"金改 40 条"出台，为上海国际金融中心建设和自贸试验区金融工作注入了强大动力，也提出了新的要求。市金融办将在市委、市政府领导下，认真学习好"金改 40 条"精神，贯彻落实好"金改 40 条"明确的任务和举措，把上海国际金融中心建设和自贸试验区金融开放创新提高到新的水平，不辜负党中央、国务院和市委、市政府的期望和要求。

一是以"金改 40 条"出台为契机，形成进一步加快推进上海国际金融中心建设和上海自贸试验区金融开放创新试点的强大动力。"金改 40 条"的出台既是当前继续深化金融改革、扩大金融开放、加快金融创新的重要标志和具体体现，也为进一步推进上海自贸试验区金融开放创新与上海国际金融中心建设明确了行动纲领和具体任务。我们将认真学习贯彻国务院常务会议精神和"金改 40 条"明确的任务措施，鼓足干劲，狠抓落实，不辱使命，为深化我国金融改革、扩大金融开放和促进实体经济持续健康发展做出新的贡献。

二是主动参与、配合并服务好国家金融管理部门研究制定"金改 40 条"实施细则和具体政策措施。"金改 40 条"的许多内容关系到国家金融改革开放全局，需要在国家有关部门指导下推进实施。我们会同"一行三会"在沪机构对"金改 40 条"进行了梳理，综合各部门反馈的情况，2016 年 2 月，中国（上海）自由贸易试验区金融工作协调推进小组办公室印发了《贯彻落实〈进一步推进中国（上海）自由贸易试验区金融开放创新试点，加快上海国际金融中心建设方案〉实施方案分工》（以下简称《实施方案分工》）。

三是坚持以服务实体经济为出发点，增强市场主体的获得感和满意度。当

前我们要把金融开放创新试点与"稳增长"相结合，把实体经济需求放在第一位，从实体经济需求出发设计细则和操作方案，充分听取企业需求和金融机构意见，简化流程，增强便利性，增强市场主体对金融创新政策与实施的获得感和满意度。加强与浦东新区（上海自贸试验区管委会）和各区县政府的合作，探索采用问卷调查等形式，多方听取意见，全面评价实施效果，力求创新政策落到实处，惠及全市。

四是逐步形成可复制推广的经验。在上海自贸试验区实践的基础上，及时总结评估，继续形成可复制可推广的经验，争取上海自贸试验区金融开放创新始终领跑全国，为全国的自贸试验区建设做出更大贡献。

五是进一步优化完善金融环境。"金改40条"对上海金融环境提出了新的要求。要在信用、法制、监管、人才等几方面优化环境，为金融开放创新营造良好氛围，提供良好条件。建立健全本市信用信息体系，加强本市公共信用信息与金融信用信息的共享互通与联动合作，优化信用信息使用环境。加强金融领域消费者和消费权益保护，健全打击非法金融活动工作体系，依法严厉打击金融违法违规行为，维护金融运行秩序，进一步营造遵法、守法的良好环境。加强法律、会计、咨询等专业服务队伍建设，更好地满足金融行业发展的要求。同时，配合支持在沪金融管理部门完善金融监管。

六是切实防范风险。配合国家金融管理部门加强金融风险防范，进一步健全和完善国家有关部门与地方政府协调互动的金融风险防范机制，加强系统性风险预警、防范和化解，牢牢守住不发生系统性、区域性金融风险的底线。

上海自贸试验区金融改革创新的四个维度 *

　　建设中国（上海）自由贸易试验区（以下简称"上海自贸试验区"），是党中央、国务院在新形势下深化改革和扩大开放的重大举措。金融开放创新试点是自贸试验区改革开放的重要内容。上海自贸试验区挂牌三年多来，在党中央、国务院的正确领导下，上海市会同国家有关部门认真贯彻落实上海自贸试验区总体方案，在金融开放创新方面紧紧围绕"三个始终坚持"，努力实现了"三个基本形成"：始终坚持金融制度创新是上海自贸试验区金融改革的核心任务，基本形成了适应更加开放环境和有效防范风险的金融制度创新体系；始终坚持服务实体经济是上海自贸试验区金融改革的基本要求，基本形成了促进贸易投资便利化、提升金融服务水平的一批创新成果；始终坚持统筹协同推进是上海自贸试验区金融改革的重要手段，基本形成了自贸试验区与国家重大战略联动发展的格局。可以说，上海自贸试验区金融开放创新三年来不负党中央、国务院的重托和厚望，总体上达到了预期目标。

一、制度创新是金融改革的核心任务

　　上海自贸试验区金融改革着眼于建成制度高地，努力在制度创新上先行一

---

* 本文由两篇已发表文章组成，一是发表于《中国金融》2017 年第 12 期，原题为《深化上海自贸试验区金融改革的四个维度》；二是发表于《中国金融》2017 年第 4 期，原题为《争做金融开放创新的排头兵——上海自贸试验区成立三周年》。

步。三年多来，上海自贸区建立了资本项目可兑换、利率市场化、金融市场开放、人民币国际化等核心领域金融改革的先行先试机制，基本形成宏观审慎和风险可控的金融监管体系，金融开放创新措施的系统集成已初具规模。

基本形成了金融制度创新体系。在坚持宏观审慎、风险可控前提下，2013年9月，国家金融管理部门先后发布了51项金融支持自贸试验区建设的意见和措施（"金改51条"）。上海自贸试验区扩区后，2015年10月，经国务院同意，中国人民银行等六部委和上海市政府联合发布了《进一步推进中国（上海）自由贸易试验区金融开放创新试点　加快上海国际金融中心建设方案》（"金改40条"），围绕"金改51条"和"金改40条"，已推出了若干项落地实施细则，基本形成了适应更加开放环境和有效防范风险的金融制度创新体系。

创设了接轨国际、风险可控的自由贸易账户系统，创设自由贸易账户系统，建立了"一线审慎监管、二线有限渗透"的资金跨境流动管理基础性制度。自由贸易账户实现跨境融资、跨境并购、金融市场交易等多领域的本外币一体化金融服务，上海市所有金融机构都可以直接或间接接入自由贸易账户系统。截至2016年底，共有51家金融机构通过分账核算系统验收，已累计开立自由贸易账户约6.35万个，累计办理跨境结算折合人民币约10.5万亿元，涉及118个国家和地区，以及近2.8万家境内外企业。同时，建立宏观审慎的资金跨境流动管理制度，对跨境融资规模、币种、期限等进行实时监测和管理，在实时防范外债风险的前提下，扩大了经济主体从境外融资的规模和渠道。截至2016年底，企业通过自由贸易账户获得的本外币融资总额折合人民币8289亿元，人民币平均利率为3.89%，支持了实体经济发展。

稳步推进金融市场和金融机构业务创新。证券"沪港通"实施，开创了风险可控的跨境证券投资新模式，推进资本市场"点对点"双向开放。推出"黄金国际板""黄金沪港通"和人民币计价的"上海金"，进一步扩大了上海黄金市场在全球的影响力。合资成立中欧国际交易所，成为我国资本市场"走出去"服务人民币国际化的重要探索。成立上海国际能源交易中心，完成原油期货产品设计和配套制度。成立上海保险交易所、上海票据交易所、中国信托登记公司等新的市场平台，金融市场体系进一步完善。设立以人民币计价结算的国际金融资产交易平台。率先推出场外市场外汇期权交易中央对手清算服务。此外，上海证券交易所成功发行 300 亿元地方政府债券。上海自贸区挂牌三年多来，在金融机构集聚和业务创新方面取得了多项第一。2013 年 12 月，国内首家航运保险专业社团组织——上海航运保险协会成立，并代表中国加入全球最大航运保险协会组织国际海上保险联盟（IUMI）。2014 年 10 月，国内首家服务养老产业的专业投资公司——太平洋养老产业投资管理公司成立。2015 年 2 月，首只资本市场场内期权产品——上证 50ETF 期权顺利上线。2015 年 7 月，首个落户上海国际性金融组织——金砖国家新开发银行成立。2015 年 10 月，首批 29 亿元人民币自贸试验区跨境同业存单成功发行。2015 年 11 月，国内首款创业保障保险——太平洋财产保险"科创 E 保"产品推出，服务初创期科技企业。2016 年 4 月，中国外汇交易中心完成首笔自贸试验区利率互换交易，实现区内利率衍生品交易的破冰。2016 年 7 月，首只挂钩地方国企改革的 ETF 基金——上海国企 ETF 推出，探索服务国资股权改革模式。2016 年 9 月，首笔自贸试验区外币同业存单海外发行。2016 年 12 月，首只自贸试验区人民币地方政府债券发行。

不断扩大上海自贸试验区对内对外开放。大幅放开银行间债券市场，取消了入市审批流程和投资额度限制。截至 2016 年底，近 400 家境外机构获准参与银行间债券市场，持有各类债券余额约 8000 亿元左右。引入 8 家境外清算行参与境内同业拆借交易，取消了境内主体进入同业拆借市场的行政审批。有序开放外汇市场，参与交易的境外机构达到 55 家。依托自贸试验区金融制度创新和对外开放优势，加快建设面向国际的金融市场。目前，境外投资者投资上海金融市场已基本打通。在国家有关部门指导帮助下，研究首张金融服务业对外开放负面清单，为国家对外经贸谈判提供探索路径。

探索构建开放经济下金融风险防范新机制。上海成立了自贸试验区金融工作协调推进小组和综合监管联席会议，完善金融监管实施细则，探索形成以市场全覆盖为目标、以信息互联共享为基础、以监管合作为保障、以综合监管联席会为平台、以业界自律共治为补充的综合监管模式，完善跨部门协作机制，加强对跨境金融活动和跨行业、跨市场等金融活动的管理。建立新型金融业态监测分析平台，完善互联网金融风险综合防范机制。在境内外经济金融环境波动的情况下，上海金融体系和跨境资金流动没有发生重大异常情况，始终保持稳健运行态势，为进一步推进金融开放创新提供了坚实基础。

二、服务实体经济是金融改革的基本要求

三年来，上海自贸试验区的各项金融开放创新着眼于满足实体经济的需求，持续推进贸易投资便利化，努力探索新形势下金融服务实体经济发展的有效途径，不断提升金融服务水平，形成了一批可复制、可推广的创新成果。

促进贸易投资便利化。2014 年 2 月，中国人民银行上海总部发布了《关于支持中国（上海）自由贸易试验区扩大人民币跨境使用的通知》，明确了跨境双向人民币资金池业务的相关规则，简化了区内企业境内外资金调拨的手续，大幅提升了跨国公司集团内资金的使用效率，全面对接国际最新的贸易投资规则。2016 年度自贸试验区跨境结算量占全市的比例为 50.2%。2014 年 2 月和 2015 年 12 月，国家外汇管理局上海市分局先后印发文件明确自贸试验区外汇管理改革思路和实施细则，按照"区内优于区外"的政策导向，放宽对外债权债务管理，改进跨国公司总部外汇资金集中运营管理，完善结售汇管理，进一步简化经常项目外汇收支手续，便利银行开展大宗商品衍生品的柜台交易，支持银行发展人民币与外汇衍生产品服务。这些措施极大便利了对外贸易投资。

提升金融服务效率和水平。为有效服务实体经济发展，中国人民银行简化了经常和直接投资项下跨境人民币结算业务流程，放开小额外币存款利率上限，推出跨境双向人民币资金池、经常项下跨境人民币集中收付汇等业务。国家外汇管理局取消了境外融资租赁债权审批、对外担保行政审批、境外支付担保费行政审批，推出外商投资企业外汇资本金意愿结汇、企业外债资金意愿结汇等政策。中国银监会推出了离岸业务经营授权、区内银行业金融机构和高管

准入简化、自贸试验区特色监测报表、自贸试验区业务风险评估指导意见等改革措施。上海银监局创立自贸试验区银行业务创新监管互动机制，实施跨境并购贷款、国际组织贷款等近 20 多项开放创新。中国保监会推出了支持上海自贸试验区保险业简政放权、鼓励开展跨境投融资业务等政策。上海保监局实施航运保险产品注册制改革，将产品审批备案改为行业协会注册，截至 2016 年底，累计注册各类航运保险产品超过 2400 个，产品数量是注册制改革前的数倍。

上海牢记作为全国改革开放"试验田"的重要使命，将国家金融管理部门推进简政放权、优化监管流程的经验努力形成了一批可复制可推广的创新成果，目前有 20 多项创新成果在全国范围先后进行了复制推广，在更大领域、更广范围服务全国经济社会发展。此外，上海自贸试验区金融工作协调推进小组举办了七批金融创新案例发布会，共发布了 80 个金融创新案例，得到了金融机构和企业的积极响应和广泛认可。

三、自贸试验区金融开放创新继续前行

2017 年 3 月 30 日，国务院印发了《全面深化中国（上海）自由贸易试验区改革开放方案》，标志着自贸试验区建设进入新的阶段。在自贸试验区建设过程中，金融一直是引人注目的"看点"，随着一系列金融创新政策的落地实施，越来越多的金融创新成果不断涌现并成功推广复制到其他自贸试验区甚至全国，"看点"正在变成"亮点"，凸显了上海自贸试验区改革开放试验田的作用。在新起点上，上海金融系统将进一步拓宽视野，主动作为，在合作、创新、开放、监管四个维度上深入推进，以自贸试验区金融改革激活面上金融改革，带动上海国际金融中心建设再上新台阶、交出新答卷。

打造"一带一路"金融服务桥头堡。全面参与和深度推进"一带一路"建设，不仅为上海转型发展搭建新的舞台，也为上海国际金融中心建设和自贸试验区金融开放创新提供新的契机。上海金融系统将主动服务对接国家战略，以

自贸试验区为重要平台，增强"一带一路"金融服务功能，推动上海国际金融中心与"一带一路"沿线国家和地区金融合作、互联互通，打造面向"一带一路"、辐射全球的金融网络体系和支撑体系。一是推动"一带一路"人民币投融资中心的建设。扩大人民币在"一带一路"沿线国家和地区使用范围，提升人民币在贸易融资、清算结算、项目投资、跨境贷款等的使用比例，构建人民币全球服务体系，为"一带一路"沿线国家和地区项目建设提供更多资金支持和风险管理等服务。稳妥推进境外机构和企业发行人民币债券和资产证券化产品，支持优质境外企业利用上海资本市场发展壮大，加强与境外人民币离岸市场战略合作，吸引沿线国家央行、主权财富基金和投资者投资境内人民币资产，为"一带一路"重大项目提供融资服务。二是加强对市场主体"走出去"的金融支持。引导在沪银行、证券、保险、基金、信托、互联网金融等机构深化开放创新，服务"一带一路"建设和市场主体"走出去"，并借力"一带一路"建设扩展服务范围和覆盖网络。大力发展海外保险、出口信用保险，投放"一带一路"专项贷款，设立基础设施投资基金，加强交易场所互联互通等业务和产品创新，为企业走出去插上"金融翅膀"。三是深化"一带一路"建设中的金融合作。研究探索与"一带一路"沿线国家重要城市间签订金融合作协议，开展多方位合作。发挥政府有关部门、金融机构和企业合力作用，搭建产融合作平台，健全"一带一路"建设金融服务协调机制。鼓励本市金融机构加强与境外金融机构的合作，共同推进"一带一路"建设。深化与"一带一路"沿线国家之间的金融人才培养机制和交流平台，为"一带一路"建设实施提供优质服务、智力支撑和人才保障。

与科技创新中心建设联动发展。加快建设具有全球影响力的科技创新中心，这是中央交给上海的重大课题，也是一项新的国家战略。上海科创中心建设战略的提出，为上海国际金融中心建设赋予了新的特色，拓展了金融中心的内涵。与此同时，金融中心建设的加快推进也为科创中心建设提供了更加丰富的金融资源和服务手段。通过科技与金融的"双轮驱动"，两者相互促进，共同发展，必将给上海国际金融中心建设注入新的活力。下一步，上海金融系统将重点围绕完善科技金融政策体系、健全科技金融服务机构、拓展科技金融创新产品等方面寻求突破，进一步提升实体企业的获得感和满意度。一是推进投贷联动融资服务模式创新试点。制定相关政策措施，鼓励投贷联动试点银行尽快设立投资功能子公司，为科创企业提供"信贷投放"与"股权投资"相结合的融资支持。二是争取新设以服务科创企业为主的民营银行。推动符合条件的民营企业在沪发起设立张江银行，发挥民营经济机制灵活优势，探索与科技创新活动相适应的产品和服务创新，为科创企业提供更有针对性、更加便利的金融服务。三是拓宽科创企业的直接融资渠道。进一步发挥上海股权托管交易中心科技创新板作用，打造综合金融服务平台，支持更多科创企业挂牌融资和转板升级。组织金融机构和相关部门深入调查研究，为注册在自贸试验区内的科技型挂牌企业提供便捷的境外投资服务，制定契合企业需求的境外融资方案。四是加强金融信用环境建设。支持中国人民银行征信中心、市公共信用信息平台加强业务合作，鼓励金融机构与税务、人社、海关等部门对接，建立服务科创企业的多层次、多样化的专业征信服务，开展知识产权质押融资、专利保险等金融创新业务，为科创企业信用融资提供便捷服务。

建立与自由贸易港区相适应的金融体系。上海自贸试验区最大特点是开放，目标是建立开放型经济新体制。国际上普遍认为，自由贸易港区是开放程度最高、容纳层次最多、设立条件要求最为严格的一种"特区"。在上海自贸试验区内设立自由贸易港区是党中央、国务院深化上海自贸试验区建设的又一重要部署，是亮明我国向世界全方位开放鲜明态度的又一重要举措。在自由贸易港区建设过程中，金融的作用至关重要，既要为自由贸易港区建设提供符合国际通行规则的结算、融资等服务，又要利用好自由贸易港区的优势推动金融创新发展。下一步，上海金融系统将立足全局、精心谋划、为建设国际最高标准、最好水平的自由贸易港区中贡献金融应有的力量。一是完善资金流动便利措施。推动自由贸易港区支付结算便利化，完善适应港区发展的账户功能体系，优化本外币一体化的跨境贸易服务。在风险可控的情况下，提升港区转口转卖业务金融服务的自由度和便利性。二是支持大宗商品市场发展。对标国际标准，推动支持自由贸易港区大宗商品现货市场发展，探索与期货市场联动试点。支持商业银行等金融机构为大宗商品及其衍生品交易提供更多金融服务。三是拓展港区金融服务功能。支持在沪金融机构加大港区跨境业务尤其是跨境人民币产品的创新力度。允许金融机构创新各类境外融资方式支持自由贸易港区建设。探索建立港口危险货物巨灾保险制度，完善涉外保险服务。支持符合条件的港区相关企业利用多层次资本市场加快发展，有效拓宽融资渠道。支持自由贸易港区租赁业发展，完善港区租赁业外汇政策和措施等。四是不断加强开放创新的系统集成。适时发布上海自贸试验区金融服务业对外开放负面清单指引，探索建立符合上海国际金融中心特点、具有国际竞争力的金融税收制度，通过制度创新和国际接轨，吸引一批具有国际竞争力和行业影响力的金融机构和金融人才集聚。

探索金融风险防控新机制。习近平总书记在 2017 年 4 月 25 日中央政治局集体学习中强调，金融安全是国家安全的重要组成部分，是经济平稳健康发展的重要基础。维护金融安全，是关系我国经济社会发展全局的一件带有战略性、根本性的大事。上海是全国的金融中心，做好上海金融工作、维护上海金融安全对确保不发生系统性金融风险和国家金融安全具有重要的意义。从国内外金融发展的历史看，忽视风险往往是最大的风险。可以说，出不出风险、出多大风险，在一定程度上决定着自贸试验区建设的成功与否。下一步，在推进上海自贸试验区金融改革中，要特别注重防范金融风险，牢牢守住不发生系统性区域性金融风险的底线，营造安全稳定的金融发展环境。一是探索综合监管和功能监管，加强金融监管协调。在市政府成立的上海自贸试验区金融工作协调推进小组和金融综合监管联席会议制度框架下，积极探索实施金融综合监管和功能监管，进一步完善金融监管协调机制，形成全覆盖的金融监管体系，不留监管死角和空白，形成监管合力。二是加强金融监测和风险预警。加快"新型金融业态监测分析平台"的建设应用，加强穿透式监测分析，建立和完善系统性金融风险的预警防范体系，切实提高金融风险识别、预警和处置能力，探索拓宽风险线索发现渠道，做到早发现、早研判、早预警、早处置。同时，切实加强金融投资者教育和金融消费者权益保护，提高社会公众的风险意识和自我保护能力。三是妥善处置各类金融风险。扎实推进互联网金融专项整治、非法集资专项整治、各类交易场所清理整顿"回头看"等工作，下决心处置一批风险点。同时，在处置风险过程中要统筹兼顾、标本兼治，准确把握改革发展稳定平衡点，学会风险处置的"中西医结合"，做到不因处置风险而引起新的风险。

在上海自贸试验区扩大金融服务业开放[*]

上海是中国金融开放的最前沿，浦东是上海金融开放的主阵地。在贯彻落实我国新一轮金融服务业扩大开放的进程中，浦东尤其是上海自贸试验区发挥着至关重要的作用。因此，今天在浦东新区召开上海自贸试验区贯彻落实金融服务业扩大开放工作推进会很有现实意义。根据会议要求，我向大家介绍一下上海贯彻落实金融服务业扩大开放工作等四个方面的情况。

一、多措并举，认真贯彻落实习近平总书记讲话精神

博鳌亚洲论坛期间，习近平总书记宣布了包括金融业对外开放在内的若干重大举措。按照习近平总书记讲话精神，上海主动作为、多措并举，以实际行动推进扩大金融业对外开放先行先试。

一是统筹兼顾，抓好落实。根据市委、市政府部署，市金融办会同在沪金融管理部门第一时间建立了工作机制和工作专班，召开专题推进会，制定具体方案，统筹推进落实。二是细化措施，精准发力。结合上海自身实际，将推进金融机构、金融业务开放和上海金融市场建设、自贸试验区改革联动起来，不断细化和落实中国人民银行易纲行长提出的 12 项金融业对外开放新措施，形成了扩大金融业对外开放先行先试六个方面 34 条具体措施，包括扩大银行业

---

* 本文根据 2018 年 6 月在上海自贸试验区贯彻落实金融服务业扩大开放工作推进会上的讲话整理。

对外开放、扩大证券业对外开放、扩大保险业对外开放、扩大金融市场开放、拓展 FT 账户功能和使用范围、放开银行卡清算机构和非银行支付机构市场准入等。三是主动服务，持续推进。按照市委关于打造营商环境新高地的要求，进一步增强服务意识，通过上门沟通、请过来座谈等多种方式主动对接相关外资金融机构，针对机构落户过程中的具体问题，会同相关部门和区政府做好跟踪服务。

二、善做善成，率先推进金融业对外开放具体项目落地

我们统筹兼顾行业类别、开放内容和国别地区，今年已梳理形成两批 23 个金融业对外开放项目。第一批项目已公布（《解放日报》、上海观察、上海发布以及其他主流媒体相继进行了报道，引起了很好的社会反响），其中，工银安盛资产管理公司已获批复同意，英国韦莱保险经纪公司已获批扩大经营范围。其他如上海光明欧诺消费金融公司、富卫人寿保险公司、日本野村设立外商投资证券公司（持股 51%）、安联（中国）保险控股公司、约旦阿拉伯银行设立上海分行等对外开放项目已申报到相关金融管理部门。第二批项目正在推进中，其中英国怡和保险经纪公司已获批扩大经营范围，摩洛哥外贸银行上海分行、台湾国泰世华银行在沪分行转子行已获批筹建。

在接受申报的两批项目中，从开放领域来看，涉及银行、证券、保险等多个行业；从开放内容看，既有新设外资持股比例达 51% 的证券公司、寿险公司，也有扩大外资银行、外资保险经纪公司、合资证券公司经营范围和允许外资从事第三方支付业务；从开放对象来看，既面向英国、法国、德国、日本等发达国家和地区，也面向约旦、摩洛哥等发展中国家和我国港澳台地区。当然，这些成果还只是初步的、随着开放举措的进一步落实，还会有更多项目在沪落地。

三、相时而动，牢牢抓住金融对外开放的重要窗口期

改革开放以来，上海始终在金融方面"敢为天下先"，走在全国前列。截

至目前，上海聚集了股票、债券、期货、货币、外汇、黄金、保险等各类金融要素市场。2017 年，上海金融业增加值占全市 GDP 的比重达 17.7%。上海金融市场交易总额达 1428 万亿元，直接融资总额达 7.6 万亿元，占全国直接融资总额的 85% 以上。外资金融机构占本市所有持牌金融机构总数近 30%。

当前是我国金融对外开放重要的窗口期。改革开放 40 周年，正是改革再出发，开放再扩大的起点。进一步扩大开放是中国金融创新的动力，是中国经济转型发展的推力，也将进一步展现中国应对中美贸易摩擦、更加积极开放的定力。同时，上海新一轮金融对外开放先行先试得到了中央金融管理部门的大力支持。在 6 月 14 日的第十届陆家嘴论坛开幕式上，易纲行长宣布，中国人民银行将在推动人民币国际化、稳步推进资本项目可兑换、健全金融市场和金融服务、金融机构建设以及引领金融科技发展等五个方面支持上海先行先试。下一步，我们将积极贯彻落实易纲行长的讲话内容，牢牢抓住机遇期，切实推进市委、市政府确定的上海改革开放目标任务，不断提升上海金融业开放水平。

一是深化金融改革，加强上海国际金融中心建设和自贸试验区金融开放创新联动，探索外汇管理改革先行先试，稳步推进资本项目管理便利化和可兑换。同时，做好金融创新风险压力测试，切实守住风险防范的底线。二是以开放促发展，争取更多扩大开放举措在上海先行先试，持续提升上海国际金融中心世界影响力和全球资源配置能力，通过金融高水平开放，推动经济高质量发展。三是不断优化金融发展营商环境，擦亮上海金融服务名片，通过持续营造开放、透明、包容、法治的金融营商环境，使上海成为国家扩大对外开放的承载地和重要外资金融机构聚集地。

四、全力以赴，进一步支持浦东新区金融业扩大开放

浦东新区作为上海国际金融中心建设的核心功能区和主战场，一直以来，发挥着举足轻重和不可替代的作用。从 20 世纪 90 年代初开始，浦东开发开放

与上海国际金融中心建设的进程就紧密相连，共同成长。多年来，在党中央、国务院和上海市委、市政府的正确领导下，在浦东新区区委、区政府的直接带领下，浦东金融改革发展取得了长足进展。

当前，上海服务国家战略的责任更加重大，建立上海自贸试验区，建设具有全球影响力的科创中心，基本建成国际金融中心，浦东是主战场、陆家嘴是大舞台，浦东棋活，上海全盘皆活。我们将按照市委、市政府要求，主动对接，积极服务，在以下四个方面全力以赴支持浦东金融业改革开放先行先试。

一是深化上海自贸试验区金融开放创新。拓展自由贸易账户功能和应用，提升投融资功能和结算便利度，逐步放宽跨境资本流动限制，稳步推进资本项目可兑换试点。二是深化金融服务业扩大开放。发挥浦东综合配套改革试点先行先试的平台作用，积极争取国家相关部委的大力支持，进一步放宽银行、证券、保险行业外资股比限制，扩大外资金融机构业务范围。三是深化金融市场开放创新。浦东新区已成为股票、期货、金融衍生品、保险、信托等全国性金融市场集聚地。支持金融市场扩大开放，引进国际知名企业在上海证券交易所挂牌，引入各类符合要求的境外资金积极参与上海金融市场。推出人民币跨境业务和产品，发挥好大宗商品人民币定价结算功能，为"一带一路"建设提供投融资支持。四是加强金融与科技联动发展。深化张江科学城与陆家嘴金融城的联动机制，搭建浦东新区科创金融服务平台，推动金融管理部门、金融市场、金融机构等形成合力，为科技型企业提供各类服务，积极开展投贷联动融资服务模式创新，发挥多层次资本市场对创新企业的助推作用，促进金融资源向科技型企业加快集聚和倾斜。

率先践行上海自贸试验区新片区金融开放创新[*]

上海自贸试验区新片区的设立，是中央支持上海改革开放再出发的重大举措，是上海未来新的增长极。浦发银行伴随着浦东开发开放而生，与上海发展共成长。新片区将是浦发银行实现新发展的前所未有的历史性机遇，服务好新片区建设更是浦发银行作为一家扎根上海的银行的新使命、新任务。浦发银行将以舍我其谁的使命担当，抓住新片区带来的新机遇，踏上新征程，实现新发展。

近日，经上海银保监局同意，浦发银行滴水湖支行升格并更名为"浦发银行自贸区新片区分行"，由上海分行管理。成立新片区分行是浦发银行进一步提升对新片区金融服务能级的重要举措。未来，自贸区新片区将带动上海市新一轮发展，这里有 870 平方公里的区域有待进一步开发，有集成电路、民用航空等重点产业的不断引入，还将有大量的海内外人才集聚于此。成立后的浦发银行自贸区新片区分行将肩负起浦发银行为区域内客户提供优质特色金融服务的使命。

一、率先推出新片区金融服务方案

在习近平总书记宣布新设自贸区新片区起，浦发银行就启动了对于新片

---

* 本文根据《国际金融报》2019 年 8 月 21 日的专访整理。

区各项政策的研究，为迎接新片区方案落地做好了充足准备。8月6日，国务院正式发布《中国（上海）自由贸易试验区临港新片区总体方案》，并明确新片区要对标国际上公认的竞争力最强的自由贸易园区后，浦发银行率先推出了《自贸试验区新片区金融服务方案》。服务方案的内容非常丰富，简言之，就是"以实施资金便利收付的跨境金融管理制度的政策为基础，聚焦与前沿产业集群、新型国际贸易、高能级全球航运枢纽以及跨境金融服务相关的客户，形成了四大专属金融服务"。在前沿产业集群方面，进一步优化对于前沿产业客群的全生命周期服务，重点关注企业在跨境资本市场的需求，提供包括股权架构调整、过桥融资、上市顾问及投资者退出的综合金融服务。在新型国际贸易方面，围绕跨境电商和离岸贸易，不断优化系统，提供资金自由便捷的跨境收付和汇兑，将 API 平台等数字化战略的创新实践运用于新片区客户服务。在跨境资产管理方面，充分结合上海国际金融中心建设目标，首次推出针对财资管理中心和人民币贸易融资平台的专属服务。在高能级航运方面，提供完整的基于航运生态圈的综合金融服务，覆盖港口、航运企业、飞机及船舶经营企业、航运保险、货代等各类型企业，助力高端航运要素集聚。

二、突出新片区金融服务亮点

浦发银行新片区金融服务方案有"三大服务亮点"。一是突出跨境资金便捷流动和兑换，进一步简化了跨境人民币业务办理流程，推动跨境金融服务便利，并探索资本自由流入流出和自由汇兑。二是突出金融服务与国际惯例接轨，重点突出了自贸、OSA 与海外分行的协同优势，基于多平台互补为新片区内企业与非居民提供与国际接轨的跨境银行服务。三是突出重点行业服务升级，新片区内的税收减免政策将吸引集成电路、人工智能、生物医药以及民用航空企业加速入驻，浦发银行将更聚焦这四个高端产业的金融服务，在长期行业服务经验的基础上升级优化，通过新片区资金流动便利支持企业跨境投融资。

三、坚持"双倍增，双引领"，提升服务能级

目前，浦发银行在新片区的临港、洋山以及浦东机场区域均有网点布局，已经能够切实开展对于入驻企业的金融服务。上海自贸试验区新片区分行是浦发银行与新片区携手成长、迈向新征程的新起点，浦发银行将"把支持、参与、推动实现这一国家战略视为重任"，"通过做好新片区金融服务进一步辐射长三角一体化发展，是积极落实上海三项新任务的有力体现，也是助力上海'五个中心'建设、打响'四大品牌'的重要举措，并将以更大的担当和勇气，为上海的建设和发展做出应有的贡献"。如何实现这些任务呢？那就是"双倍增，双引领"计划：

一是资金支持倍增。加大新片区支持力度，调动全行资源，综合运用贷款、债券、投资等多种融资工具，整合银行、信托、融资租赁等各个平台，加大新片区资金、资源投放，计划"十四五"期间对新片区的投放要在现有基础上实现倍增。

二是服务规模倍增。着力做大优势业务，浦发银行在自由贸易账户、跨国公司资金集中运营、财富管理、融资租赁、离岸金融业务方面创造了多项首单，要在服务好存量客户基础上，苦练内功，抢抓机遇，转型发展，重点拓展增量业务，服务好区内和境外两个大市场，服务好境内外客户，在企业财资中心、资产管理、融资租赁等业务方面迅速实现倍增。

三是引领新片区金融制度创新。加快业务开发，完善服务流程，在自由贸易账户本外币一体化试点、服务离岸贸易转口贸易、服务跨境投资方面推出新片区服务方案，勇当新片区金融制度创新的先行者，力争成为行业标杆。

四是引领新片区金融对外开放。浦发银行将以海纳百川、开放包容的姿态，抓住金融对外开放 11 条出台有利时机，加强与境内外金融机构的多方面合作，丰富完善金融板块，完善内部治理架构，挖掘内涵增长潜力，进一步提升行业竞争力和发展引领力。抓住新片区发展机遇，乘改革开放再出发的东

风，建设综合实力一流的新浦发。

总之，浦发银行将充分利用金融优势，在新片区不仅做到资金支持和服务规模倍增，更要起到制度创新和金融开放的双引领作用。后续，浦发银行上海自贸试验区新片区分行将进一步加强政策研究，持续做好系统优化和产品创新，在风险可控的前提下，积极探索跨境投融资、资产管理、要素市场等一系列业务创新。在跨境金融服务的交付中，发挥其自身优势，依托大数据、电子化渠道等科技手段为新片区内企业提供跨境资金便捷流动和兑换，运用自贸、离岸与海外分行的多平台协同优势，三位一体地提供与国际接轨的跨境银行服务。

"沪港通"促进上海资本市场开放创新 *

近年来，上海金融市场体系进一步完善，金融市场运行机制改革成效显著，金融市场产品和工具不断丰富，金融市场规模也在快速增长。随着"沪港通"的开通，上海和香港股票市场交易的互联互通机制正式建立，沪港两市融合程度将不断加强，上海资本市场国际化水平也将逐步提高。对于上海国际金融中心建设，尤其是上海资本市场开放创新而言，是一次重要契机，必将积极促进上海金融改革开放和创新发展。

一、充分认识"沪港通"的重要机遇

"沪港通"的开通，有利于激发上海蓝筹股市场活力，提升资本市场定价和服务功能。"沪港通"推出后，整体拥有良好基本面表现的上海蓝筹股市场，会获得注重价值投资的香港投资者的青睐，这会引导市场对大盘蓝筹股价值的重新发现，激发上海蓝筹股市场的活力，提升上海资本市场的价值发现功能。

有利于扩大上海资本市场开放，提高上海金融市场发展的国际化水平。"沪港通"推出后，将为国际投资者参与上海资本市场交易开辟新的渠道，将会促进上海资本市场加快融入全球资本市场，对上交所未来引入境外公司挂牌上市以及与境外其他交易所互联互通甚至海外并购产生重要推动作用。

---

* 本文撰写于 2014 年 10 月，部分内容在《21 世纪经济报道》2014 年 10 月 13 日 23 版上公开发表，原题为《沪港通的制度设计要点及影响》。

有利于上海资本市场改革，促进上海金融中心制度环境与国际接轨。"沪港通"的推出，将加强上海和香港市场的双向互通，对加快上海资本市场改革产生倒逼效应，促进上海资本市场在制度理念、业务规则、管理方式等方面与国际接轨，对上海国际金融中心建设产生长期深远影响。

有利于加快人民币国际化和资本项目可兑换进程，提升上海金融中心的国际影响力。"沪港通"明确以人民币进行交易结算，这将有效扩大人民币跨境使用范围和规模，拓宽人民币流出和回流渠道，还将会提高人民币在资本项下的可兑换程度，对上交所在自贸试验区平台推出人民币计价的债券业务产生积极的推动作用。

二、准确把握"沪港通"的制度设计要点

对于"沪港通"，我们必须要把握好制度设计要点。"沪港通"实施资金闭合路径管理，且为了保证不出现风险，还设有额度管理。"沪港通"中，沪股通的可投标的是上证180指数成分股、上证380指数成分股和上交所上市的A+H股；"港股通"可投标的是恒生综合大型股指数、恒生综合中型股指数成分股和港交所上市的A+H股。针对这些投资标的，证券公司还需要做进一步研究，剖析这些投资标的的发展趋势，尽快给老百姓更多的投资信息。

在投资额度管理上，包括总额度控制和每日额度管理，要做到风险可控。目前的额度控制情况是，"沪股通"总额度3000亿元人民币，每日额度130亿元人民币，相当于沪市日均交易量的15%；"港股通"总额度2500亿港元，每日额度105亿港元，相当于香港股市日均交易量的20%。那么，每天开盘后，可能上午还没结束就有投资者买不到股票了，对此我们要有应对措施。

在准入方面，试点初期，香港证监会要求参与港股通的境内投资者仅限于机构投资者以及证券账户与资金账户余额合计不低于人民币50万元的个人投资者，但是符合这一条件的个人投资者很多，所以需要我们对投资者进行宣传与指导。

在交易制度安排方面，以交易发生地的规则制度为主，并对部分规则做出特殊安排。"沪股通"在交易方式上仅限于竞价交易，暂不支持大宗交易；订单类型限于限价委托。剔除重复计算后，"沪股通"标的包括 571 只 A 股，市值约合 14 万亿元人民币，涵盖了沪市 A 股 90% 市值的成分股，其中包括了大盘股以及成长性较好、盈利能力较强的中小盘股。"港股通"标的包括 270 只港股，市值约合 20 万亿港元，也涵盖了恒生综合指数 95% 市值的成分股。所以，"沪港通"推出以后，打通了沪港资本市场，对两地金融市场的影响非常深远。

在监测方面，从资金的流入和流出渠道来看，过去主要是 QFII、QDII、RQFII 等。"沪港通"开启以后，增加了资金流动的不确定性，如何做好多项监测、分析工作是我们需要研究的问题。

三、不断完善"沪港通"后续措施

"沪港通"对我国资本市场的对外开放影响较大，同时倒逼我国完善资本市场制度，资本市场的制度趋同化可能是未来的发展方向。目前，沪港资本市场之间的交易规则、投资理念存在差异，A 股、H 股存在差价；在两个市场上，同一只股票可能存在不同的标准，这些都是我们面临的问题。"沪港通"对人民币国际化的影响主要体现在人民币的回流、发债问题上，包括在香港发债以及在上海发熊猫债，中国人民银行和国家外汇管理局在工作会议上对此也进行了部署。另外，"沪港通"对资本项目可兑换也是很好的测试。总体而言，在风险可控的前提下，"沪港通"对上海建设国际金融中心以及上海资本市场的发展还是有利的，我们需要通过开放来促进改革。

对于证券公司来说，"沪港通"的开启，使得原来证券公司从传统的通道型业务向增值服务型业务转变，为境内高端客户海外资产的配置逐步开辟出新路径。这对于证券公司而言是很大的考验，同时也倒逼境内证券公司必须适应环境。

上海正在考虑加快证券交易所的市场主体、市场要素的国际化步伐。"沪港通"为国际投资者了解国内资本市场，尤其是上海的资本市场打开了窗口。借助这一窗口，我们支持上交所等金融机构加强向国际投资者宣传推介，吸引有条件的国际企业来上交所上市。另外，目前全球交易所基本上采用公司化运作模式，而上交所还是会员制。上交所有必要与国际接轨，提高市场化、国际化服务水平，走出一条有特色的市场化、国际化发展道路。

加强沪港金融合作促进金融开放 *

2008 年全球金融危机以来，国际金融格局深刻调整，中国经济发展迈入"新常态"，金融改革开放日益深化。在此背景下，加强上海与香港的金融合作交流，不断拓展合作空间，努力提升合作水平，对于服务国家经济社会发展，推动人民币国际化，实现两地互利共赢，都具有十分重要的现实意义。

一、沪港两地长期以来有着良好的金融合作关系

众所周知，上海和香港作为我国具有重要影响的两大都市，渊源深厚。自20 世纪初以来，很多商人、银行家、文艺界人士及百姓民众往来于两地，开展经贸、文化交流，上演了一幕幕精彩纷呈的沪港"双城记"。两地的金融联系同样由来已久，享誉全球的汇丰银行（HSBC），中文全名是香港上海汇丰银行，其发展也是从香港和上海两地起步的；渣打银行的香港和上海分行是其最早期的两家海外分行，近 150 年来在沪港两地的经营从未间断。两家银行的历史从一个侧面反映出沪港金融合作发展的不解之缘。时光荏苒，沪港两地走过了不同的发展轨迹，但联系、交流与合作始终没有中断，并在改革开放后得到了进一步加强。

近年来，沪港两地金融业更是互动频繁、交往密切。2010 年 1 月，上海市

* 本文发表于《中国金融》2016 年第 1 期，原题为《沪港金融合作前景》。

政府金融服务办公室与香港特别行政区政府财经事务及库务局在港签署了《关于加强沪港金融合作的备忘录》，就双方加强金融合作的总体目标、优先领域以及健全沪港金融对话与交流等方面达成了共识。《备忘录》签署以来，双方已连续5年轮流合作举办金融合作工作会议。在各方的共同努力下，沪港金融合作不断取得新的成果。

一是机构互设不断增加。银行方面，浦发银行在港设立了分行，上海银行通过收购在港成立了子公司；4家香港银行（汇丰银行、东亚银行、恒生银行、南洋商业银行）在沪设立法人银行，另有5家香港银行和信用卡公司在沪设立了代表处。证券方面，上海的国泰君安等5家证券公司（其他四家是申银万国、海通、东方、光大）在香港拥有经营性分支机构；华安基金等8家基金公司在港成立了全资子公司；此外，根据CEPA补充协议及中国证监会有关要求，在上海发起设立符合条件的合资券商工作也在有序推进之中。中银国际证券、中信新际期货公司等3家港资合资证券、期货公司注册在上海；里昂证券等3家欧美金融机构（另两家为摩根士丹利、花旗）通过其香港子公司在上海成立合资证券公司；另有23家香港证券公司或欧美金融机构通过其香港子公司在上海成立代表处。保险方面，太保集团在港控股中国太平洋保险（香港）有限公司。汇丰人寿及民安保险上海分公司在上海设立，另有8家香港保险公司和1家保险公估公司在上海设有分公司或代表处。

二是市场合作日益深入。2009年，上海证券交易所与香港交易所签订了《更紧密合作协议》，在高层对话、技术与产品上开展了一系列合作：2012年9月，上海证券交易所、深圳证券交易所和香港交易所共同在香港出资成立中华证券交易服务有限公司，先后推出了中国120指数、中国A80指数、沪港通300指数以及相关衍生产品；2012年10月，易方达恒生中国企业ETF在上海证券交易所正式挂牌交易，成为内地首发的两支港股ETF之一。2012年12月，香港交易所在上海成立其数据枢纽——港辉金融信息服务（上海）有限公司，成为内地首家境外金融信息服务机构，为内地投资者提供更为可靠的香港市场数据。2014年11月，"沪港通"正式启动，这是中国资本市场对外开放的重大制度创新，具有里程碑式的意义，也标志着沪港金融合作进入新的阶段。截至今年 11 月 13 日，"沪港通"共使用额度 2125 亿元人民币，成交金额合计21229 亿元人民币。一年多来，"沪港通"运营总体平稳有序，特别是经受住了国际资本市场和内地资本市场大幅波动的考验，实现了预期的目标，为进一步深化沪港金融市场合作积累了宝贵的经验。2015 年 7 月，上海黄金交易所依托上海自贸试验区和香港离岸人民币市场，引入香港金银业贸易场作为第一家交易所类机构特殊会员，正式推出"黄金沪港通"。截至目前，香港金银业贸易场共成交人民币公斤条超过 4500 公斤，成交金额超过 10 亿元。

三是在跨境人民币使用方面的合作进一步加强。2009 年 7 月，跨境贸易人民币结算试点在上海启动，首单跨境交易就是通过上海与香港的银行合作完成的。2011 年 5 月，上海市金融服务办公室和香港财经事务及库务局联合组团赴海外推介人民币国际化业务。2014 年 9 月，两地又在上海共同举办了"离岸金融产品介绍会"。目前，香港已经成为全球最重要、最领先的人民币离岸中心之一。这些都充分体现了沪港两地在推进人民币国际化进程中发挥的重要作用。

此外，两地还在金融监管、金融人才交流等方面开展了大量富有成效的工作。这些都为下一步拓展双方的合作空间奠定了坚实的基础。

二、新时期深化沪港金融合作具有十分重要的意义

当前，中国正处在经济发展转型的关键阶段，金融改革和监管进入攻坚期，进一步加强沪港两地金融合作与发展十分重要、也非常必要。具体可以概括为"三个有利于"：

一是加强沪港金融合作有利于更好地服务于中国提升在全球金融体系中的地位和影响力。2008 年国际金融危机之后，改革国际金融治理体系的呼声高涨。随着经济实力的不断增强，以中国为代表的新兴市场经济体的地位日益提升，在参与国际金融体系改革及金融规则制定中扮演着越来越重要的角色。加强沪

港两地金融合作，可以进一步形成合力，提升国家金融整体实力，从而提升中国金融业的国际竞争力。例如，深化沪港两地在跨境人民币业务方面的合作，加强人民币在岸市场和离岸市场的互动，将有助于拓展海外人民币投资渠道，扩大人民币使用范围，提升人民币国际地位。又如，通过实施"沪港通"，并进一步加以优化、完善，将有助于扩大内地资本市场开放，不断增强中国资本市场的吸引力和影响力；同时"沪港通"也为其他市场的互联互通提供了重要经验。因此，沪港两地应当进一步拓宽视野，站在全球的平台上开展合作，共同为应对全球金融竞争、提高中国在国际金融事务中的地位做出积极的贡献。

二是加强沪港金融合作有利于更好地服务于国家经济社会发展的战略需求。中国经济发展已步入"新常态"，针对速度变化、结构优化、动力转换这三大特点，必须全面深化改革，扩大开放，实施创新驱动发展战略。金融是现代经济的核心，必须坚持服务实体经济的根本宗旨。深化沪港两地金融合作，深入了解发展需求，加强金融创新，提供更好的金融产品和金融服务，可以为经济转型发展、"创新创业"提供有力的金融支持。同时，随着"一带一路"建设的不断推进，越来越多的中国企业"走出去"，沪港都要抓住机遇、发挥优势。香港是全球公认的国际金融中心，是众多企业海外发展的第一站，条件得天独厚，服务能力特别强；而上海则可以依托自贸试验区建设，为境内企业走出去、开展贸易投资便利化提供良好的服务。沪港加强合作，有利于国内企业利用好国际国内两个市场、两种资源，加快国内企业的对外投资，满足企业对金融服务的多样化需求，更好地支持"一带一路"建设。

三是加强沪港金融合作有利于进一步促进两地互利共赢。内地和香港是两种不同的金融体系，加强沪港金融合作，可以充分发挥各自优势，取长补短，实现共同发展。香港作为成熟的金融中心城市，在金融产品、金融人才、金融监管、专业服务、法律体系及争议处理等方面拥有丰富的经验，有很多值得上海学习借鉴的地方。而上海正在加快建设国际金融中心、自贸试验区和具有全球影响力的科技创新中心，有着巨大的成长性与更多的金融服务需求。通过扩大合作领域，有助于两地经济发展和产业结构优化，并为金融业增加新的增长点。

三、深入推进下一步沪港金融合作的五点倡议

近期，国家制定出台了《进一步推进中国（上海）自由贸易试验区金融开放创新试点　加快上海国际金融中心建设方案》，提出了五个方面主要任务和措施：一是率先实现人民币资本项目可兑换；二是进一步扩大人民币跨境使用；三是不断扩大金融服务业对内对外开放；四是加快建设面向国际的金融市场；五是不断加强金融监管，切实防范风险。《方案》的出台，又为沪港金融合作带来了新的机遇。因为《方案》中的很多内容，例如进一步扩大人民币跨境使用、扩大金融业对内对外开放、面向国际的金融市场建设等，都直接为香港金融机构的参与提供了广阔的空间。可以说，随着上海自贸试验区金融开放创新的不断扩大，香港金融业也必将是主要受益者。

下一步，上海将根据国务院要求和《方案》的部署安排，抓紧制定操作细则并扎实推进落实工作。未来，沪港应在已有的基础上，把握人民币国际化、上海自贸试验区建设等重要机遇，在更大范围、更高层次上加强交流，使沪港金融合作迈上新台阶。具体来说，可以概括为以下"五个联动"：

一是加强金融机构联动。金融机构是金融市场的参与主体，也是沪港金融合作的重要载体。没有金融机构的积极参与，沪港金融合作就只能停留在纸面上。当前两地机构互设面临着重要契机。一方面，大量境内企业走出去急需内地金融机构设立境外分支机构为其提供相应服务；另一方面，随着内地金融市场、金融业务对外开放的扩大，香港金融机构来沪设立分支机构的条件将更加宽松。要把握机遇，鼓励上海金融机构在港上市，通过设立或并购等方式在港设立分支机构。进一步完善政策措施，降低香港金融机构进入内地市场的门槛，放宽业务范围、提高持股比例，为香港金融机构在上海开展业务提供更多支持和良好服务。

二是加强金融业务联动。进一步加强人民币跨境业务合作。两地在该业务上已有良好的合作基础，围绕自贸试验区金改《方案》，要用足用好政策，在

不断完善跨境贷款、双向资金池等现有业务的基础上，加快金融产品和业务创新，将人民币跨境业务进一步扩大到投融资领域，拓宽境外人民币回流渠道，促进人民币资金跨境双向流动。深化证券业务合作，鼓励符合条件的上海金融机构和企业赴港发行人民币债券、H股等有价证券；鼓励上海金融机构在港分支机构参与设立更多RQFII及QFII试点计划，拓展资产管理业务。探索开展保险业务合作，鼓励香港保险机构为内地企业走出去提供风险保障，为境内巨灾保险、特殊风险保险提供再保险支持。鼓励发展香港人民币保险业务，探索推进保险"沪港通"。

三是加强金融市场联动。进一步做好优化、完善"沪港通"相关工作。"沪港通"给两地金融市场互通开了一个好头，下一阶段，要不断完善相关制度和规则，扩大交易额度与标的物范围，加强跨境监管合作，加大跨境执法力度。要开展好内地与香港基金互认工作。加快推进上海自贸试验区面向国际的金融交易平台建设。目前，上海国际能源交易中心、黄金国际板都已启动，中国外汇交易中心、上海证券交易所也在积极研究设立面向国际的金融资产交易平台。要继续完善配套措施，吸引香港金融机构和金融市场参与上海自贸试验区面向国际的金融市场平台建设，开展跨境投融资。

四是加强金融监管联动。加强监管信息的共享。随着两地金融市场、金融业务、金融机构合作的日益深化，如何避免金融监管盲区、构建风险防范体系成为金融监管部门的新课题。要加强两地金融监管部门的信息共享，构建金融信息监测和风险预警防范机制，牢牢守住不发生系统性区域性金融风险的底线。积极借鉴香港金融监管经验。香港拥有较为成熟的金融监管体系，国际化程度正高。当前上海正在不断完善金融开放创新的制度框架体系，可以充分学习和借鉴香港在金融监管和防范风险等方面的经验。

五是加强金融人才联动。金融人才是金融业的核心，人员的交流必然带来机构、业务、市场的合作。一直以来，两地金融机构、金融市场组织、金融监管部门之间都有频繁的人员交流。2012年，沪港双方还共同启动了"沪港金融专业大学生交流及考察计划"，至今已经连续举办四届。未来，要进一步加强两地人员交流，形成定期交流、培训机制，进一步扩大人员交流层级和范围。

上海与香港是中国金融版图上两颗璀璨的明珠，"双珠辉映耀东方、合作发展大舞台"。未来，两地应秉承"优势互补、互惠共赢"的原则，进一步深化沪港金融合作，共同打造世界一流的国际金融中心，共同为国家改革开放和经济社会发展做出新的贡献。

沪新金融合作前景广阔 *

陆家嘴论坛作为讲好中国金融改革故事、讲好上海金融中心故事的大平台，已经举办了12年，我有幸每次都参加了，其中有五次我作为上海金融办（局）主任直接参与了策划、组织和筹备工作。今天，我是以浦发银行和浦发硅谷银行董事长的新身份，站在市场机构的角度，参加这次在疫情防控特殊背景下如期召开的新一届陆家嘴论坛。上午聆听了各位领导的重要讲话和嘉宾的发言，很有收获。下午，又很高兴和大家就"沪新金融合作"进行交流，也感到特别有意义。这里，我谈四点体会，与大家分享：

首先，新加坡有很多优势值得上海学习借鉴。新加坡借助自由开放的体制机制，建立了成熟完善的金融市场体系，高效配置全球金融资源；持续打造具有全球竞争力的营商环境，不仅建立了与国际金融中心相适应的完备法律体系和税收制度，同时还非常注重教育、医疗等能够留住人才的配套基础设施建设；持续优化金融监管的服务功能，形成了精准、到位、有特色的金融监管体系，有效提升了投资和贸易便利化；创新能力稳居全球前列，科研创新环境优势明显，金融科技监管水平世界领先。新加坡一直是全球排名前五的金融中心、全球第三大外汇交易中心、第二大财富管理中心；集聚了7000多家跨国公司，其中4200多家设立区域总部，1/3的财富500强企业选择在新加坡设立亚洲总部；总部型金融机构在新加坡有1200多家，金融业增加值占GDP的比

* 本文为作者在2020年6月18日召开的"第十二届陆家嘴论坛"上的演讲。

重一直超过 13%；全球前 50 大资产管理公司有 33 家在新加坡设立机构，管理资产已超过 2 万亿美元。

第二，沪新金融合作具有广阔前景。今年是中新两国建交 30 周年，在国际形势日趋复杂且叠加新冠疫情暴发的特殊时期，中新两国围绕公共卫生、物资保障、经济恢复、人员往来等开展了一系列合作，在危难中见证了友谊，为沪新合作提供了良好的发展环境。近期，沪新建立了"快捷通道"，为沪新合作创造了有利条件。上海和新加坡都是开放型经济的受益者，面对疫情，沪新两地比以往任何时候都需要更加密切的合作、增强互信，共同对抗疫情冲击，也为世界金融治理发挥作用。改革开放是对疫情冲击的最有效应对，开放包容是我们上海的城市品格，也是上海广受全球企业青睐的重要原因。上海将坚定走对外开放道路，利用临港自贸新片区建设的新契机，以更大力度进行金融改革开放，应对外部挑战和不确定性。在这样的大背景下，沪新双方在服务"一带一路"、要素市场、金融机构、金融科技、金融人才等诸多领域都具有良好的合作基础和发展前景。自 2015 年起，沪新双方已经连续举办了四届上海——新加坡金融论坛，取得了良好效果。在"一带一路"合作方面，新加坡是最早支持"一带一路"倡议的国家之一，也是"一带一路"主要合作国家。在此前提下，沪新可以进一步加强金融合作，推动人民币跨境使用，加快发展人民币离岸业务，提升双方在"一带一路"建设当中的投融资服务功能；在金融机构合作方面，目前上海的金融机构正在加快海外布局，新加坡是"走出去"的重要一站。同时，上海将进一步加大开放力度，吸引新加坡的金融机构和企业来上海发展；在金融科技合作方面，新加坡正在实施"智慧国家 2025"计划，对金融科技的掌握和探索都处于世界领先地位。上海目前正在建设科创中心，构建金融科技产业生态链，形成集群优势，加强科创中心和金融中心的联动效应；在金融人才合作方面，过去几年，上海——新加坡金融机构和管理部门之间的人才交流与培训越来越多，成效也越来越好。下一步，我们可以继续推进完善人才交流机制，促进同业经验共享，为两地金融人才交流合作提供更多支持和便利。

第三，沪新两地金融企业业务发展绩效显著。经过多年来的持续合作，新加坡星展、大华、华侨银行等在上海发展得非常不错。浦发银行新加坡分行自2017年成立以来，在新加坡金融监管当局的大力支持和精准指导下，取得了较好的成绩，这也说明了上海的金融企业在新加坡发展的前景也是很广阔的。过去三年，浦发银行新加坡分行业务范围持续拓展，已从内保外贷、跨境直贷、银团贷款等传统业务，逐步扩大到各类贸易融资、境外并购贷款、债券自营投资和承销、外汇和利率衍生品服务等结构性、定制化金融服务，银企合作层级持续提升。尤其是在大宗商品领域，从最初只经营铁矿石业务，逐步扩展到棕榈油、原油等主流业务品种。此外，还配套提供即期、远期、期权等金融衍生品服务，帮助大宗商品贸易商规避利率和汇率风险。下一步，浦发银行将更加积极作为，主动连接和服务好两个市场。希望在中国和新加坡金融管理部门的指导下，我们能积极与新加坡先进同业加强合作，通过建立长期、稳定的合作伙伴关系和延伸服务渠道，共同服务好沪新两地的客户。

最后，沪新银行业要共克时艰难、化危为机。当前，全球疫情仍在全球扩散蔓延，对沪新银行业来说挑战较大：一是伴随企业投资意愿下降，合意资产投放难度加大；二是在利率下行趋势下，息差持续收窄；三是资本市场交易活跃度有所下降，对交易类和财富管理类业务开展带来较大影响；四是进出口型企业及很多中小微企业经营困难，银行资产质量面临较大下迁压力。为此，大家要科学研判，大胆创新，善于危中见机。一方面，要落实好国家和金融监管部门的要求，稳就业、保企业，切实服务好实体企业特别是降低企业融资成本，做好应急融资接续服务工作，同时也要防范道德风险。浦发银行自去年下半年就率先推出了"无还本续贷"服务，为小微企业和科创企业"空中加油"续贷。目前，已经解决了数百家企业的续贷问题，合计金额已达到10多亿元。后续，浦发银行还将进一步加大无还本续贷等服务的推广力度。另一方面，疫情也为商业银行加速推进数字化转型提供了有利契机。要借助金融科技赋能，让银行可以更加便利地触达、服务好广大客户。浦发银行推出的"金融数字人"、智能客服、智能外呼等释放了大量人力，大力开展无接触服务，在疫情期间发挥了积极作用。我们最近在《浦发银行三年行动计划》中明确指出，将数字科技和客户体验作为双轮驱动。作为业内率先提出"开放银行"理念的商业银行，浦发银行将不断加大金融科技队伍建设，积极打造数字化服务的经营特色。至今，已与国内领先的科技公司成立了9个联合创新实验室，"科技合作共同体"已初具规模，基本形成了产学研融合的良好生态。2019年11月，浦发银行在新加坡成功举办了"第三届国际金融科技创新大赛"，这是我们对接国际金融科技前沿领域的重要举措。今年，我们还将积极响应新加坡金融管理局孟文能行长的邀请，参加新加坡"科技金融节"，并计划在新加坡设立创新中心，开展金融创新场景研究与产品孵化。同时，对接海外一流科技企业，不断发掘具有潜力的科技公司作为合作对象，持续提升浦发银行金融科技的创新水平和能力，主动顺应金融服务数字化的转型发展趋势。

促进跨境人民币业务纵深发展 *

　　为积极应对国际金融危机，2009 年 7 月，国务院决定在上海等五个城市率先启动跨境贸易人民币结算试点。2010 年 5 月，在前期成功试点的基础上，试点地区扩大到占全国对外贸易总量 90% 以上的 20 个省市。一年多来，上海充分发挥先试先行优势，各项跨境人民币业务呈平稳有序发展态势。目前，各项跨境人民币业务结算量累计突破 340 亿元。

一、跨境人民币业务现状

　　在试点工作初期，政府部门的大力推进对跨境人民币业务的拓展起到了重要作用。但从根本上讲，跨境人民币业务的发展是一个市场选择的过程，得到市场认可是试点工作取得成效的重要标志。要实现跨境人民币业务的持续健康发展，就必须实现由政府推进向市场推动的转变。从上海的情况来看，随着试点工作的深入，企业得到了实惠，银行获得了新的发展空间，境外人民币回流机制初步建立，市场推动已成为现阶段上海跨境人民币业务发展的基本特征。

---

* 本文由三篇文章整合而成，一是发表于《中国货币市场》，2011 年第 1 期，原题为《关于发展人民币跨境业务的若干思考》；二是发表于《国际金融报》2010 年 10 月 21 日第 1 版，原题为《促进跨境人民币业务纵深发展》；三是发表于《上海金融》2011 年第 3 期，原题为《跨境人民币融资问题研究》。

（一）企业从跨境人民币业务中得到了实惠，成为跨境人民币业务发展的主要驱动力

试点工作能否得到市场认可，关键是看企业能否得到"便"和"利"。首先，企业贸易与投资的便利化是我们开展试点的最直接目标，也是我们判断试点工作是否取得成效的一个关键。为此，在制度设计上，企业跨境贸易采用人民币结算后，不纳入外汇核销管理，自然无需提供外汇核销单；跨境人民币结算中产生的人民币负债只做外债登记，不纳入外债管理；企业可以根据需要将出口人民币收入存放境外，无需事前审批；使用人民币结算，相应的资金不用进入待查账户；跨境贸易人民币结算出口退税及进出口报关政策清晰明确。所有这些政策都极大地简化了企业的办事手续，有利于实现贸易的便利化。从上海实际情况看，企业采用人民币结算后，办事手续简化。

其次，企业跨境贸易采用人民币结算后，不仅可以直接节省进口购汇与出口结汇的汇兑成本，而且可以规避远期收汇与远期付汇带来的汇率风险。特别对一些大型跨国企业来说，在采用外币结算时，企业为了规避汇率风险需要购买各种套期保值产品，从而产生大量的财务费用，而采用人民币结算后，企业可以直接省去购买这些产品的交易费用。据上海某大型企业内部测算，如果在跨境贸易中使用人民币结算，企业每年可省下数百万元的财务费用。

正是存在上述"便"和"利"，一年多来，企业参与试点的主动性大为提高，从"要我试点"到"我要试点"，企业积极主动咨询相关政策，并根据自身的经营状况，积极争取开展业务创新。试点工作开展以来，上海通过个案试点的方式，积极开展与跨境贸易密切相关的资本项下跨境人民币业务。

2009 年第四季度，上海成功开展了人民币出口买方信贷及相应的跨境担保业务、人民币境外直接投资以及境外机构开立人民币结算账户等创新业务。2010 年，上海又拓展了 A 股减持人民币汇出、直接投资项下股权转让款人民币支付等创新业务。这些创新业务不仅满足了企业自身的业务需求，而且得到了实实在在的利益。以上海某企业开展的人民币境外直接投资业务为例，该企

业投资的海外子公司需要从境内进口机器设备等产品，如果该企业将人民币转换为外币投资海外子公司，再由其海外子公司将外币付给境内供货方结汇，企业要承担两次汇兑的成本与汇率风险。该企业通过个案申请的方式获得了政府部门的批准，以人民币对外投资，省去了两次汇兑的费用，规避了汇率风险。

（二）银行通过开展跨境人民币业务获得了新的发展空间，成为跨境人民币业务发展的重要推手

跨境贸易人民币结算本身就是一项银行金融业务。试点以来，银行积极开展相关业务，在为企业提供全面、优质金融服务的同时，自身也得到了发展。

首先，许多银行已将拓展跨境人民币业务作为自身发展战略的一个重要组成部分。由于外币头寸等方面的劣势，境内银行的海外分支机构在提供外币金融服务方面还难以同外资同业竞争。随着跨境人民币业务的发展，境内银行的海外分支机构能够开展人民币业务，从而拥有外资银行所不具备的独特竞争优势。目前，跨境人民币业务涉及的境外地域正在从港澳及东盟国家向全球延伸，跨境人民币业务在全球范围内开展对推进境内商业银行的国际化布局和全球化经营有着深远的意义。试点以来，上海地区银行跨境人民币代理清算网络不断扩大，为境外参加行开立了近280个人民币同业往来账户，这些境外参加行分布在50多个国家和地区。

其次，各项跨境人民币金融服务已成为银行新的业务增长点。除了跨境人民币结算业务外，在跨境人民币业务中，银行还可以为境外银行提供开立人民币同业往来账户、人民币购售、人民币同业拆借和账户融资等多方面的服务。由于上海采用的是代理行清算模式，其跨境人民币同业往来账户的开立数量一直居各试点地区首位。值得一提的是，试点以来，上海的跨境人民币购售以及跨境人民币同业融资等业务一直保持大幅领先态势，其中，跨境人民币购售总额约占全国的85%以上；人民币跨境拆借和账户融资的总额约占全国的90%以上。

此外，银行通过开展跨境人民币业务，还获得了可观的中间业务收入。跨

境人民币业务为商业银行带来的中间业务收入主要包括对企业跨境人民币结算的手续费收入、账户维护费收入、咨询费收入以及人民币购售点差收入等。随着跨境人民币业务的发展，相关的中间业务也将成为一个新的利润增长点，从长期看，有利于银行业务模式的调整和盈利模式的优化。

（三）境外人民币回流已成为现实需求，人民币市场建设将成为跨境人民币业务发展的重要一环

首先，从现实需求上看，随着人民币"走出去"的步伐不断加快，境外人民币存量不断攀升，回流国内金融市场需求迫切。在业务结构上，现阶段，进口跨境人民币结算业务远远大于出口结算业务，贸易项下人民币表现为净流出。目前香港地区的人民币存款余额已经超过 1000 亿元。为了拓宽人民币回流渠道，中国人民银行及时出台了相关政策，允许境外中央银行或货币当局、港澳人民币清算行、跨境贸易人民币结算境外参加行三类金融机构通过直接或间接的方式投资银行间债券市场，这是境外人民币回流国内金融市场迈出的重要一步。当前，应充分发挥上海以代理行清算模式为主的特点，在不断扩大海外清算网络的同时，吸引更多"境外参加行"投资国内银行间债券市场。

其次，从长期看，人民币市场建设与跨境人民币业务发展息息相关，将成为跨境人民币业务发展的重要环节。一个功能完备、对外开放的人民币在岸市场，能够更好地满足境外人民币持有所产生的多样化资产配置需要。为此，需要大力推进货币市场、资本市场、外汇市场等各类金融市场建设，鼓励金融机构加大金融产品创新力度，满足境外人民币投资者多层次的金融服务需求。有了通畅的人民币回流机制，"走出去"的人民币就少了后顾之忧，境外机构就会有更大的积极性和信心持有人民币，从而推动跨境人民币业务向纵深发展。

目前，上海已基本形成了以货币市场、资本市场、外汇市场、期货市场、黄金市场等为主要内容的现代金融市场体系，已具备成为境外人民币回流枢纽的基本条件。随着跨境人民币业务向纵深发展，上海人民币在岸市场发展正面临难得的历史性机遇。为此，上海应以建设国际金融中心为契机，进一步推动

人民币市场的开放发展，使之成为境外人民币回流的枢纽。

二、进一步发展人民币跨境业务的基本原则

当前，大力发展人民币跨境业务既有历史必然性，也具备较好的现实条件。应抓住有利机遇，加强战略规划按照一定的原则，积极稳妥、持续有力地推进。

适应性原则。发展人民币跨境业务应做到"三个适应"：一要与我国经济实力和对外经贸活动的需求相适应。一国货币的国际地位取决于该国的经济实力，但一国经济实力的增强并不意味着该国货币国际地位的自动确立。我国已成为世界经济和贸易大国，但人民币的国际影响与我国在全球贸易和投资中所占份额不相匹配，有可能对我国经济增长和对外经贸活动的扩大形成制约。二要与我国改革开放的进程相适应。我国改革开放不断推进金融市场国际化不断深入，相应地要求人民币国际化水平不断提升。加快发展人民币跨境业务可以有效促进金融市场发展有利于我国更好地参与全球经济活动。三要与人民币可兑换进程相适应。人民币可兑换程度的提高可使人民币在国际经贸活动中充分地发挥货币职能；人民币跨境业务的发展也将成为人民币可兑换的重要助推力。

主动性原则。发展人民币跨境业务仅靠市场的自发演进远远不够要充分发挥政府的推动作用采取适当的制度安排调动各方力量，积极主动地推进人民币跨境业务发展。与此同时，要充分尊重市场需求，按照货币国际化的内在规律顺势而为，进而实现人民币跨境业务发展的市场导向和政府引导的有机结合。

渐进性原则。人民币跨境业务有多种层次，应在风险可控的前提下分层推进，相互衔接。从货币职能看，发展人民币跨境业务的逻辑顺序为：首先，人民币作为结算货币逐步增加人民币在全球国际贸易结算中的份额；其次，人民币作为国际融资货币，使人民币逐步成为国际金融市场上的主要融资币种，特别是贸易融资货币；再次，人民币作为投资货币使人民币成为直接投资和证券

投资的重要货币；最后，使人民币逐步成为各国央行干预外汇市场的国际储备货币。从清算体系看，发展人民币跨境业务需要境内外人民币清算渠道的建立，这涉及企业之间、银行和企业之间、银行之间、商业银行和央行之间、各国央行之间等不同层次。要通过政府间合作和金融机构间的跨国协作，使不同层次的清算渠道有效衔接，从而构建一整套运行顺畅的人民币跨境支付清算体系。

完备性原则。人民币的流出和回流共同构成人民币资金跨境流动的基本循环，在机制建设上二者不能割裂，应统筹安排。从我国实际出发，贸易项下用人民币支付进口货款、对外援助、央行间的货币互换，资本项下的人民币信贷、企业对外投资等将成为人民币流出的主要渠道。而人民币回流机制则是事关人民币持续流出和国际可接受程度的关键。到目前为止，人民币回流主要通过出口项下收取人民币、人民币边贸结算、境外代理行转存和少量的境外人民币债券发行等方式。继续深化人民币贸易结算、加大境外人民币债券发行、开拓人民币外商直接投资与人民币外债渠道、设立人民币 QFII 制度、建立现钞回流机制等等，应成为接下来人民币回流机制建设的重点。只有建立通畅的流出和回流机制，人民币才能真正被国际社会所广泛接受，人民币跨境业务才能真正快速发展。

三、相关对策建议

一是深入推进跨境贸易人民币结算试点。建议在总结试点经验的基础上，继续深入推进货物贸易项下的人民币结算，在进一步发挥市场推动力量的同时加大对重点企业、重点行业的宣传力度，有针对性地加强对重点项目的跟踪和辅导，帮助企业实现自身经营发展战略与跨境贸易人民币结算策略的有机结合，有力推动试点业务的开展；完善出口货物退（免）税政策，加大财政税收政策的支持力度，不断扩大人民币出口退（免）税企业名单，增加出口项下的人民币结算业务量；加强中国人民银行、海关、税务等职能部门的沟通协作，通过简化手续等方式进一步便利企业的人民币结算。同时，随着业务试点从货物贸易领域扩展到服务贸易领域，要积极做好服务贸易人民币结算试点，特别是对国际运输、劳务承包、工程承包等有竞争优势的项目，应加大人民币结算推进力度。

二是积极推动政府采购招标中的进口项目以人民币结算。政府国际采购招标项目在商务谈判中具有市场影响力大、议价能力强的优势，同时各地政府也有使用人民币防范货币风险、维护国家金融安全和长远利益的责任。建议政府部门加大工作力度，形成政策导向合力将政府国际采购招标中的进口项目以人民币结算纳入工作的重点内容和内部管理环节，并在政策指引、采购商品目录、财税支持及风险管理等方面得到具体落实。

三是支持开展人民币外商直接投资（FDI）和对外直接投资（ODI）。随着人民币结算规模的日益扩大，在境外沉淀的人民币资金量会越来越大，以人民币进行 FDI 的需求将变得越来越强。2010 年 10 月 29 日，新疆跨境贸易与投资人民币结算试点工作正式启动，新疆由此成为全国首个开展跨境直接投资人民币结算试点的省区。建议下一阶段在总结新疆试点的基础上，进一步扩大跨境直接投资人民币结算试点的范围，允许特定国家（地区）的企业依照我国的政策指引使用人民币进行来华直接投资。同时，我国目前 ODI 大多以美元进行投资，规模受到国际收支平衡状况的制约，投资主体也承受了较大的汇率风险。建议对于那些与我国贸易投资往来频繁、数额较大、并愿意接受人民币作为计价结算货币的国家和地区，推动使用人民币进行对外直接投资。

四是稳步推进境外人民币贷款业务。稳步推进境外人民币贷款业务，能增加人民币在境外的供给，缓解目前境外人民币来源渠道缺乏的矛盾。从操作层面看，境外人民币贷款可分为四种类型：海外工程的人民币融资（主要是人民币出口买方信贷）、境内银行境外分支机构向当地进口商提供人民币贷款、银行间人民币跨境转贷、利用互换人民币资金支持贸易融资。目前，银行、企业这方面的需求正在逐渐增大，可考虑加快制订相关政策指引与操作规程，为业务发展提供保障和便利。

五是支持人民币对外担保业务。随着人民币贸易融资和各类海外贷款业务的开展，对外担保的需求将逐渐增多。现行对外担保管理规定仅限于外币债务，涉及人民币债权债务的对外担保没有明确规定，这给相关业务的开展带来一定的困难。建议尽快出台相关政策，允许符合条件的银行、企业提供人民币对外担保。

六是适时开展人民币合格境外机构投资者投资境内市场（QFII）和合格境内机构投资者投资境外市场（QDII）业务试点。在当前我国尚不能完全放开资本项目管制的阶段，允许境外合格主体将合法获得的人民币资金通过QFII渠道投入境内资本市场，有助于扩大境外人民币使用范围，提高人民币在国际市场的接受度。与此同时，人民币资金通过QDII渠道流向境外市场，可以为境外市场提供更多的人民币资金来源，增强人民币在境外的流动性。

七是允许境外股东减持A股所得人民币资金直接汇出。根据现行规定，境外股东在减持A股后所得人民币资金必须在60天内购汇汇出。部分境外股东因与境内企业有贸易结算或有向境内再投资的需求，希望能够将减持所得资金先以人民币形式直接汇出，从而避免两次汇兑带来的损失，并可规避汇率风险。这一需求有其合理性，也有助于推动人民币跨境业务发展应在政策措施上予以支持。

八是积极推进人民币对小币种外币的直接报价。随着跨境贸易人民币结算试点的不断推进，我国与周边其他国家的人民币结算需要通过第三国货币的套算才能得出报价，这在一定程度上增加了交易双方的兑换成本。为解决这一问题，2010年8月19日，中国外汇交易中心在银行间外汇市场开办了人民币对马来西亚林吉特的交易，在推进人民币对小币种外币直接报价方面迈出了可喜的一步。为进一步便利跨境贸易人民币结算，建议从贸易结算量大的小币种外币入手，更多地推出人民币对东盟及新兴市场国家小币种外币的直接报价，增加报价透明度，降低套算成本和汇率风险。

九是支持境外银行进入境内银行间市场，允许境外非金融机构购买境内银行的人民币理财产品。在推进跨境贸易人民币结算的同时，应向境外银行逐步开放境内银行间市场，为其提供必要的人民币资金头寸管理渠道。2010 年 8 月，为配合跨境贸易人民币结算试点拓宽人民币回流渠道，中国人民银行发布了《关于境外人民币清算行等三类机构运用人民币投资银行间债券市场试点有关事宜的通知》，允许境外中央银行或货币当局、香港与澳门地区人民币业务清算行、跨境贸易人民币结算境外参加银行，按照有关规定开展运用人民币投资银行间债券市场的试点。该试点的推出提供了必要的人民币资金头寸管理渠道，有利于跨境贸易人民币结算业务的深入开展。建议在落实好该试点政策的同时，不断扩大试点范围，适时允许境外非金融机构购买境内银行的人民币理财产品，丰富其投资品种，从而进一步增强境外企业持有和管理人民币资产的意愿。

中国证券市场开放及其策略选择 [*]

　　证券市场开放是一国经济融入全球经济体系的必然选择与应有之义。改革开放以来，我国经济取得了令人瞩目的伟大成就，证券市场的对外开放也取得了积极的进展，通过海内外上市已造就了一批规模较大、业绩较佳、多元化程度和国际知名度颇高的新一代中国企业，国内股票市场目前的总市值达到 4.65 万亿元。随着我国证券市场与国际市场的日益接轨，逐步开放我国证券市场，促进证券资本自由流动，已是不可逆转的趋势。

一、证券市场开放的内涵

　　证券市场开放，即证券市场的对外开放，可分为全面开放与局部开放，其基本内容包括三个方面：一是证券融资的国际化，主要指国外金融机构或国际金融机构在本国发行证券和本国金融机构在国际市场上发行证券；二是证券投资的国际化，主要指允许外国投资者投资本国证券和本国投资者购买外国证券；三是证券经营机构及其业务的国际化，主要指外国证券经营者进入本国市场和本国证券业向国外发展。

　　证券市场的开放将促进本国证券市场走向国际化，增加证券市场的规模和流动性，加速证券市场主体的培育，并实现证券发行、交易、投资者和监督管

---

* 本文发表于《中国外汇管理》2002 年第 12 期。

理层世界范围内的交流。但是，证券市场国际化会带来跨境资本的大量频繁流动及相应的本外币兑换，也会给国际收支平衡和本币汇率稳定、国内货币政策的实施和金融监管带来压力，特别是在金融基础设施薄弱的情况下，处理不慎，可能会增加金融体系的系统性风险。因此，证券市场的开放并不必然导致经济增长，其最终绩效与开放的制度设计、实施顺序和相应的政策协调密切相关。

这里需要指出的是，证券市场的开放也不必然导致资本账户的开放。国际货币基金组织（IMF）在其协定中，将经常项目可兑换规定为其成员的义务，并不强求资本项目可兑换。我国加入世界贸易组织（WTO）所承诺的金融服务业开放与资本账户开放是两个方面的问题。从一些国家和地区的证券发展史来看，可以在资本账户完全开放、有限度开放以及不开放的情况下都可以实行证券市场的开放或适度开放。同时也应该看到，证券市场开放与资本账户开放是互动的，证券市场开放可以推进资本账户的逐步开放，起到催化剂的作用；资本账户开放则是证券市场真正实现全面开放的必要条件。不过，对资本账户的管制能够在一定程度上增加抗风险能力，促进证券市场有序开放。

二、证券资本跨境流动管制的国际经验

为了抑制证券资本跨境流动的金融风险，大多数国家和地区在证券市场开放初期均实施了一定的管制措施。管制的措施从广义上讲通常可以分为两类：一是行政式的直接管制，主要指通过直接禁止、明确的数量限制或审批程序等手段，限制资本交易、相关支付和汇兑；二是以市场为基础的间接管制，主要包括双重或多重利率制度，对跨境金融流动征收额外的税收（如托宾税），以及其他主要以价格为基础、增加流动成本的措施。

上述管制措施，在理论和政策上都有其合理性。从理论上讲，管制手段可以部分弥补发展滞后所导致的金融市场不完善；从政策上讲，管制手段有助于抵御短期投机资本的冲击，避免本国证券市场的过度波动。但是，国际经验表

明，管制措施在短期内，尤其是作为危机时期的应急手段是有效的，但不可能对国内证券市场提供持久的保护，更不能替代国内证券市场的改革步伐。而且，上述管制措施突出的问题在于无法有效地区分投资与投机，故可能对正常的资本交易带来限制和冲击。因此，如何采取科学、有效、富于针对性的证券资本跨境流动管制措施，仍是一个亟待解决的重要问题。

三、我国证券市场开放的进展与存在的问题

自 20 世纪 90 年代以来，我国的证券市场对外开放取得了积极的进展，我国境内机构经审核可以在国际市场上发行证券，部分实现了证券融资的国际化。截至 2002 年 8 月底，我国企业在境外上市的已达 67 家，筹资 185 亿美元。同时，B 股市场的存在可以部分满足境外投资者投资境内股票的需要，虽然不涉及汇兑管理问题，但不失为证券投资国际化方面迈出的重要一步。另外，少数中外合资的证券机构也从试点中不断积累经验，正走向成熟，为我国证券经营机构及其业务的国际化提供了例证。

但是，从整体来看，我国证券市场的对外开放还处于较低的发展阶段，在未来一段时间内，也不可能具备全面开放证券市场的条件，这是由我国经济和金融发展的现实所决定的。就目前而言，我国金融法律体系与监管制度亟待完善，银行体系的不良贷款问题较为突出，资本市场运行尚需规范，微观经济主体还不够成熟，利率和汇率的市场化程度还有待于提高。尽管外汇储备相对充裕，但其无法完全保证能够应付证券市场全面开放后在防范资本流动逆转和投机资本冲击方面的需要。就证券市场而言，主要的问题是市场规模小且投机性强、专业机构投资者和大盘蓝筹股公司相对缺乏、上市公司质量不理想、中介机构不够规范等，这些构成了我国证券市场国际化的严重障碍。因而，在上述问题没有得到基本解决之前，尚无法对我国证券市场的开放做出过于乐观的估计。当然，有些问题也是可以通过证券市场的开放得以解决或加速处理的。

正因为如此，我国目前对证券投资项下的跨境资本流动采取较为严格的管

制。这一管制以行政性措施为主，包括交易管制和汇兑管制两种形式，前者集中于证券投资的国际收支交易本身，是市场准入或者准出的管理，后者则集中于对证券投资有关的资本流出入及本外币的相互兑换。

四、积极审慎地推进我国证券市场的开放

虽然我国现阶段还不完全具备全面开放证券市场的条件，但是因为担心外部冲击而无所作为，以至于回避证券市场开放是不现实的，也是不可取的，特别是在中国加入 WTO 后，已经对开放证券服务业作出了实质性承诺，这些承诺包括 B 股业务、合资证券经营机构和资产管理服务等方面这些都将有力地促进中国证券市场的进一步开放。有鉴于此，我国证券市场的开放必须从经济和金融发展的实情出发，兼顾市场发展与风险防范，有步骤、有顺序地进行，以尽可能趋利避害，降低开放风险，减少开放成本。具体而言：

一是在开放的次序方面，借鉴国际上成功的做法可以坚持"四个优先"，即证券服务优先于证券交易放松，交易管制优先于放松汇兑管制，外国证券投资优先于对外证券投资，金融机构优先于非金融机构及居民个人。

二是在开放的模式方面，我国证券市场开放现阶段应主要采取间接开放模式，即不允许境外投资者直接购买该国证券市场上的有价证券，而只允许境外投资者通过购买拟投资于该国证券市场的投资基金间接进入该国市场。相当数量的国家和地区，如韩国、马来西亚、中国台湾等都是通过这种方式来间接开放本地证券市场的，并取得了许多有益的经验。如果证券市场的间接开放发展到一定阶段，则可以进入有限制直接开放模式，允许境外投资者直接购买本国证券市场上的证券，同时在证券投资范围和投资比例方面施加一定的限制，最后再稳步过渡到完全的证券市场开放。

三是在开放的工具选择方面，可以实行 QFII（合格的境外机构投资者）制度，并研究考虑 QDII（合格的境内机构投资者）制度、CDR（中国存托凭证）、股票期权等多种方式，这些工具的实施主体主要为机构投资者或者上市

公司，相对于投资者个人而言，行为比较规范，也较易于监管。而且，通过"法制先行"的做法，在条件具备、推出每项工具之前，立足我国国情，汲取其他国家和地区立法之精华，抓紧制定出切实有效、操作性强的政策法规，力求既满足证券市场开放的需求，又可以实现风险控制与外汇管理的目标。这些工具可进行试点，待试点成功、取得经验后再铺开，铺开必须慎重。此外，在推出工具的同时，还可以辅以必要的、相应的资本管制措施，并视具体情况选择或者搭配使用之。

在我国证券市场开放的整个进程中，国内相关管理部门应加强协调与合作，健全完善相应的法律制度，进一步提高监管水平与效率，积极研究有效的危机防范和应对措施，形成畅通的电子信息交流渠道，建立短期资本流动的监测预警系统，力争使我国证券市场能够实现平稳、良性的开放。

出席上海金融服务实体经济洽谈会

在上海—新加坡金融论坛上发表主旨演讲

会见纽联储杜德利行长一行

会见香港金管局局长陈德霖

主持《中国（上海）自由贸易试验区金融服务业对外开放负面清单指引（2017版）》新闻通气会

出席上海银行业金融机构上市企业云服务签约仪式

出席金砖国家新开发银行与中国银行战略合作协议签约仪式

出席 2017 年上海国际金融中心建设国际咨询委员会会议

第 三 编

金融改革与发展：
根本动力

关于设立科创板并试点注册制的建议 *

当前是深化资本市场改革的机遇期。针对中美经贸摩擦给我国经济金融发展带来的极大不确定性以及境内大量优质科创企业赴境外上市、资本市场发展面临"空心化"的严峻形势，在上海证券交易所（简称"上交所"）设立科技创新企业股票市场（简称"科创板"）并试点注册制改革，既有利于当下提振市场信心，更有利于经济的转型升级和创新发展。目前条件基本成熟，恰逢其时、利在长远，建议尽快推出。

一、设立科创板的重大意义

设立科创板，能够提升我国资本市场的活力、创新动力、国际影响力以及服务供给侧改革和高质量发展的能力。

一是有利于助推科创企业发展，提升我国科技产业竞争优势和实体经济质量。加强科技创新是实施科技强国战略、建设创新型国家的必由之路，也是贯彻新发展理念、有效应对中美经贸摩擦、实现经济高质量发展的必然选择。设立科创板，有利于进一步深化资本市场改革，提高我国直接融资比重[1]，有利于引导更多金融资源加大对科技创新的资本性投入，培育更多科创龙头和领军企业，形成创新集群和创新生态，助推我国加快建设实体经济、科技创新、金融

---

* 本文撰写于 2018 年 9 月，原题为《关于在上海证券交易所设立科创板并试点注册制的建议》。
1. 我国直接融资比重在 10% 左右，远低于发达国家 60% 以上的水平。

服务、人力资源协同发展的质量更高、结构更优的现代产业体系。

二是有利于加快推进注册制改革，完善资本市场制度体系建设。注册制改革是党的十八届三中全会提出的明确要求，是加快形成"融资功能完备、基础制度扎实、市场监管有效、投资者权益得到充分保护的股票市场"[1]的关键举措。根据全国人大常委会审议通过注册制改革授权延期的决定[2]（延期至2020年2月），目前只剩约一年半的时间。设立科创板，在发行上市、交易机制、退市制度等方面改革试点，有利于注册制改革的全面实施。

三是有利于进一步吸引培育优质企业，提高资本市场国际竞争力。近年来，诸多境内优质企业因发行上市制度原因选择在境外市场上市，不利于资本市场与境内实体经营联动发展，一些互联网企业在境外上市还有可能影响我国信息安全。设立科创板，有利于扭转有潜力的企业不在境内上市、优质股权转移境外的现状，吸引更多科创企业利用资本市场发展壮大，有利于改善境内上市公司整体质量和盈利水平，防止资本市场出现"空心化"，提升我国资本市场国际竞争力和影响力。

四是有利于激发民间投资活力，使国内投资者分享我国科创企业发展的成果。科创企业是当今经济发展的领军者，美国股市的"十年长牛"离不开以苹果、谷歌、亚马逊、脸书等为代表的大型科创企业的高速增长。设立科创板，通过资本市场加快培育高成长性科创企业的同时，也有利于改善资本市场结构、激发民间投资活力、增强投资者信心，形成"融资、发展、回报"的良性格局。

五是有利于建设上海国际金融中心和具有全球影响力的科创中心等国家战略的加快推进。建设国际经济、金融、贸易、航运中心和具有全球影响力的科技创新中心是习近平总书记对上海提出的明确要求，是党中央、国务院确定的国家战略。设立科创板，是推动上海国际金融中心建设、科创中心建设和自贸区建设联动发展的最佳结合点和有力支撑，有利于上海进一步发挥优势，进一

---

1. 习近平总书记在2015年11月中央财经领导小组第十一次会议上提出。
2. 考虑市场稳定因素，注册制授权期限从2018年2月28日到期推迟至2020年2月29日到期。

步提升全球资源配置功能，为建设社会主义现代化强国做出的应有贡献。

二、境内外科创企业上市的现状与趋势

从全球来看，资本市场发达国家如美国、英国、日本、新加坡等都将目光集中在吸引科创企业上，在其主要交易所单独设立板块，安排灵活的上市机制，支持科创企业发展。

一是上市资源全球性争夺日益激烈，科创企业成争夺重点。境外交易所纷纷通过设立多层次市场板块，争夺科创企业资源。伦敦证券交易所为高科技企业和医药企业开创科技板（techMARK）。日本交易所设立了创业板（Jasdaq）、新兴板（Mothers）和专业投资者板（TOKYO PRO），服务不同阶段和各种类型的科创企业。纽交所、纳斯达克也均设立了科创企业专板，成为全球最大科创企业融资平台[1]。

二是针对科创企业的发展特点，各国安排了更加灵活的上市制度。按传统做法，科创企业上市的阻碍主要是财务尚未盈利、双重股权架构（同股不同权）等。近些年，许多境外交易所针对这些特征进行改革。以双重股权架构为例，美国首次公开发行（IPO）中使用双重股权架构的公司占比 20 年间从 5.4% 提升到 16.5%。英国 2014 年修订规则，允许同股不同权的企业上市。新加坡今年 3 月针对双重股权架构推出第二轮市场咨询。香港今年 4 月推出双重股权架构和未盈利生物科技企业的上市制度改革。

三是建立不同层次市场间转板机制，同时更加注重投资者保护。根据企业发展变化，建立不同层次市场间高效的转板机制是基础性制度安排。比如，纳斯达克科创专板上市的公司条件成熟可转至主板，伦敦证券交易所的另类市场（AIM）挂牌满 2 年且符合条件的公司可转至主板。同时，各交易所针对板块特点，建立差异化的监管制度，以更好保护投资者权益。

---

1. 目前，美国股市前十大市值的公司有 6 家为科技企业，而 2000 年美国股市前十大市值公司中仅 3 家为科技企业。

从国内来看，目前我国发行上市制度的基本框架为二十多年前制定，有些内容已不能适应实体经济特别是科创企业快速发展的需要。以百度、阿里、腾讯为代表的境内优质龙头科创企业都赴境外上市，尤其是近年多家境外交易所推出支持创新企业上市新政后，包括美团、小米等更多的境内领军科创企业纷纷涌向境外市场，主要是在美国和香港市场上市，境内优质上市资源大量流失。今年以来，共有80家境内企业（大部分为科创企业）在美国和香港上市，其中赴香港上市境内企业55家，赴美国上市境内企业25家，约占这两个市场今年新增上市公司总数的23%。此外，喜马拉雅、腾讯音乐等多家境内科创企业据闻也计划近期赴境外上市。在此形势下，作为全球前五大交易所之一的上交所仍然是"一个板块、一套标准"，发行上市条件"版本低、更新慢、兼容性弱"，导致每年新增上市的科技类企业数偏少、成长性不足，特别是与一大批规模大、潜力大、市场影响力突出的新经济代表性企业失之交臂，极大地限制了未来的发展潜力、服务实体经济的现实能力以及国际竞争力的发挥，也不利于境内投资者分享新经济发展的成果。

三、设立科创板的初步建议

近年来，中国证监会实施依法从严全面监管，治理市场乱象，改善了市场环境，也研究推进了一系列改革举措，为进一步深化资本市场改革和更好服务实体经济发展创造了条件。特别是当前我国资本市场估值和交易量都处于历史较低水平，市场形势十分有利于推出更市场化、国际化的改革举措。

一是尽快在上交所设立科创板。多年来，在中国证监会领导下，上交所已做了大量的市场研究、规则研究和技术准备工作。建议尽快在上交所设立科创板，并明确其作为注册制改革试点的推进主体，争取年内启动。试点对象为符合国家战略、掌握核心技术、市场认可度较高的科创企业，建议以中国证监会2018年6月6日发布的《试点创新企业境内发行股票或存托凭证并上市监管工作实施办法》为基础，进一步适当降低相关指标标准。

二是实施注册制改革试点。改革审核制度，对存在"协议控制"（VIE 结构）*、双重股权架构、尚未盈利等情况的科创企业上市放宽限制，允许实行更宽松的公司治理结构。同时，加大信息披露力度，加强中介机构责任，实行更严格的投资者适当性管理，强化穿透式监管，保护中小投资者权益。

三是积极借鉴境外经验做好风险防范。科创板往往有股价大幅波动的特征，可实施相对独立的板块和管理体系，形成风险隔离区，切实有效防控风险，防范对现有存量市场的可能冲击，并实现与现有市场的同步协调发展。同时，境外主要市场对于科创板的实践已较为成熟，形成了一套较为有效的审核和风控制度，我们可以立足国内市场实际，积极学习和借用这些国际化的制度安排。

此外，适时还可在科创板引入境外发行人及更多境外投资人等，将科创板作为进一步扩大对外开放的试验田。

在上交所设立科创板是我国资本市场的一项重要改革，需要在党中央、国务院领导下，加强国家金融管理部门及相关部委的统筹协调。建议请中国证监会进一步研究出台在上交所设立科创板的有关实施方案和相关配套措施，并请国家相关部委予以支持。上海市委、市政府将全力支持在上交所设立科创板，积极配合中国证监会、上交所等做好科创板推进过程中有关工作，并做好人才服务等各项保障措施，营造良好的发展环境。

---

* 这是境内企业为实现境外上市采取的一种方式，其是指境外注册的上市实体与境内业务运营实体相分离，境外上市实体通过协议方式控制境内业务实体。

关于探索设立长三角联合投资银行的思考[*]

长江三角洲城市群已逐渐成为世界六大城市群之一，在我国现代化建设大局和全方位开放格局中具有举足轻重的战略地位。2018 年 11 月 5 日，习近平总书记在首届中国国际进口博览会开幕式上提出支持长江三角洲区域一体化发展并上升为国家战略。金融一体化是经济一体化的核心，为积极贯彻落实党中央对长三角一体化做出的重大部署，充分借鉴国际经验，进一步深化金融体制改革，我们建议在国务院的领导下，由国家发改委、中国人民银行、中国银保监会、中国证监会具体指导，三省一市、政策性金融机构以及总部在长三角的商业银行等牵头，共同设立长三角联合投资银行。

一、设立长三角联合投资银行的目的和意义

设立长三角联合投资银行是一项富于创造性的重大举措。其创新性主要体现在：通过创造新的机制，突破体制边界，为长三角跨行政区域基础设施建设提供资金支持；通过创造新的载体，推动投贷联动实质性落地，助力科创中心建设；通过创造新的模式，聚焦民营经济发展，为解决中小企业融资难探索出一条新路子。

一是探索更加紧密的长三角合作机制。当前，在三省一市的共同努力下，

---

* 本文撰写于 2018 年 12 月。

长三角一体化建设已取得长足发展，但仍有很多问题和瓶颈亟待解决，需要在现有的长三角区域合作办公室的基础上建立更加紧密型的合作机制。设立长三角联合投资银行，可以形成共同出资、共同谋划、共担风险、共享利益的金融平台，作为政府合作的重要抓手，将有助于发挥政府和市场的双重作用，在一定程度上弥补现有合作机制的不足，推动在跨区域发展规划、机制体制等方面形成突破，集中落实一批重大项目，促进一体化建设向全方位、深层次发展。

二是为长三角一体化发展提供充足资金。初步估算长三角一体化建设资金将超过 5 万亿元，特别是跨区域、基础性、公益性和准公益性项目投融资资金缺口较大，结构性的投融资瓶颈仍然突出，金融供需存在错配。设立长三角联合投资银行，充分发挥政策性银行的基础性作用，在银行框架内打通债券与投资的通道，以信贷功能、投资功能和担保功能及批发性模式，带动更多社会资金为一体化重大项目提供中长期信用支持，探索新形势下银政合作模式。

三是推动银行创新投融资模式。我国地区差异较大，经济发展阶段比较靠前的长三角地区需要更加灵活和多样的金融工具。当前投贷联动一直没有很好落地，知识产权、技术、商标等动产融资工具还不成熟，长三角跨区域的投资基金也存在共同出资困难、内控不健全等问题，很难长期维系。设立长三角联合投资银行，并成立长三角投资母基金，整合现有分散的长三角产业、股权等投资基金，有利于补缺短板，形成合力。同时，在投贷联动、动产融资等融资模式上积极创新探索，推出针对科创企业的专门贷款，有助于聚焦重要领域、重点项目，支持长三角科创企业发展，加强国际金融中心和科创中心建设的联动。

四是支持中小企业和民营经济发展。从政策性金融体系来看，德国、日本等国家都存在专门解决小企业融资问题的政策性银行，而我国迄今没有专门扶持小微企业的政策性银行，而现有政策性银行偏向于国家重大基础设施、重点项目。设立长三角联合投资银行，更加关注长三角中小企业和民营经济，与现有政策性和商业性金融机构错位发展，有助于加强银行制度供给创新，切实解决中小企业融资难问题。

二、长三角联合投资银行的定位、特点和主要任务

1. 定位。长三角联合投资银行定位于新型政策性银行，以服务长三角一体化发展国家战略为目标，着力解决跨区域、基础性、公益性或准公益性项目投融资需求所需的资金，同时探索为科技创新、中小微企业和民营经济发展提供强有力、一揽子、多功能的金融服务。

2. 特点。一是立足"政府支持、市场运作、规划先行、填补空白"，始终坚持政府目标导向，通过市场化运作与其他金融机构形成业务互补关系，通过规划聚焦重点，引导社会资金共同参与长三角一体化。二是贵在"精"，机构要"精"、不设或少设分支机构；项目要"精"，聚焦重大项目，以基础设施、战略性新兴产业、科技金融和"一带一路"领域为重点；创新要"精"，着眼于长三角一体化和金融体制创新发展，致力于打破壁垒，实现长三角区域内的资金流动；致力于投融资模式创新，形成一套成熟的投贷联动模式；致力于增加制度供给，以批发性的方式对中小企业实现支持。三是以债券银行、批发银行和中长期投融资银行为特色，在严守风险底线前提下保本微利，实现自我可持续发展。

3. 主要任务。一是牵头制定长三角一体化重点项目融资方案并组织实施。二是探索投贷联动等新型融资模式。三是着力服务长三角民营经济和中小企业，发挥造血输血功能，为科创企业或暂时处于困难的优质民营企业提供支持。

三、长三角联合投资银行的初步方案

1. 出资设立。建议在国务院的领导下，由国家发改委、中国人民银行、中国银保监会、中国证监会具体指导，由三省一市政府、政策性金融机构以及总部在长三角的商业银行联合设立。经营范围初期为三省一市，适时可拓展到全国。

2. 公司治理。按照现代金融企业制度构建决策科学、执行有力、监督有效的公司治理机制，实现独立运作、有效制衡、相互合作、协调运转，党委发挥领导核心作用，董事会、监事会由三省一市及相关股东选派，高级管理层依据授权负责经营管理。

3. 筹资渠道。发行金融债券作为主筹资渠道；吸收同业、财政及与贷款相关的存款作为适当补充；利用上海自贸试验区平台向国内外公开发行债券或大额存单。

4. 资金运用。以资本金贷款为主，辅以中长期项目贷款、中小微企业批发贷款、直接投资或政策性担保等金融产品。通过资本金贷款解决重点项目资本金缺口。对收益回报率低、回报周期长、市场不成熟的重大项目，在资本贷款之外仍有融资缺口的，提供中长期贷款。同时，可根据需求直接提供股权投资，通过与商业银行合作搭建批发性贷款平台，为中小企业和科创企业等提供支持，并为重大项目提供担保增信。

四、相关配套政策支持

设立长三角联合投资银行，是贯彻落实习近平总书记重要讲话精神的具体举措，是探索区域经济金融一体化的重大创新。长三角联合投资银行作为一个新生事物，必然会面临一些挑战与难题（如在政策限制、资金来源、筹资能力等方面存在不确定性），需要国家有关部门、地方政府等各方的支持。

建议在国务院的领导下，国家发改委、"一行两会"和三省一市建立联合机制，进一步研究设立方案的可行性，并探索研究出台一系列配套的支持政策。比如，一是各股东单位可以发行专项债券，作为首期出资。二是明确长三角联合投资银行发行金融债的长期债信政策，比如投资的风险权重为零，以控制发债成本。三是赋予长三角联合投资银行开展资本金贷款和直接股权投资功能。四是建立对长三角联合投资银行的资本金补充和流动性支持机制。五是各地政府研究对本地项目的财政贴息政策等。

金融合作推动长三角一体化发展[*]

长三角城市群是我国经济社会发展的重要引擎，是长江经济带的引领发展区。优化提升长三角城市群，有利于促进经济增长和市场空间由东向西、由南向北梯次拓展，推动人口经济布局更加合理、区域发展更加协调，对推动长江经济带创新发展，辐射中西部地区，带动全国发展都具有重要作用。最近，习近平总书记做出重要指示，希望长三角地区实现更高质量的一体化发展，更好引领长江经济带发展，更好服务国家发展大局。在长三角一体化发展过程，金融合作应当有所作为，发挥积极作用。我们要借鉴世界级城市群建设的成功经验，将加快建设上海国际金融中心与优化提升长三角城市群有机融合，发挥"龙头"带动作用，做好"服务"二字文章，着力发挥国际金融中心城市带动辐射作用，为各地参与全球金融资源配置提供便利，推动长三角经济发展质量变革、效率变革、动力变革。

一、国际经验表明，世界级城市群发展与国际金融中心建设总是相伴相生

放眼全球，区域一体化是大势所趋，城市群正在成为推动国家和地区经济发展的重要力量。国际上已经形成了美国东部大西洋沿岸、欧洲西北部、北美

---

* 本文发表于《中国金融》2018 年第 15 期，原题为《金融合作推动长三角一体化发展》。

五大湖、英国伦敦城市圈、日本太平洋沿岸这五大城市群。世界级城市群是全球经济重心转移的重要载体，也是当今世界经济活力和竞争的核心区。可以看到，五大世界级城市群无一例外都是金融资源高度集聚区，有高效的金融体系来储蓄、吸纳配置资本，促进城市群产业经济发展，并孕育出了纽约、巴黎、芝加哥、伦敦、东京等著名的国际金融中心城市。

长三角城市群作为中国在经济上最具活力、开放程度最高、创新能力最强的区域之一，是"一带一路"与长江经济带重要的交汇点，在中国现代化建设大局和全方位开放的格局当中具有举足轻重的地位。长三角城市群要与成熟的世界级城市群之间形成不定期互访，沟通信息、交流经验，建立风险联防、互动发展的合作交流机制。加强金融市场、金融机构之间的合作，支持金融人才联合培养交流培训，促进金融要素在城市间自由流动优化配置，在双赢当中实现共同发展。

二、立足城市核心功能，上海集聚金融资源，应当发挥好在长三角金融合作中的龙头作用

目前，上海已经进入新的历史阶段，面向未来 30 年城市发展定位已经明确，即成为长三角世界级城市群的核心城市，建设五个中心——国际经济、金融、贸易、航运、科技创新中心，成为卓越的全球城市和具有世界影响力的社会主义现代化大都市。金融是上海发展变化中最活跃的因素、最引人注目的标识，上海发展金融具有独特的禀赋优势，这也是上海能够在长三角一体化发展中发挥龙头作用的关键所在。

上海具有强大的金融基因。早在 20 世纪二三十年代，上海已经成为亚洲公认首屈一指的金融中心。各类交易市场、金融机构在这里集聚发展。改革开放以后上海开启了国际金融中心建设新征程。目前，金融业增加值已经占到上海生产总值 17.7%，成为全市名副其实的支柱产业。上海已经成为国际上金融市场门类最为完备的城市之一，成为中外金融机构重要聚集地，成为中国大陆

金融对外开放最前沿和金融发展环境较完善的地区之一。我们要充分利用上海上述金融优势，通过进一步开放来汇聚和配置全球金融资源，服务长三角一体化发展。

与此同时，长三角金融业发展的良好势头也为进一步深化金融合作奠定了坚实基础。目前，长三角金融业整体规模稳步增长，2017年长三角金融业增加值合计1.7万亿元，同比增加12.6%，占全国金融业增加值的26%。实体经济融资方式多元化发展，2017年末，长三角社会融资规模合计为4.7万亿元，约占全国社会融资规模的24%。长三角资本市场交易活跃，有力地支持了上市公司集聚发展。截至2017年末，长三角共有1466家上市公司（含境内外），全国三分之一上市公司集聚在长三角。这些都为金融服务长三角更高质量一体化提供了强大支撑。

三、创新完善合作机制，推动长三角更高质量一体化区域金融合作大有可为

长三角金融合作不仅要加强区域内合作，更要以开放的姿态内引外联。对内加强与京津冀、珠三角等城市群协调联动，对外加强与世界五大世界级城市群合作交流，进一步提升长三角地区金融合作的外溢效应和全球竞争力。

一是在推动长三角金融改革开放上有新突破。长三角地区是我国金融最发达地区之一，深化区域金融合作，能够更有力地发挥长三角在深化金融改革、扩大金融开放方面起到的率先作用。要加强前瞻性研究，促进自贸试验区之间的相互借鉴和合作互补，研究拓展自由贸易账户适用主体和范围。积极争取国家金融监管部门将更多的金融改革开放创新放在长三角试点。加强区域重点金融改革经验交流和分享，推动有条件的创新成果跨区域市场化推广应用。要加强金融规划衔接，充分利用现有金融改革创新政策，推动区域金融布局错位协调发展，以上海国际金融中心建设为龙头，合力打造功能互补、优势叠加、特色明显的长三角金融集聚生态圈。共同支持杭州钱塘江金融港湾、南京扬子江新金融集聚区、合肥国际金融后台服务基地等区域金融建设与发展，促进区内

各地金融小镇特色发展、相互呼应，推动长三角地区形成在全国乃至世界范围内有重要影响力的金融服务产业集聚。

二是在推动长三角金融市场资源共享上有新突破。上海集聚了包括股票、债券、货币、外汇、票据、期货、黄金、保险等各类全国性金融要素市场，而江苏、浙江、安徽都拥有大量的优秀金融机构和企业，金融资源互补，合作基础良好。要发挥多层次资本市场作用，支持优质创新型企业在沪上市，促进各地区域性股权市场健康发展。对接区域内一体化发展实际需求，支持发行专项建设债券、自贸试验区债券、资产证券化等产品。加快绿色认证、评估和评级机构建设，支持绿色企业和项目增信，鼓励开展绿色债券融资，率先构建区域绿色金融体系，引领全国绿色金融发展。支持发起设立主要投资于长三角一体化发展的产业投资基金、股权投资基金，实现利益共享、风险共担。发挥开发性、政策性金融机构在区域发展中的作用，为长三角发展提供长期资金支持。

三是在推动长三角金融基础设施联通上有新突破。长三角地区金融基础设施建设基础良好，进一步互联互通将有助于提升区域金融服务能级，增强金融市场融通、要素流动、资源共享。积极发挥城商行资金清算中心作用，进一步提升长三角城商行之间资金清算效率。支持上海证券交易所建设区域内服务基地，搭建企业上市服务咨询平台。支持上海期货交易所与浙江自贸区合作建设油品交割基地，建设多层次油品交易市场。推动长三角信用合作示范区建设，提高信用信息采集的覆盖面，扩大信用产品的应用领域。

四是在推动长三角金融发展环境优化上有新突破。长三角金融发展环境优化是区域金融合作的重要抓手，我们要在监管协同、法治完善、人才服务等方面下工夫。加强监管联手，探索研究金融跨区域体制创新，打破地区界限，统一金融产品标准，保护金融消费者和投资者的合法权益，建立风险联防联控机制和重大金融案件协调处置机制，有效防范和化解金融风险。发挥上海金融法院专业优势，不断完善金融仲裁机制，推进金融纠纷案件多元化解决机制。加强长三角金融人才交流，在金融人才的"内培外引"、创新培养评价机制、完善人才激励保障政策等方面协同合作。

金融服务供给侧改革 [*]

2015 年底召开的中央经济工作会议，对"十三五"开局之年的经济工作进行了全面部署，强调要着力推进供给侧结构性改革，推动经济持续健康发展。供给侧结构性改革的要义之一，就是生产要素的高效配置和有效利用。作为进行资金要素配置的行业，金融业本身就是结构性改革的重要内容；更重要的是，通过不断深化金融改革，改进金融服务，消除金融抑制，能有效服务支持其他领域的结构性改革，提高供给体系的质量和效率。

一、深化金融体制改革，有利于更好地服务支持供给侧结构性改革

具体可以归纳为以下几个方面：一是为推进供给侧结构性改革营造适宜的货币环境。通过稳健的货币政策，综合运用好利率、汇率、公开市场操作、存款准备金率和宏观审慎管理等工具组合，保持流动性合理充裕和社会融资总量的适度增长，保持物价总水平的稳定，为企业生产经营和投资活动提供稳定合理的预期。

二是增强对供给侧结构性改革的金融服务支持。通过金融改革创新，提高金融服务实体经济的能力和效率，促进供给侧管理，实现"去产能"有进有退，"去库存"兼顾供需，"去杠杆"稳妥操作，"降成本"切实有效，"补短

---

* 本文撰写于 2016 年，原题为《率先探索，深化金融体制改革，加大对供给侧结构性改革的支持》。

板"精准有力。通过优化银行信贷结构，推动产业结构调整优化，让资金从产能过剩领域流向供给不足领域；通过加强多层次资本市场建设，提升直接融资比重，促进符合条件的企业上市，以股权、债权等多样化方式融资，支持创新创业企业发展，降低企业融资成本。

三是为企业"走出去"和开展国际合作提供金融支持。通过人民币国际化，推动人民币在国际贸易、投资领域扩大使用，促进中资金融机构更多的开展跨境金融业务，支持中国企业进行海外投资并购，开展国际化经营，提高国际竞争力，加强国际合作，支持"一带一路"建设。

四是有效防范和化解金融风险。在经济发展新常态阶段，原来被高速增长掩盖的各类金融风险会逐渐显性化，金融业资产质量也面临着一定考验。通过深化金融改革，加强金融监管协调，探索功能监管，规范各类融资行为，加强重点领域风险监测预警，打击非法集资，妥善处置风险案件，维护金融稳定，能够为企业经营发展提供更加安全稳定的外部环境。

二、上海近年来在加强金融改革创新支持结构性改革方面的探索实践

推进供给侧结构性改革，既是重要的制度改革，也是重大的战略性结构调整。近年来，上海通过持续深化改革，着力破除制约生产要素自由流动、优化配置的制度性瓶颈，着力破除影响产业结构深度调整、转型升级的体制机制和政策障碍，努力实现更高质量、更有效率、更加公平、更可持续的经济发展。在推进供给侧结构性改革过程中，上海始终把制度创新作为首要，始终以科技创新为引领，促进国际金融中心与自贸试验区、全球科创中心建设联动发展。

（一）以制度创新为首要，全力推进自贸试验区金融开放创新。上海深化改革坚持用足用好自贸试验区平台，充分发挥示范引领作用。在结构性改革中遇到制度性障碍时，积极探索放到自贸试验区大胆闯、大胆试，率先突破。在金融等重要领域和关键环节，不断突破制约科学发展的体制机制瓶颈。

一是基本建立了自贸试验区金融制度创新框架体系。自贸试验区成立后，国家金融管理部门相继发布金融支持自贸试验区建设的51条意见和措施以及一系列实施细则。2015年10月，经国务院同意，中国人民银行等六部委和上海市政府联合发布了《进一步推进中国（上海）自由贸易试验区金融开放创新试点　加快上海国际金融中心建设方案》，提出了率先实现人民币资本项目可兑换、进一步扩大人民币跨境使用、不断扩大金融服务业对内对外开放、加快建设面向国际的金融市场、切实防范风险五个方面40条任务措施（简称"金改40条"）。这些政策措施的发布，为自贸试验区金融改革更好地服务实体经济奠定了坚实的制度基础。

二是有序开展了自由贸易账户业务、跨境投融资汇兑便利、人民币跨境使用、利率市场化、外汇管理改革等一系列金融创新试点。截至2015年末，自贸试验区内共有40家单位接入分账核算单元体系，累计开立自由贸易账户约44186个，自贸试验区跨境人民币结算总额超过12026.4亿元，占到全市的42%。累计有246家自贸试验区内企业发生跨境人民币双向资金池业务，资金池收支总额4175.07亿元；自贸试验区内共有80家企业完成跨国公司总部外汇资金集中运营试点备案。

三是稳步推进了面向国际的金融交易平台建设。2014年9月，在上海黄金交易所推出了黄金国际板。上海期货交易所原油期货已获批准，相关配套政策陆续发布；上海保险交易所、中国信托登记公司有限责任公司获国务院批准设立。上海清算所推出了自贸试验区铜溢价和乙二醇进口掉期中央对手清算业务，并与上海航运交易所合作推出了人民币集装箱掉期和中国沿海煤炭远期运费协议中央对手清算业务。

四是不断完善金融监管和风险防范机制。为适应自贸试验区金融开放创新的需要，构建金融安全网，"一行三会"与上海市政府建立了金融监管协调机制，加强对跨境资金流动监测和试验区"反洗钱、反恐融资、反逃税"的监管协调，金融管理部门进一步简政放权，简化事前准入事项，加强事中事后监管，建立了监管和市场良性互动机制。银监部门创建了"自贸试验区银行业务创新监管互动机制"，为商业银行提供鼓励创新的先行先试绿色通道；保监部门推出了航运保险产品注册制改革。

五是认真总结经验，本着"成熟一项、推动一项"的原则，配合国家有关部门做好金融改革创新举措的复制推广工作。目前，一批上海自贸试验区金融创新试点措施已在广东、天津、福建自贸试验区或全国复制推广，例如跨境双向人民币资金池、跨国公司外汇资金集中运营管理试点、外商投资企业外汇资本金意愿结汇等创新均已在全国范围内复制推广，全口径跨境融资宏观审慎管理试点已在四个自贸试验区复制推广。

（二）以科技创新为引领，提高金融服务实体经济的效率。上海牢牢把握以科技创新中心建设为载体，大力实施创新驱动发展战略，着力解决阻碍科技创新向现实生产力转化的体制机制问题，加大金融服务实体经济的力度。

一是制定金融支持科创中心建设等一系列政策。2015 年，上海出台了金融服务支持科创中心的 20 条实施意见，包括推动多元化信贷服务体系创新，发挥多层次资本市场的支持作用，加大政策性融资担保支持力度，推进科技与金融紧密结合，提高科技创新企业融资的可获得性。此外，上海还出台了促进金融与文化深入合作、支持现代保险业发展等一系列政策措施。

二是积极发展多元化的金融机构。除了大型金融机构外，大力发展中小型金融机构，增加金融服务供给。鼓励设立银行小微专营机构和村镇银行，目前上海地区有专营小微业务的商业银行分行 3 家，小微企业信贷中心 3 家，村镇银行 10 家，以及覆盖全市 17 个区县的小微支行网络；在沪商业银行分行基本都设立了专门负责小微业务的中小企业服务部门。推动设立小额贷款公司、融资担保公司等地方金融服务机构，目前上海已有 128 家小贷公司获批设立，注册资本总额达到 190 亿元，贷款余额 1967 亿元，累计放贷 8800 亿元；有 54 家融资担保机构持有效经营许可证，融资性担保贷款余额 155 亿元，累计提供担保金额 1820 亿元。支持私募股权投资基金和创业投资基金发展，积极投资互联网、信息通讯、生物技术、医疗健康等领域。

三是鼓励金融机构开展业务创新提升服务水平。鼓励银行围绕创新链打造金融服务链，开展投贷联动业务创新，贴合早期企业需求。推动银行设立专门的科技支行，针对科技企业特点开展金融产品和服务创新。同时，还开展了包括科技型中小企业履约贷款保证保险试点在内的金融创新试点。支持互联网金融等新兴业态发展，2014 年，上海制定了促进互联网金融产业健康发展的 20 条意见，鼓励互联网金融企业积极开展产品、技术和服务创新，为中小微企业提供多样、灵活的金融服务。2015 年，上海在全国率先成立了互联网金融协会，加强行业自律。同时，中国互联网金融行业协会也将落户上海。

四是发挥多层次资本市场在支持科技创新方面的作用。2015 年底，上海股权托管交易中心推出"科技创新板"，为科技型中小企业提供融资等金融服务；同时，积极支持上海证券交易所推出"战略新兴板"。

此外，上海正在研究设立"中小微企业政策性融资担保基金"，规模 100亿元左右，为科技型中小企业提供信用增信服务。

（三）以市场建设为核心，提升国际金融中心服务全国经济社会发展的功能。加快推进上海国际金融中心建设，是我国参与国际金融竞争、提升国际金融地位的战略措施，也是促进国内经济结构调整和发展方式转变的重大举措。近年来，上海国际金融中心建设坚持以完善金融市场体系建设为核心，在不断加快推进的同时，服务实体经济发展的水平和能力也不断提高，有效地支持了供给侧结构性改革。

一是提升金融市场功能，支持企业投融资。目前上海已形成了包括股票、债券、货币、外汇、商品期货、金融期货与场外衍生品、黄金等市场在内的较为完备的全国性金融市场体系。

近年来，上海金融市场规模持续扩大，交易融资功能不断提升，影响力日益增强，为全国各地的企业提供了重要的融资平台，有力地支持了一批重点产业和企业发展。2015 年，上海金融市场交易总额 1462.7 万亿元，同比增长约 1倍。直接融资总额 9.2 万亿元，同比增长 50.3%，其中上海证券市场通过发行股票、债券等直接融资 2.8 万亿元，同比增长 2.53 倍，全国银行间债券市场发行企业债、短期融资券、中期票据和商业银行债券直接融资 6.4 万亿元，同比增长 20%。

二是加快金融市场改革创新，丰富产品和工具。上证 50ETF 期权、上证 50 股指期货、中证 500 股指期货、10 年期国债期货等上市交易，地方政府债、企业债、信贷资产支持证券化发行工作有序推进，不仅为企业拓展了融资渠道，而且为企业提供了有效的风险管理工具。

三是把握人民币国际化机遇，扩大金融市场开放。2014 年 11 月，上海证券交易所与香港交易所开通了"沪港通"，一年多来总成交金额达 2 万亿元，"沪港通"的推出为对接与打通沪港两市金融市场作了富有成效的探索。2015 年 7 月，上海黄金交易所与香港金银业贸易场开通了"黄金沪港通"。黄金国际板累计成交 1.14 万亿元，通过黄金国际板进口量占全国进口量的 13%。为提高人民币跨境支付结算效率，2015 年 10 月人民币跨境支付系统（CIPS）一期在上海正式上线运行。近年来，银行间外汇市场推出人民币对欧元、英镑、日元、澳元、瑞士法郎等货币直接交易，降低了企业交易成本。此外，上海在全国率先成立人民币海外投贷基金，越来越多的金融机构通过在海外设立分支机构或进行并购，开展国际化运营。

同时应当看到，与供给侧结构性改革的要求以及经济创新转型的需求相比，上海金融支持供给侧结构性改革还存在一些短板，主要包括：金融市场功能还不健全，金融创新面临较多约束，金融市场风险防范能力有待提升；金融开放程度不高，境外投资者比例较低；金融法治化水平有待提高，金融税收、信用、监管、人才等方面建设还需要进一步加强等。因此，必须在补齐短板上下更大功夫，通过坚定不移推进深化改革加以解决。

三、下一步工作和相关建议

一是进一步拓展自由贸易账户功能，支持实体经济主体通过自由贸易账户开展跨境贸易投资活动。自由贸易账户通过一年半左右的时间运行，已建立了一系列防范跨境金融风险的制度，为进一步探索投融资汇兑便利提供了重要载体和工具。下一步，我们将进一步充实完善自由贸易账户功能，抓紧启动自由贸易账户本外币一体化各项业务，鼓励和支持银行、证券、保险类金融机构利用自由贸易账户等开展金融创新业务。

二是完善科技金融服务体系，加强对科技创新企业的金融支持。鼓励吸引各类社会资本共同参与，通过设立多元产业创业投资引导基金等形式，丰富科创企业多元融资渠道与配套扶持资金来源。进一步推动"投贷联动"、"资产证券化"、"绿色债券"、"并购贷款"、"应收账款融资"等金融创新，不断拓展企业融资渠道，降低企业融资成本。

三是对接国际高标准经贸规则，不断扩大金融服务业对内对外开放，为供给侧结构性改革提供多元金融服务。按照国家的总体部署，配合国家有关部门积极研究探索金融服务业开放的负面清单，推动金融服务业对符合条件的民营资本和外资机构扩大开放，在公平竞争的基础上进一步丰富金融机构体系，为供给侧结构性改革提供优质多元的金融服务。

四是认真总结"沪港通"经验，进一步推进金融市场建设，有序提升金融市场对外开放程度，支持实体经济主体充分运用国际国内两个市场、两种资源。下一步，我们将支持上海证券交易所加快推出战略新兴板；支持中国外汇交易中心、上海证券交易所建设国际金融资产交易平台；支持上海黄金交易所加快国际业务板块后续建设；支持上海期货交易做好原油期货上市的各项准备工作；支持上海清算所研究开发新的航运金融和大宗商品场外衍生品的清算服务；加快筹建上海保险交易所。

五是适应现代金融业发展新需要，积极探索全覆盖的金融监管机制和风险监测体系。完善金融监管，加强金融风险防范是推进金融改革开放的重要保障。下一步，我们将根据金融业发展的新形势、新要求，在国家金融管理部门指导下，以信息数据互联共享为基础、以功能监管实现市场全覆盖监管为重点、以协作监管为支撑，积极探索全覆盖的金融监管机制和风险监测体系。

　　在当前的经济金融形势下，为更好地支持供给侧结构性改革，建议国家以自贸试验区金融创新试点为契机，进一步扩大股票、债券、期货等金融市场对外开放，拓宽境外投资者参与境内金融市场的渠道。股票市场方面，支持股票市场扩大 QFII、QDII 等投资额度和范围，并逐步取消额度限制，支持境外机构在上海自贸试验区发行人民币股票；债券市场方面，进一步放宽境外机构参与境内债券市场；期货市场方面，允许境外投资者投资商品期货市场上的铜、铝等有色金属产品，在推进原油期货上市的同时，积极开发天然气、成品油等期货新产品。

深化金融改革创新　服务科创中心建设 *

当前，科技创新和产业化迫切需要金融服务的支持，同时也为金融体系的创新发展拓展了空间，上海国际金融中心建设为科技创新提供了更加丰富的金融资源和服务手段，与此同时，科技创新中心建设中大量的创新活动和科技创新企业成长壮大对资本高度依赖，所带来的金融服务需求将为国际金融中心建设提供新的内在动力和发展空间。只有坚持金融和科技创新双轮驱动，上海才能具有无限的发展潜力，才能更好地服务全国发展大局。

一、抓紧研究出台金融服务科创新中心建设的实施意见

党中央、国务院对金融助推科技创新作出了一系列重要部署，《中共中央　国务院关于深化体制机制改革加快实施创新驱动发展战略的若干意见》指出，强化金融创新的功能，形成各类金融工具协同支持创新发展的良好局面；《国务院关于大力推进大众创业万众创新若干政策措施的意见》明确，搞活金融市场，实现便捷融资。上海市委、市政府对深化科技与金融合作也提出了明确要求，《中共上海市委　上海市人民政府关于加快建设具有全球影响力的科技创新中心的意见》(以下简称《意见》) 提出，推动科技与金融紧密结合，营造良好的创新创业环境。《意见》明确要求，制定包括完善金融支持体系在内

---

* 本文撰写于 2015 年 8 月，部分内容在《关于促进金融服务创新　支持上海科技创新中心建设的实施意见》新闻发布会上对外发布。

的若干配套政策文件，形成可操作的具体实施计划和工作方案，加快落实各项政策措施。根据市委、市政府的工作部署，市金融党委、市金融办、市发展改革委、市科委等市政府相关部门会同中国人民银行上海分行、上海银监局、上海证监局、上海保监局等金融管理部门，经过深入调研，研究制定了《实施意见》。《实施意见》着重推动科技金融服务创新，进一步推进科技与金融的深层次融合，提高科技创新企业融资的可获得性，为上海加快建设具有全球影响力的科技创新中心营造良好金融服务环境。

《实施意见》主要内容包括：推进多元化信贷服务体系创新、发挥多层次资本市场的支持作用、增强保险服务科技创新的功能、推动股权投资创新试点、加大政策性融资担保支持力度、强化互联网金融创新支持功能、鼓励创新创业服务平台与金融机构加强合作、建立科技金融服务工作协调机制八个方面、共 20 条政策措施。

《实施意见》的制订，坚持三个导向：一是坚持需求导向。《实施意见》着眼于科技创新企业不同发展阶段特别是初期阶段的需求，着眼于缓解融资瓶颈问题，通过多措并举支持科技型小微企业发展壮大。二是坚持创新导向。《实施意见》力求深入把握科技创新企业金融服务需求的特征，通过金融创新支持科技创新，为不同发展阶段科技创新企业提供有针对性的金融产品与服务。三是坚持操作导向。《实施意见》从地方政府角度，既积极争取科技金融创新先行先试，又力求发挥金融政策、产业政策、财政政策的协同作同，使各项创新举措可操作、可落地。

二、开展投贷联动融资服务方式创新

《实施意见》指出，要"完善商业银行相关法律。选择符合条件的银行业金融机构，探索试点为企业创新活动提供股权和债权相结合的融资服务方式，与创业投资、股权投资机构实现投贷联动"。借鉴美国硅谷银行开展投贷联动业务的成功经验，《实施意见》提出争取国家金融管理部门的支持，开展投贷联动融资服务方式创新，由银行业金融机构设立从事股权投资的全资子公司，与银行形成投贷利益共同体，建立融资风险与收益相匹配的机制，开展"股权＋银行贷款"和"银行贷款＋认股权证"等多种形式的股权与债权相结合的融资方式创新。同时，鼓励民营银行发挥机制优势，积极利用其大股东已有的股权投资公司，组成投贷联动利益共同体，共同分析和筛选项目，共享风控和管理信息，为科技创新企业提供股权和债权相结合的投贷联动产品。

三、推动设立聚焦科技产业的民营银行

鼓励民间资本发起设立银行，有利于激发民营经济活力，对于进一步丰富和完善银行业金融机构体系、增强银行业服务实体经济的能力具有重要意义。《中共中央　国务院关于深化体制机制改革加快实施创新驱动发展战略的若干意见》提出，"稳步发展民营银行，建立与之相适应的监管制度，支持面向中小企业创新需求的金融产品创新"。近期，国务院办公厅正式转发了《关于促进民营银行发展的指导意见》，在总结前期民营银行试点经验基础上，进一步明确了民营银行设立的准入条件、许可程序等，将对合格的民间资本发起设立民营银行的申请进行受理。为此，上海将大力发挥中国（上海）自由贸易试验区和张江国家自主创新示范区政策叠加和联动的优势，推动民间资本进入银行业，支持实力雄厚且有长期投资意向的民营企业在沪发起设立股权分散的张江科技银行等民营银行。目前市工商联、张江高新区管委会等单位已召集有意向的民营企业，正抓紧按照银监会的指导意见进行可行性研究等工作，争取尽快形成初步方案，提交筹建申请。市金融办也将会同上海银监局，会同全市有意向、有实力的民营企业，联合有关部门开展培训，明确民营银行筹建的条件、程序和要求等事项，支持符合条件的大型民营企业牵头申请筹建民营银行。

四、成立市级政策性融资担保机构

融资担保在破解中小微企业融资难题中起着关键作用，发展政策性担保机构有利于增强银行对小微企业贷款的信心，降低企业融资成本，有效体现政府对小微企业的支持，更好地发挥融资担保的乘数效应。2014 年 12 月，国务院召开了全国促进融资性担保行业发展经验交流电视电话会议，要求进一步发挥政府支持融资性担保业发展的重要作用，积极发展政府支持的融资担保机构。目前本市融资性担保行业存在平均注册资本金小、行业放大倍数偏小、缺乏有效的风险分散机制等问题。设立一家注册资本金 50 亿元的大型政策性融资担保基金，通过融资担保、再担保和股权投资等形式，与现有政策性融资担保机构、商业性融资担保机构合作，为科技型中小企业提供信用增进服务，着力打造覆盖全市的中小微企业融资担保和再担保体系。目前，市财政局、市金融办等部门已初步形成了担保基金框架方案，将在征求相关部门意见的基础上，报市政府审定后在今年抓紧推进实施。

五、增强保险服务科技创新功能

2014 年 8 月，国务院出台了《关于加快发展现代保险服务业的若干意见》，上海认真贯彻落实国务院文件精神，研究制定了具体实施意见，提出了加大保险对科技创新支持力度的相关举措。此次《实施意见》中关于保险业支持科技创新中心建设包括两方面内容：一是支持保险资金为科技创新企业提供资金融通，推动保险资金与各类创业投资、天使投资开展合作，对科技创新企业开展长期股权、债权投资。二是鼓励保险机构研发推出符合科技创新企业需求的保险产品。对符合条件的首（台）套重大技术装备保险、专利保险、科技型中小企业履约保证保险等，实施补贴、补偿等奖励和风险分担政策。针对科技创新企业在创业初期面临的创业风险，鼓励保险机构研发创业保险、核心人员在职保证保险等创新产品，运用保险机制提供创业风险保障，支持初创期科技创新企业加快发展。

六、推动在上海股权托管交易中心设立科技创新板

《国务院关于大力推进大众创业万众创新若干政策措施的意见》指出，"规范发展服务于中小微企业的区域性股权市场"。贯彻落实国务院战略决策，充分发挥多层次资本市场在推进上海科技创新中心建设中的重要作用，《实施意见》提出推动在上海股权托管交易中心设立科技创新板，服务于科技创新中小微企业，设置和引入符合科技创新中小微企业需求的挂牌条件、审核机制、交易方式、融资工具等制度安排，并推动建立与战略新兴板等其他多层次资本市场间的对接机制。科技创新板建设将采取"稳起步，先试点，后推广"的方式，首先面向上海市尤其是张江高新技术产业开发区"一区22园"的科技创新中小微企业提供服务，根据试点进展情况，适当拓展服务区域。目前，市金融办正会同上海股权托管交易中心等有关方面，进一步细化完善建设方案，形成完整的业务规则体系，稳步推进制度创新，深入研究科技创新板与其他市场板块的对接机制。

金融服务支持"一带一路"建设[*]

    "一带一路"建设，是党中央、国务院统揽政治、外交、经济、社会发展全局作出的重大战略决策，对适应经济全球化新形势新变化，统筹国内国外两个大局，深化双多边和区域开放合作，开创我国对外开放新局面，具有划时代的重大意义。"一带一路"规划的实施，有利于打造陆海统筹、东西互济的全方位对外开放新格局，更充分地利用国际市场和国际资源，拓展我国发展空间，巩固延长重要战略机遇期；有利于促进沿线国家（地区）经济共同发展、共同繁荣，推进更广范围、更宽领域、更深层次的区域经济一体化，培育参与和引领国际合作竞争新优势；有利于实现能源资源多元化，提高能源安全保障。

    上海积极参与、主动服务国家"一带一路"建设，既是上海自身发展的需要，也是中央赋予上海的重要使命，是继续当好全国改革开放排头兵和创新发展先行者的具体体现。上海服务"一带一路"建设要立足面向全国、面向全球，从国家战略大局出发，加快构建对外开放新机制，培育对外开放新优势，探索对外开放新路径。上海要促进"一带一路"建设与"四个中心"、科创中心和自贸试验区建设联动，发挥经济中心优势、航运枢纽优势、金融集聚优势、贸易融汇优势和科创引导优势，促进上海与沿线国家（地区）物流、资金流、人流、信息流畅通高效，提升对外开放水平。通过对接"一带一

---

[*] 本文收录于 2016 年 4 月由中信出版社出版、陈元等主编的《"一带一路"金融大战略》一书第五章，原题为"上海金融业支持'一带一路'建设的方略"。

路"建设，构建上海先导开放、创新发展的新载体、打造好服务长三角、服务长江流域、服务全国的新平台，形成在"一带一路"建设中对外开放的重要节点。

中央提出"一带一路"建设要坚持"政策沟通、设施联通、贸易畅通、资金融通、民心相通"总要求，"资金融通"作为"一带一路"建设的重要内容，就是要发挥金融服务"一带一路"建设保障作用，通过促进货币流通，拓展金融市场和金融机构服务的深度和广度，为"一带一路"建设提供强有力的支撑。作为正在加快建设中的国际金融中心，上海具有比较完备的金融市场体系、金融机构体系和金融业务体系，促进金融服务"一带一路"建设是上海贯彻国家重大战略大有可为的重点领域。

一、上海金融业的发展为金融服务"一带一路"建设奠定了坚实基础

近年来，上海金融业围绕建设国际金融中心这一中心任务，坚持服务全国经济社会发展和金融改革开放，基本形成了以金融市场体系为核心的国内金融中心，初步确立了全球性人民币产品创新、交易、定价和清算中心。

（一）金融市场体系日益完善

随着上海国际能源交易中心、上海国际黄金交易中心、全国银行间市场贷款转让交易系统、上海股权托管交易中心等顺利启动，目前上海已形成了包括股票、债券、货币、外汇、商品期货、金融期货与场外衍生品、黄金等市场在内的全国性金融市场体系，是国际上少数几个市场种类比较齐全的金融中心城市之一，并初步具备一定的国际影响力。金融创新产品和工具不断涌现，在国家金融管理部门的指导和推动下，成功推出了国债期货、同业存单、外汇期权、ETF 期权、黄金 ETF、铅期货、白银期货、信用风险缓释工具、中小企业私募债券等一批有重要影响的金融产品和工具，提升了上海金融市场的交易、定价和综合服务功能。金融市场规模持续扩大，2015 年 1 至 8 月，上海金融市

场交易总额达 1065.2 万亿元，同比增长了 133.3%；2014 年，上海证券市场股票交易额位居全球第三位，年末股票市值位居全球第四位；上海黄金交易所黄金现货交易量连续多年保持全球第一。

（二）金融机构集聚效应不断显现

金砖国家新开发银行正式落户，成为上海国际金融中心建设和国际金融资源互动和配置的重要载体。中国银行上海人民币交易业务总部、中国建设银行（上海）中心、中国农业银行上海管理部，银联国际、证通公司等一批重要功能性金融机构相继成立。同时，上海已成为外资金融机构在华主要集聚地，外资金融机构的种类和国别更为丰富。总部设在上海的外资法人银行、外资法人财产险公司，合资证券公司、合资基金公司等机构均占内地总数的一半左右。金融业对外开放领域不断拓宽，跨境人民币业务规模不断扩大，2015 年 1 月至 8 月，人民币结算总量达 18697 亿元；境外机构获准以人民币直接投资银行间债券市场；人民币海外投贷基金、跨境 ETF 等顺利启动；外资股权投资企业试点（QFLP）和合格境内有限合伙人试点（QDLP）率先推出。特别是"沪港通"业务的开通，成为中国资本市场双向开放的重要里程碑。

（三）金融改革创新拓展广阔空间

上海自贸试验区建设为上海金融业发展提供了新动力。上海自贸试验区成立以来，国家金融管理部门相继发布了 51 项金融支持试验区建设的政策措施，以及包括分账核算细则在内的一系列实施细则，为金融开放创新创造了良好的制度条件。面向国际的金融市场平台建设稳步推进，上海黄金交易所启动黄金国际板交易；上海期货交易所获准在国际能源交易中心筹备开展原油期货交易；上海证券交易所等金融要素市场也在积极研究设立面向国际的金融交易平台，开发面向国际的金融交易业务。金融监管和风险防范机制不断完善，相关部门建立了日常金融监管协调机制、跨境资金流动监测机制、"反洗钱、反恐融资、反逃税"监管协调机制，构建金融安全网。

（四）金融服务实体经济能力进一步提升

针对实体经济需求，上海积极发挥金融在服务经济结构调整和转型升级中的重要作用。聚焦中小微、科技型企业等难点领域，落实财政配套扶持资金，实施信贷奖励和风险补偿制度鼓励金融机构加大信贷支持，搭建融资服务平台，大力发展科技金融服务体系。聚焦航运、贸易、文化等现代服务业重点领域，加快发展航运保险等金融服务，加大对贸易便利化的金融支持，促进文化与金融深入合作，全力支持产业结构优化升级。聚焦先进制造业、战略性新兴产业等重点领域，发挥政府资金的杠杆效应，探索利用外资股权投资企业试点等新途径支持行业发展，发展出口信用保险、融资租赁等创新金融服务。聚焦关系民生和社会发展等热点领域，支持保障房与各类安居工程建设，发挥保险参与社会管理的作用，出台服务"三农"金融政策措施，支持民生社会事业发展。

（五）金融发展环境持续优化

上海着力改善金融发展环境，努力营造国际金融中心建设的良好氛围。不断加强金融法治环境建设，率先在全国推出《上海国际金融中心法治环境建设》白皮书，金融审判庭、金融检察处、金融仲裁院等机构相继建立，中国人民银行金融消费权益保护局在上海正式运作。不断推进信用体系建设，落户上海的中国人民银行征信中心数据覆盖范围进一步扩大；上海市公共信用信息服务平台正式启动。不断完善支付清算基础设施，中国银联服务功能进一步增强，人民币跨境支付系统（CIPS）落户上海，并完成系统一期上线运行；上海清算所初步形成覆盖现货和衍生品的中央对手清算业务体系。不断健全专业金融服务体系，与金融相关的会计审计、法律服务、资产评估、信用评级、投资咨询、财经资讯、服务外包等专业服务加快发展。不断推进金融集聚区规划建设，陆家嘴金融城、外滩金融集聚带等金融集聚区承载服务能力不断提升，相关区县结合自身优势发展特色金融。不断提升金融风险防范能力，有力维护了金融稳定。此外，设立金融创新奖，在全国率先建立了金融业联合会，陆家嘴论坛影响力不断扩大。上海金融业的快速发展、国际金融中心的加快推进，为金融服务支持"一带一路"建设奠定了坚实基础，创造了良好条件。

二、"一带一路"建设为上海金融业持续健康发展提供了重大机遇

服务我国经济社会发展，服务国家重大战略实施是上海金融业发展以及国际金融中心建设的重要使命。"一带一路"建设的提出，有利于促进基础设施、装备制造等产能过剩行业重组和优化，刺激新产业、新业态、新技术和新商业模式加快发展，扩大投融资需求，给各类金融机构和金融市场带来广阔的发展空间；有利于提升上海金融业发展水平，增强上海国际金融中心辐射力和影响力。

（一）人民币跨境使用的需求

"一带一路"建设的实施，对于扩大人民币跨境使用，推进人民币国际化是重要的契机。中国资本和产品对外输出以人民币为载体，有助于有效推进人民币走出去。人民币跨境使用的扩大，能够便利沿线国家（地区）参与"一带一路"建设，促进相关贸易、投资规模的进一步上升。人民币结算使用可以减少大宗商品以美元等国际货币结算引起的汇兑损失，最大化保证沿线国家（地区）在"一带一路"建设下获得的收益。人民币跨境使用的范围和规模显著扩大，人民币作为计价、支付、投资和储备货币的职能明显增强，对于上海建设全球性人民币产品创新、交易、定价和清算中心具有重要意义。

（二）基础设施建设的投融资需求

"一带一路"建设实施的关键是实现互联互通，基础设施建设是互联互通是重要方面。受经济发展水平差异的制约，目前"一带一路"沿线多数国家和地区的基础设施建设还存在"联而不通、通而不畅"问题，这既包括铁路、公

路和港口等在内的交通基础设施，又包括能源资源的勘探开发、管线运输、生产加工等资源基础设施，还有电力网络、电信网络等线网基础设施。加强基础设施建设，进行必要的升级改造，必然存在巨大的资金需求，这为上海金融要素市场功能拓展，以及银行、信托、金融租赁等行业发展提供了重要机遇。

（三）"一带一路"沿线国家（地区）的贸易融资需求

"一带一路"沿线国家（地区）经济资源、产业结构互补性强，随着区域一体化、贸易自由化进程的推进，沿线各个国家（地区）在农业、工业、能源、科技等众多领域开展贸易的前景广阔。贸易融资方面存在出口信贷、服务贸易项下的融资、成套设备信保融资、跨境供应链金融等众多金融服务需求，对于上海金融机构积极进入国际市场，改善资产结构，拓展业务模式都是有利的机遇。

（四）投资贸易中风险管理需求

在实施"一带一路"建设时，企业可能面临较大的不确定性，既包括经济动荡、金融危机等所引发的资产贬值、汇兑限制和汇率动荡等金融风险，也包括沿线国家（地区）政局动荡所引发的地缘冲突风险。这些风险可能会给企业开展经贸合作蒙上阴影，需要运用保险等风险管理机制进行缓释。此外，不仅在产能输出等对外投资过程中需要维护投资安全，而且在对外经济往来，人员交往中需要对人身、财产安全进行保障，以及在出口融资中降低对手交易信用风险。这些都为上海金融机构开展保险等产品和业务创新提供了重要契机。

三、积极参与、主动服务，上海金融业支持"一带一路"建设的初步设想

上海金融业应当紧密围绕"一带一路"建设发展大局，聚焦重点、勇于创新，在服务国家战略过程中不断提升配置金融资源的功能，不断提升服务我国

经济社会发展的能力。以扩大金融开放为重点，推进上海国际金融中心建设和"一带一路"建设有机结合，争取国家支持，在积极稳妥、风险可控前提下，加快推进金融市场开放和人民币国际化，大力吸引"一带一路"沿线国家（地区）金融机构来沪发展。

（一）加快金融市场开放

支持沿线国家政府、信用等级较高的企业、金融机构等符合条件的主体在银行间债券市场等在沪金融要素市场发行人民币债券，通过发行长期债券或设立各种创新融资工具，吸引投资，解决资金错配和融资缺口问题。积极支持推动建立亚洲债券发行、交易和流通的核心市场，推动东亚及太平洋中央银行行长会议组织（EMEAP）机制下的亚洲债券基金和"10＋3"金融合作机制下的亚洲债券倡议落实。积极推动区域债券市场发展、促进债券品种和投资主体多元化、完善债券市场基础设施，加快形成"一带一路"重大项目债券筹资和投资中心。针对"一带一路"具有能源大通道的特点，加快启动原油期货，研究探索天然气、成品油等期货产品，探索建立能源大宗商品的定价机制和交易机制，降低供需双方共同风险，建立透明度高、竞争力强和监管有效的区域能源市场，使上海成为重要的国际能源定价中心。结合"一带一路"沿线国家（地区）黄金资源丰富、需求旺盛的特点，推进黄金国际板建设，促进"一带一路"黄金投融资和贸易发展。

（二）推动人民币跨境使用

充分利用自贸试验区金融改革先行先试的优势，探索跨境人民币业务创新，扩大跨境人民币融资渠道和规模，拓宽境外人民币投资回流渠道，鼓励区内金融机构开展人民币衍生品业务和大宗商品服务创新，便利沿线国家（地区）参与"一带一路"建设，促进人民币在跨境贸易、实业投资和金融投资使用占比不断提升。

积极支持上海清算所发展成为规范化、市场化和国际化的清算服务机构，探索场内、场外市场统一的中央对手清算平台建设，不断扩大人民币清算业务。健全完善发行、交易、清算、托管结算系统，探索集中统一的登记、托管、结算体系，加强与境外登记结算体系的有机连接，扩大上海金融市场与境外金融市场的互联互通，支持境内外金融市场组织开展包括产品互认在内的多种类型的战略合作，将在沪金融市场交易系统的报价、成交、清算等功能拓展至沿线国家（地区）。完善人民币跨境支付和清算体系，继续推进人民跨境支付系统（CIPS）建设，进一步提高人民币清算、结算效率，为人民币国际化进程提供重要支撑。探索能源交易商品等以人民币计价，提高能源贸易人民币结算规模，推动以人民币为计价体系的"一带一路"国际能源交易市场发展。推进"一带一路"资产证券化市场发展，充分利用直接融资渠道为"一带一路"建设服务。

（三）支持金融机构参与"一带一路"建设

做好金砖国家新开发银行总部落户上海的各项服务工作，争取上海合作组织投融资机构等在沪成立，吸引各类基金来沪发展，以共同出资、共同受益的多边金融合作方式，向"一带一路"沿线国家（地区）的基础设施、资源开发、产业合作等有关项目提供投资金支持。

支持在沪金融机构到"一带一路"沿线国家（地区）设立分支机构，扩大对企业综合金融服务的覆盖面，并与当地金融机构开展银团贷款、并购债券、融资代理等金融合作，以跨境一体化经营服务于跨境产业链。发挥金融机构境外分支网络作用，为"一带一路"建设中的各类企业跨国经营提供国际结算、贸易融资、非贸项下融资、现金管理、资产管理及担保等专业金融服务。

推动金融机构对外开放，欢迎沿线国家（地区）金融机构来沪设立分支机构，实行统一的市场准入制度，使外资金融机构平等参与市场竞争。鼓励外资参股上海金融机构，支持中外资金融机构在跨境结算、资金池、内保外贷等金融服务方面加强合作，丰富"一带一路"跨境金融支持载体。

（四）发挥保险优势和保障功能

积极支持在沪保险机构发挥风险管控专业性，配合"一带一路"建设布局创新保险产品和业务。发挥出口信用保险在对外贸易出口融资中的作用，扩大保险规模和覆盖面，增加中长期信用保险，有效撬动信贷杠杆。在运输、电力、电信、建筑等产能输出过程中，引入海外投资险等政策性保险，有效维护投资安全。通过基础费率、承保期限等方面改进，提供更好的保险服务，帮助企业规避或减少各类风险。

根据"一带一路"沿线国家（地区）不同国情政情以及经济社会发展情况，积极探索运用保险加强国别（区别）风险管理，促进贸易投资便利化。支持在沪保险机构与沿线国家（地区）保险公司开展合作，拓展与"一带一路"沿线国家（地区）相关再保险业务。支持上海航运保险协会加入国际海上保险联盟，加快研发与国际接轨的航运保险条款，为在有关区域开展海、陆、空运及国际多式联运业务提供货物运输、船舶建造、港口码头、航运责任和电商物流等风险保障。

针对"一带一路"区域经济合作加深，各方人员往来不断增多，人身、财产安全保障需求迫切的情况，积极探索跨境保险产品创新。加强对离岸业务的保险服务，为境外人员和项目提供优质保险服务，提升对"一带一路"相关风险的承保能力。

（五）加强金融合作机制建设

积极研究探索与"一带一路"沿线国家（地区）所覆盖区域的主要金融中心等签订金融合作协议，建立合作机制、拓展合作领域。探索开展投融资、结算清算、信用担保、风险管理等方面的全面合作，在规则制定、制度创新、人员往来和产品互通等方面进一步深化合作。加强与"一带一路"沿线国家（地区）互联互通及互利合作，将上海打造成为"一带一路"的金融交流和合作服务中心。

发挥政府部门、金融机构和企业合力作用，搭建产融合作平台，逐步覆盖结算、投融资、并购、资金管理、风险控制、财务顾问等相关领域，为"一带一路"建设提供全方位金融服务。健全"一带一路"建设金融服务协调机制，加强与亚洲基础设施投资银行、金砖国家新开发银行、丝路基金等沟通交流，促进政府部门、金融机构和企业在项目、资金、政策等方面的优势互补，共同服务"一带一路"建设。

人民币国际化与资本项目可兑换协同推进[*]

实现资本项目可兑换在内的人民币完全自由兑换，是我国外汇管理体制改革的长远目标。当前，人民币资本项目可兑换面临两个突出问题：一方面，国际金融危机为人民币国际化创造了有利条件，人民币国际化步伐加快对资本项目可兑换提出了更高要求，客观上形成一种"倒逼机制"；而另一方面，国际经验表明，资本项目开放应采取循序渐进的策略，在各方面条件不成熟的情况下，过早、过快取消资本项目管制将加大经济的脆弱性，是产生金融危机的原因之一。面对"两难"局面，如何处理好人民币国际化与人民币可兑换的关系，促进两者同步、协调发展，同时有效防范资本项目开放进程中的各种风险，已成为一个重要而紧迫的课题。

一、人民币国际化与资本项目可兑换的现实分析

近年来，随着我国经济规模日益扩大和市场化水平日益提高，金融改革开放不断深入推进。从1993年开始，中央就明确了外汇管理体制改革的目标，要"逐步使人民币成为可兑换货币"，"逐步实现资本项目可兑换"。进入新世

---

* 本文由三篇文章整理而成，一是发表于《金融》2011年4月创刊号，原题为《人民币走出去与资本项目可兑换的协同推进》；二是已完成的中国人民银行上海总部重点课题，原题为《人民币国际化与外汇管理体制改革》；三是已完成的国家外汇管理局重点课题，原题为《推进人民币资本项目可兑换与人民币国际化的关系研究》。

纪以来，人民币国际化进程开始加快，2008年，我国明确提出要"选择有条件的企业开展国际贸易人民币结算试点"，并决定"在上海市和广东省广州、深圳、珠海、东莞4城市开展跨境贸易人民币结算试点"。2009年出台了《跨境贸易人民币结算试点管理办法》，7月，跨境贸易人民币结算试点在上海，广东省广州、深圳、珠海、东莞5个城市正式开展。

人民币国际化和外汇管理体制改革都是金融改革开放的重要组成部分。人民币国际化和外汇管理体制改革的关键在于如何协同推进人民币国际化和资本项目兑换。为此，要从现实出发，通盘考虑，处理好人民币国际化与资本项目可兑换的关系，促进二者同步协调发展，并有效防范相应的金融风险。

（一）人民币国际化与资本项目可兑换的现状

1. 人民币国际化的现状

长期以来，我国边境就出现了边贸使用人民币的情况，跨境旅游携带也推动了人民币流到境外，但这些现金形式的人民币跨境使用不是货币跨境流通的主流形式，其规模和影响力都非常有限。2009年7月，我国在上海市和广东省4城市正式启动了跨境贸易人民币结算试点。2010年6月，试点地区又扩大到北京、天津等20个省（区、市）。目前，跨境贸易人民币结算试点业务取得突破性进展，贸易结算使用领域不断扩大，香港离岸市场发展很快，境外货币当局持有人民币储备已出现。

2. 资本项目可兑换的现状

1996年我国实现人民币经常项目可兑换之后，资本项目可兑换就被提上议事日程，并且一直在积极有序地推进，可兑换战略也逐渐明晰。2001年以来，顺应加入世界贸易组织和融入经济全球化的挑战，根据经济发展和改革开放的客观需求，资本项目开放的步伐逐步加快，并逐步深入。截至目前，在IMF划分的7个大类共40项资本项目交易中，我国实施严格管制的主要是跨境金融衍生工具交易等，其他项目已实现一定程度上的基本可兑换，人民币资本项目可兑换程度明显提高。

（二）目前人民币国际化与资本项目可兑换的适应程度评估

1. 目前人民币可兑换的程度基本满足人民币国际化的需求

目前，人民币国际化主要指正在开展的跨境贸易人民币结算试点。跨境贸易人民币结算，指的是贸易项下的人民币结算，不包括资本项下。早在1996年我国就实现了人民币经常项目可兑换，在贸易项目、服务贸易项下不存在汇兑障碍和限制。就目前的管理而言，无论是经常项下的外汇管理还是跨境贸易人民币结算，都强调贸易真实性，要求外汇（人民币）跨境流动的时候进行贸易真实性审核。当然，开展贸易人民币结算，应当允许和贸易有关的人民币的购售，资金的融通、拆借，贸易融资，这可能会涉及资本项目的开放问题，目前大都通过个案探索的方式来解决，能在一定程度上满足业务需求。

2. 外汇管理体制改革的不断推进为人民币国际化创造了有利条件

随着外汇管理方式从重审批转变为重监测分析，从重事前监管转变为强调事后管理，从重行为管理转变为更加强调主体管理；从"有罪假设"转变到"无罪假设"，从"正面清单"转变为"负面清单"，外汇管理体系不再是一个一成不变的框架，而是一个动态发展的系统。这种发展的体系不但直接推进了贸易投资活动便利化，而且在客观上为人民币国际化的深入推进提供了有利环境。跨境贸易人民币结算试点开展以来，外汇管理部门及时出台多项政策，积极推动了跨境人民币资本项目业务发展。

3. 人民币国际化步伐加快会对资本项目可兑换提出更高要求

随着人民币成为周边国家主要贸易结算货币，会要求放松那些条件已经成熟的资本项目的管制，加大已小幅放开项目的开放力度，以增加人民币在境外的供给，进而培育跨境贸易中用人民币进行结算的需求。当人民币从周边化向区域化、从结算货币向投资货币发展时，对资本项目开放的要求会更高，会要求大力发展资本市场工具，放松对资本市场证券交易、货币市场证券交易乃至衍生工具交易，要求把更多"不可兑换"项目转变成"基本可兑换"或"部分可兑换"项目，以不断满足境外人民币持有者在境内合理的投资需求。进一步来说，当人民币成为国际储备货币、真正实现国际化时，就会要求逐步取消尚存的资本项目管制，实现人民币自由兑换。

二、推进人民币国际化与资本项目可兑换的总体设想

（一）按照人民币国际化对资本项目可兑换要求的轻重缓急，不断丰富畅通境外人民币的回流渠道

人民币的流出和回流共同构成人民币资金跨境流动的基本循环，在这一过程中，流出是前提，回流是保障。在经常项目可兑换的状态下，人民币的流出量可以通过国际贸易或服务逆差、对外投资、单方面转移等方式来不断增加并得到保证。但是，由于我国持续的贸易顺差在短期内难以改变，人民币在持续流出后势必在境外大量沉淀，如果不建立多种合理的资金回流渠道，人民币在境外被持有的吸引力将大大削弱，并且这种逆差形式的资金流出从长期看不可持续。因此，如何为人民币回流建立规范有效的手段和渠道就成为一个关键性问题。

可考虑在现有人民币资本项目可兑换的总体安排和渐进、可控原则下，在宏观环境允许的条件下，将人民币资本项目可兑换与境外人民币回流机制建设相结合，进一步消除人民币跨境流动的障碍，促进境外人民币顺利回流。同时，也可根据人民币国际化的阶段性要求，针对人民币回流现实需求的紧迫程度，实行定向的人民币有限度可兑换试点。

（二）引导境外人民币市场健康发展，拓宽境外主体的人民币资金来源和使用渠道

随着人民币国际化进程的推进，人民币境外流通量不断增大，人民币投资、融资需求的不断增强，目前，境外已自发形成了人民币 NDF 市场。面对我国资本项目尚未实现完全兑换的现状，现阶段，要发展香港的人民币离岸市场，拓宽境外主体的人民币资金来源和使用渠道，引导境外人民币的合理流动。

香港作为国际性金融中心，具有货币自由兑换、金融体系可靠、信息传播快捷、金融监管高效、金融人才丰富等特点，更是我国主权范围下的特别行政区，在发展人民币离岸金融市场上具有得天独厚的经济、政治优势。现阶段，可通过良好的制度设计，支持香港人民币离岸市场的建设，同时为境内资本市场的开放提供有益探索。

（三）推进上海国际金融中心建设，为人民币国际化提供最坚实的支撑

1. 推动上海成为人民币标价产品跨境交易的中心

上海金融市场体系完备，金融市场规模大、交易活跃，对外开放基础好，可以承载人民币标价产品跨境交易的重任。随着人民币跨境使用的深化，进一步开放境内金融市场的需求和必要性不断上升。我国采取渐进式资本项目改革，可以在上海进行可兑换的先行先试，其中包括：允许境外企业使用自有人民币资金在境内开展直接投资；开展跨国公司人民币资金池管理试点，通过构建境内外统一的人民币双向资金池，满足跨国企业统一调配全球资金、统筹管理全球账户的需求等，促进人民币业务的发展，从而吸引更多的境外参与者参与本地市场、投资本地市场，为本地市场人民币报价产品做好准备，并发展成为人民币标价金融产品跨境交易的中心。

2. 推动上海成为中外资金融机构处理人民币跨境业务的中心

上海是中国各地区中金融机构实力最强、外资金融机构最集中的地方。可考虑在上海开展资本项下有关证券投资、信贷业务的改革试点，包括在上海证券交易所推出国际板、推出人民币 QFII 和 QDII 试点等。支持在沪中外资金融机构走在改革开放创新的前沿，努力开发多品种跨境人民币业务，服务人民币跨境使用；鼓励在沪的大型商业银行加大"走出去"步伐，在境外开办人民币业务，与境内形成联动。由此推动上海发展成为中外资金融机构处理人民币跨境业务的中心。

3. 推动上海成为人民币跨境支付清算中心

根据国家人民币跨境支付清算安排，上海要争取成为人民币跨境支付结算的集中接入点之一。人民币国际化，境外要有需求，境内要有供给，还要建设清算渠道，资本项目可兑换主要解决的是供给和需求的问题，而通过金融中心建设就能为需求和供给搭建一个桥梁。具体来说，应鼓励在沪的大型商业银行将境外的分支机构发展成境外的人民币清算行；重点支持有一定的业务基础和国际影响力的商业银行成为境内的人民币跨境清算行；支持在沪的中小银行开展有各自特色的跨境清算业务。

（四）加强本外币资金跨境流动监测，防范金融风险

1. 建立健全本外币全口径跨境资金流动监测体系

建议对人民币和外币进行整合监测，建立全面完善的统计监测制度，以实现对跨境资金流动全貌的监测和掌控；加强个人跨境结算人民币资金的监管和统计，测量人民币跨境的现钞流通量和沉淀数量；建立统一的预警指标体系，重点监测进出口贸易、对外投资、外商直接投资、外债等资金流动情况，及早发现异常资金流动趋势，并采取相应防范措施。

2. 强化跨境收支数据申报的法律效力

随着人民币国际化和资本项目可兑换进程的加快，资金管制逐步放松，货币管理当局所能取得的数据将大量依赖于涉外主体的申报，这些数据也将成为监测预警的支撑。为此，必须通过法律约束、政策宣传等多种渠道促进涉外主体主动申报、准确申报、及时申报跨境收支数据，从而促进监测预警指标体系的正常运转。

3. 加强部门协调配合

随着人民币国际化和资本项目可兑换的不断推进，人民币自由兑换的程度越来越高，不同币种、不同性质的交易行为互相渗透，跨境资金流动趋于多变和多样化。现阶段，要通过统一规划和整合，实现各部门的协调配合。一是建立跨境资金流动多部门协同监测机制。加强中国人民银行、外汇管理部门以及与银监会、证监会、保监会、海关、公安等部门的协作，加强部门间政策协调，使各部门在职责分工、政策法规上相互衔接，在行政管理上相互配合，明

确各部门在异常资金甄别、监测、跟踪、预警等方面的监管责任，充分发挥多部门监管合力，实现对跨境资金流动的全面、有效监管。二是实现境内外协同监管，随着人民币国际化的推进，资金跨境流动带来的压力要求我国监管部门在银行监管和金融危机防范方面与各国进行有效的沟通，并及时就防范和应对经济金融危机进行国际协调。

三、促进人民币跨境业务发展与资本项目可兑换改革的对策建议

（一）贸易（服务贸易）渠道：抓住重点行业、重点企业和重点项目

1. 完善跨境贸易项下的人民币结算试点

加大对重点企业、重点行业的推进力度，有针对性地加强对重点项目的跟踪和辅导，帮助企业实现自身经营发展战略与跨境贸易人民币结算策略的有机结合，有力推动试点业务的开展；完善出口货物退（免）税政策，加大财政税收政策的支持力度，不断扩大人民币出口退（免）税企业名单，增加出口项下的人民币结算业务量；加强人民银行、海关、税务等职能部门的沟通协作，通过简化手续等方式，不断便利企业的人民币结算。

2. 积极做好服务贸易人民币结算试点

运输、旅游、建筑和其他商业服务是我国的传统优势产业，与香港地区和东盟国家的贸易互补性较强，贸易量增长较快，可通过允许使用人民币支付运费等相关费用、适当提高携带人民币出入境的限额、鼓励企业以带资承包的方式承揽境外项目等措施，争取实现在服务贸易项下人民币结算的大突破。

（二）国际采购招标渠道：加大政府国际采购招标人民币结算力度

建议各级政府从使用人民币防范货币风险、维护国家金融安全和长远利益的角度出发，通过多层面的沟通协调，形成政策导向合力和预期，加大在国际采购招标中使用人民币结算的工作力度。尤其是对政府采购中依法采购进口产

品的，要将以人民币结算纳入工作的重点内容和内部管理环节，并在政策指引、采购商品目录、财税支持及风险管理等方面落实进口项目采用人民币结算的各项具体工作。

（三）经常性转移渠道：通过对外援助促进人民币国际化

目前，这些受援国与我国经贸联系比较紧密，对人民币的认同度相当高，建议我国在提供援助时应尽可能使用人民币资金，同时鼓励受援国使用援助资金购买我国商品，从而更有效地带动出口。即使受援国不直接使用我国援助的全部人民币资金，也可以通过香港等人民币离岸中心兑换成外汇使用，可以起到扩大人民币境外流通量、推动香港人民币业务发展的作用。

（四）直接投资渠道：支持开展人民币外商直接投资和人民币对外直接投资

1. 推动跨境直接投资人民币结算试点尽早形成制度化的管理办法

2010 年 10 月 29 日，新疆跨境贸易与投资人民币结算试点工作正式启动，新疆由此成为全国首个开展跨境直接投资人民币结算试点的省区。一是建议下一阶段在总结新疆试点经验的基础上，进一步扩大跨境直接投资人民币结算试点的范围。二是在外资审批领域要进行政策调整，允许特定国家（地区）的企业依照我国的政策指引使用人民币进行来华直接投资。商务部、发改委、工商总局等部门要修改现行规定，将人民币 FDI 列为利用外资的形式之一，明确这类企业可以享受外商投资企业待遇。

2. 推动使用人民币进行对外直接投资

要配合人民币结算试点，积极与有关国家就人民币投资开展双边或多边磋商，签署政府间投资协议；要考虑到开发海外资源、基础设施等是我国对外直接投资的热门领域，除使用人民币资金投资外，应允许国内银行向海外开发性投资项目提供人民币融资；要鼓励和扶持国内优秀企业跨国经营，培育有国际竞争力的对外直接投资主体，支持其扩大对外投资。通过不断扩大以人民币对外投资的规模，不断增强人民币对全球市场的影响。

（五）证券投资渠道：适时开展人民币 QFII 和 QDII 业务试点

坚持可控性、渐进性的原则，选择合理的时机，满足境外人民币积累到一定程度、境外资本流入压力较小、人民币跨境支付清算体系管理清晰有序等一定的先决条件，适时推出人民币 QFII/QDII 制度。在操作层面，建议可以参照现有 QFII/QDII 制度框架，重点放在以下几个方面：一是资格标准的问题。为鼓励境外 / 境内投资者开展人民币投资，人民币 QFII/QDII 要优先考虑境外 / 境内的专门投资机构，体现长期投资和价值投资理念。二是额度管理的问题。我国应当根据人民币境外流通规模、投资者的实际需求以及金融市场的开放程度，合理确定人民币 QFII/QDII 的总量，防止资金大进大出，影响国内金融市场的稳定。三是账户管理的问题，要划分资金账户和交易账户管理，明晰资金进出路径，便于监管部门审查资金来源和监控资金去向。

（六）其他投资渠道：支持人民币对外担保和境外人民币贷款业务

1. 支持人民币对外担保业务

目前公布的《跨境贸易人民币结算试点管理办法》允许试点地区内具备国际结算业务能力的商业银行（即境内结算银行）按照有关规定提供人民币贸易融资服务，其对象主要是人民币资金短缺的境外贸易企业。随着人民币贸易融资和各类海外贷款业务的开展，建议尽快出台人民币对外担保操作规程，允许符合条件的银行、企业提供人民币对外担保。

2. 推动境外人民币贷款业务

从操作层面看，境外人民币贷款可分为四种类型：海外工程的人民币融资（主要是人民币出口买方信贷）、我银行海外分支机构向当地进口商提供人民币贷款、银行间人民币跨境转贷、利用互换人民币资金支持贸易融资。目前，我国已初步具备开展境外人民币贷款的条件，银行、企业也有这方面的需求，当务之急是加快制定相关的配套政策、法规，为业务发展提供保障和便利。

（七）市场条件及配套设施：逐步开放境内人民币市场

1. 支持境外银行进入境内银行间市场，允许境外非金融机构购买境内银行的人民币理财产品

在推进跨境贸易人民币结算的同时，应向境外银行逐步开放境内银行间市场，为其提供必要的人民币资金头寸管理渠道。2010 年 8 月，为配合跨境贸易人民币结算试点，拓宽人民币回流渠道，中国人民银行发布了《关于境外人民币清算行等三类机构运用人民币投资银行间债券市场试点有关事宜的通知》，允许境外中央银行或货币当局、香港澳门地区人民币业务清算行、跨境贸易人民币结算境外参加银行按照有关规定，开展运用人民币投资银行间债券市场的试点。该试点的推出提供了必要的人民币资金头寸管理渠道，有利于跨境贸易人民币结算业务的深入开展。建议在落实好该试点政策的同时，不断扩大试点范围，适时允许境外非金融机构购买境内银行的人民币理财产品，丰富其投资品种，从而进一步增强境外企业持有和管理人民币资产的意愿。

2. 积极推进人民币对小币种外币的直接报价

2010 年 8 月 19 日、11 月 22 日，中国外汇交易中心在银行间外汇市场分别开办了人民币对马来西亚林吉特、人民币对俄罗斯卢布的交易，在推进人民币对小币种外币直接报价方面迈出了可喜的一步。为进一步便利跨境贸易人民币结算，建议从贸易结算量大的小币种外币入手，更多地推出人民币对东盟及新兴市场国家小币种的直接报价，增加报价透明度，降低套算成本和汇率风险。同时，在总结与俄罗斯实现双边货币挂牌交易经验的基础上，积极开展与周边经济的类似合作，加强人民币在区域内的影响力，降低美元、欧元等主要货币汇率波动带来的风险。

金融宏观调控与外汇管理市场化选择 *

外汇管理是金融宏观调控的重要组成部分，不仅影响到国民经济的内外均衡以及宏观经济金融的稳定，也是整个经济体系转向更有效率的市场主导型模式的关键环节之一。在当前经济发展和国家宏观调控更加强调转变经济发展方式的新形势下，外汇管理的理念和方式正在发生深刻变化，这将对我国经济产生较大影响。

一、随着金融宏观调控走向市场化，外汇管理应更多地运用市场化手段

金融宏观调控是中央银行的一项重要职责。中国金融宏观调控体系随着社会主义市场经济体制的建立和完善，以及金融体制改革的深化而不断变化，在宏观调控方式上逐步由直接走向间接，即计划经济体制下形成的以行政手段为主的直接宏观调控方式逐步转变为以经济手段和法律手段为主的间接调控方式。1993 年召开的党的十四届三中全会通过了《中共中央关于建立社会主义市场经济体制若干问题的决定》，明确提出经济体制改革目标是：建立社会主义市场经济体制，在国家宏观调控下充分发挥市场在资源配置中的基础性作用。2009 年底召开的中央经济工作会议进一步指出：必须坚持市场机制和宏观调控有机结合充分发挥市场在资源配置中的基础性作用。金融是现代经济的核心，

---

* 本文发表于《中国货币市场》2010 年第 7 期，原题为《金融宏观调控与外汇管理市场化选择》。

金融宏观调控就是要通过货币政策的实施来实现宏观经济的稳定发展。1998 年取消商业银行贷款限额控制是我国金融宏观调控向市场化迈进的关键一步。此后，无论是货币政策的制定还是政策工具的选择，中国人民银行最主要运用的都是市场化调控手段。

外汇管理是金融宏观调控的重要组成部分，不仅影响着国民经济的内外均衡以及宏观经济金融的稳定和安全，而且成为整个经济体系转向更有效率的市场主导型模式的关键环节之一。这是因为：

第一，外汇管理与其他金融宏观调控措施的最终目标具有一致性。外汇管理是通过国家制订的法律、法规和政策，对经济人的行为、外汇交易活动、外汇归属权和汇率制度进行管理。外汇管理的主要目标是促进国际收支平衡保持汇率稳定，促进本国经济发展和维护经济金融安全。在不同国家、不同时期、不同的经济发展阶段，外汇管理的具体方式和管制程度会有较大区别。但从最终目标看，外汇管理与其他金融宏观调控措施保持一致，都是以实现经济增长、充分就业、物价稳定和国际收支平衡为最终目标。在一国经济发展的起步阶段，外汇管理通过改善外汇短缺来维护国家经济稳定，通过维持本币高估和价格失衡状态下的经济运行来实现物价稳定、扩大就业和经济增长的目标；而当一国经济发展到一定程度，外汇管理通过防范异常跨境资本流出来避免国际投机资本对一国国际收支和金融市场的剧烈冲击，维护经济金融安全。

第二，外汇管理更多运用市场化手段，有助于进一步发挥市场在资源配置中的基础性作用。充分发挥市场作用是我国改革开放的一条基本经验。特别是在经济金融日益全球化的今天，资本市场的一体化及其相应的有序流动有助于促进资源优化配置和经济增长。外汇管理联结着宏微观经济运行、联系着跨境资本双向流动。外汇管理的市场化有助于减少市场运行不必要的成本、有利于加快培育和发展外汇市场。从 1981 年的汇率改革、到 1985 年贸易外汇和非贸易外汇的并轨、到 1994 年成立外汇市场、再到 1996 年实现经常项目可兑换一直到 2005 年汇率形成机制的改革过程，反映了改革开放以来国家对外汇资源配置的不断优化，也是我国建立和完善社会主义市场经济体制、充分发挥市场在资源配置中基础性作用的内在要求。

第三，金融宏观调控要为市场运行创造稳定的货币金融环境，客观上要求外汇管理向市场化方向发展。货币政策实施的有效性取决于市场机制的完善程度，同时，货币政策也应致力于营造促进经济持续稳定增长的货币环境。任何直接管理手段都会增加市场运行成本，抑制甚至破坏市场自身调节功能的政策调控是不可取的政策调控，要以有利于市场发挥自身调节功能为前提。外汇管理同样如此，因而要加快向富有活力的市场主导型外汇管理体制转变，以降低市场运行成本为导向，以便利经济主体业务经营为宗旨，努力为实体经济运行营造稳定的货币环境，更好地发挥外汇管理服务经济发展的功能。

二、当前转变经济发展方式的紧迫性，要求外汇管理尽快实现向市场化方向的转变

当前，我国正处于转变经济发展方式的关键阶段。近年来，中央特别强调转变经济发展方式，党的十七大明确提出了转变经济发展方式的战略任务，宏观调控也将促进经济发展方式转变和经济结构调整放在一个更加突出的位置。2010年中国人民银行工作会议提出，金融宏观调控的核心任务是：保持货币政策的连续性和稳定性，继续实施适度宽松的货币政策，着力提高政策的针对性和灵活性，支持经济发展方式转变和经济结构调整。

无论是适度宽松的货币政策还是积极的财政政策，其着眼点都是要保持宏观经济政策的连续性、稳定性，保持足够的政策力度、巩固经济回升向好势头，避免在国内外经济形势没有持续稳定转好之前使市场信心受挫和形势出现逆转。这实质上也是为我国调整经济结构、转变经济发展方式创造良好的外部环境，提供必要的支持和保障。而要真正突破经济发展瓶颈、在长期中实现平稳较快发展、保持现代化的连续性，必须依靠经济发展方式转变。也就是说，转变经济发展方式是我国面临的一个根本性问题。因此，有必要保持政策的连续性和稳定性，继续实施适度宽松的货币政策；同时，要根据新形势和新情

况，不断提高政策的针对性和灵活性，处理好保持经济平稳较快发展、调整经济结构和管理好通胀预期的关系，在加快经济结构调整、推动经济发展方式转变上取得实质性进展。

为使外汇管理更好地服务于经济发展方式转变和经济结构调整的总体战略目标，2009年8月国家外汇管理局提出了外汇管理的"五个转变"，即从重审批转变为重监测分析，从重事前监管转变为强调事后管理，从重行为管理转变为更加强调主体管理，从"有罪假设"转变到"无罪假设"，从"正面清单"转变到"负面清单"。

为尽快实现外汇管理的市场化、简约化、便利化和规范化，当前应做好以下几项重点工作：

一要增强市场观念。设身处地从市场角度思考问题，更多地发挥市场在外汇资源配置中的基础性作用，推进利率市场化改革，充分发挥利率杠杆的调节作用。进一步完善人民币汇率形成机制，更好地发挥汇率在调节国际收支中的作用。大力培育和发展外汇市场，使外汇市场在价格发现、资源配置和风险防范等方面发挥更大的作用。保留一些必要的行政手段，以弥补市场调节机制的不足防范由于跨境资本异常流动等导致的金融风险。

二要保持政策的前瞻性、连续性和针对性。帮助市场主体及时准确把握政策意图，引导市场主体形成稳定的预期，提高政策的实施效果。在新政策出台前，进一步加大调研力度广泛征求各方面的意见，提高政策的针对性。在新政策出台后要加强和改进宣传，从而使各外汇指定银行和企业吃透政策意图，增强实效。

三要强化服务意识。寓管理于服务之中，积极适应经济主体的需求，在风险可控的前提下尽可能为经济主体提供便利，进一步简化外汇业务手续减少繁琐的环节和一些不必要的审核材料，做到流程最短、程序最简、效率最高，便利经济主体业务操作。

四要适时转变外汇管理方式。推进主体监管逐步从按交易行为和业务性质监管转为以经济主体为单位进行集中管理。完善对外汇指定银行的监管和服务，充分发挥其外汇资金流动枢纽和外汇政策传导枢纽的核心作用。加强对非银行金融机构的监管和服务，防范跨境资本"大进大出"带来的风险。加强对跨国公司的监管和服务，适应新型贸易、资金运作方式和管理模式带来的挑战。

三、加快外汇管理的市场化改革，有力推进人民币跨境业务发展

自 2009 年 7 月正式启动的跨境贸易人民币结算试点，是当前金融领域改革开放的一项重要举措。跨境贸易人民币结算目前取得了阶段性成效。实践证明，跨境贸易人民币结算在帮助企业应对国际金融危机、促进贸易便利化等方面发挥了重要作用，也是充分发挥金融支持经济发展，促进对外贸易稳定增长的有力措施。从长远来看，推进人民币跨境业务发展有利于增强我国国际收支调节的主动权，有利于缓解高额外汇储备的压力，有利于增强货币政策的国际影响力。2010 年政府工作报告明确提出，"推进跨境贸易人民币结算试点，逐步发展境外人民币金融业务"。2010 年中国人民银行工作会议明确要求，"加快推动扩大跨境贸易人民币结算试点"。为此，要加快外汇管理的市场化改革，推进人民币跨境业务发展。

现阶段，为有力推进人民币跨境业务发展，可从以下方面促进外汇管理的市场化改革：一是逐步推动海外人民币贷款业务、人民币跨境直接投资、人民币境外担保等跨境人民币业务发展。逐步积累操作经验形成更便捷、规范的操作规程，拓展境外人民币的来源和使用渠道。二是适时将跨境贸易人民币结算范围扩展至服务贸易。采取先易后难的方式，先探索海外承包工程等项下的服务贸易采用人民币结算，再逐步扩展到整个服务贸易领域，进一步便利企业的经营活动。三是加快在上海发展人民币离岸业务。利用上海国际金融中心建设的有利时机，在人民币实现完全可兑换之前，要增加流出境外的人民币回流渠道，就必须发展离岸业务，使持有人民币的境外企业可以跨境融通资金、进行交易、获得收益，从而促进人民币跨境业务发展。

四、充分发挥市场化手段在跨境资本流动监管中的作用，提高金融宏观调控的有效性

我国不断融入全球经济，跨境资本流动的规模、频率和形式都处在不断变化和调整之中，金融宏观调控越来越受到跨境资本流动的影响。在我国目前国际收支年规模达到上万亿美元的情况下，金融市场价格方面的微小变化就可能引起大规模的跨境资本流动。研究表明，在一个开放的经济框架下，规模巨大的跨境套利交易会推动新兴市场国家货币的大幅升值，导致股市、楼市价格的快速上涨，加大经济和金融运行的潜在风险。目前在我国经常项目已经开放而资本项目仍部分管制的条件下，一旦市场出现明显的套利机会，很多资本项目交易容易借道经常项目实现跨境套利，正常的贸易和投资资金也会加快财务调整和资产的跨境摆布，寻求利益最大化。

随着市场的开放，部分沿海地区呈现出外汇收支总量大、结构复杂的特点，跨境资本"大进大出"态势更为明显。要想在不影响正常对外经贸和人员往来的前提下，运用行政手段对这类资本流动实行有效调节难度越来越大。为此，要及时充分地发挥市场化手段在跨境资本流动监管中的作用。一是尽可能减少直接强制性行政手段的运用，发挥市场在外汇资源配置中的基础性作用。通过对利率、汇率等价格杠杆进行调节引导外汇资金合理流动努力消除热钱套利空间。二是加强非现场检查，不断完善监测预警体系。加强各业务系统之间的整合，以建立健全跨境资本流动管理监测为主线，强化对系统信息的资源整合和优化处理，实现政策的有效衔接。根据外汇资金流出入均衡管理的要求设定非现场监测指标，通过对各类指标的核对、比较和分析，及时作出判断和发现苗头性问题。尤其是在国际收支形势出现较大变化的时候，更要充分发挥非现场监管的作用，实现监管关口的前移。三是对非法外汇交易保持打击的高压态势。重点关注异常跨境资金的流入和结汇，对境外资金违规套利严格管制。加强对中外资金融机构的监管促使其合规经营。继续发挥异常外汇资金流动监

管协调机制的作用，加强与公安等部门的合作，对地下钱庄、网络炒汇等外汇违法违规行为开展专项打击行动。四是尽快形成完善的跨境资本流出入应急预案，保障在资本流出入两个方向均有完善的管理手段。及时调整监管重点与力度，提高管理的针对性和有效性。五是尽量注意便利企业的正常贸易投资活动，减少监管监测措施对企业的负面影响。

外汇管理体制简约化市场化改革 *

近年来，随着我国外向型经济的发展及世界经济一体化进程的推进，外汇管理体制改革不断深入。1993 年 11 月，党的十四届三中全会明确要求，"改革外汇管理体制，建立以市场为基础的、有管理的浮动汇率制度和统一规范的外汇市场，逐步使人民币成为可兑换货币"。2003 年 10 月，党的十六届三中全会提出，"在有效防范风险前提下，有选择、分步骤放宽对跨境资本交易活动的限制，逐步实现资本项目可兑换"。2005 年 10 月，党的十六届五中全会通过的"十一五"规划明确提出，"完善有管理的浮动汇率制度，逐步实现人民币资本项目可兑换"。

中国人民银行和国家外汇管理局积极贯彻中央部署并明确提出，未来外汇体制改革，既要认真总结各国经验教训，又要结合我国经济发展需求及国际货币体系改革趋势；要继续坚持用改革和发展方法解决前进中的问题，加大体制机制创新力度，力争在外汇领域关键环节和重点领域取得新突破；要实现外汇管理从重审批到重监测，从重事先监管到重事后管理，从重行为监管到重主体管理，从有罪假设到无罪假设，从正面清单到负面清单的转变。上海地处我国改革开放前沿，涉外经济发展过程中新情况、新问题更是层出不穷，亟需在上海两个国际中心建设中进行探索改革，率先实现外汇管理向"规范化、市场化、简约化和便利化"转变。外汇管理由此面临新的形势和任务，主要问题

---

* 本文发表于《上海金融》2010 年第 5 期，原题为《推进外汇管理体制简约化市场化改革研究》。

有：现行外汇管理体制存在哪些问题，如何寻求外汇管理体制简约化市场化改革的应对思路和对策等。

一、我国外汇管理体制的主要问题

目前，我国已经形成了以行政管理为主要手段、按交易性质分类监管的外汇管理体制。自建立以来，我国外汇管理体制在较长一段时间内与当时的经济金融发展状况相适应，并促进了我国经济的平稳健康运行。但随着我国经济金融形势的发展，当前外汇管理体制存在的问题也日益突出。

1. 受外汇资金盈余状况影响而频繁调整外汇监管重点，客观上导致外汇管理法规内容的庞杂。我国外汇管理政策法规的出台和调整以适应性为特征，依据当时的国内经济、金融以及外汇形势的变化，动态地进行调节，更多地体现了事后纠偏的特征。这一方面对立法者提出了更高的要求，另一方面更容易造成法规内容的庞杂，大量的外汇管理政策分散于各业务法规条文中，导致外汇立法层次不够清晰、内容庞杂以及同位阶法律文件之间内容相冲突的情况。这种适应性的立法调整，也增加了经济主体的政策风险，不利于企业和银行对外汇管理政策的理解和具体操作。

2. 以交易性质监管为主的外汇管理模式，难以适应现实业务发展的需要。现阶段，根据人民币资本项目可兑换进程，我国实行以交易性质监管为主的外汇管理模式。外汇局内部按照交易性质划分不同的部门，包括经常项目管理部门和资本项目管理部门，并设置各部门的职能分工；企业、金融机构等各类主体按照交易性质开立不同的账户，并划归外汇局不同的部门监管。目前，这种外汇管理模式的监管有效性正在逐步下降。而且随着经济全球化的深入、金融创新的发展，跨境资金流动的形式、渠道和手段多样化，缺乏弹性的单一的监管模式难以有效地发挥监管作用。外汇管理部门沿袭多年的重交易性质和交易行为的管理模式已难以适应现实业务发展的需要。此外，过分关注交易行为、交易环节的监管模式也不利于建立全面、有效的风险预警监测体系。

3. 以行政手段为主的监管，不利于投资贸易便利化和监管效率的提高。对于经常项目外汇收支，主要是要求其具有真实合法的交易基础，对交易单证的真实性及其外汇收支的一致性进行审查。对于资本项目外汇收支，更侧重于采取事前行政审批和事后登记、备案等手段，确保交易和资金的真实性、合法性。以行政手段为主的监管模式不利于企业投资贸易便利化。此外，随着跨境资金流动规模的扩大，以及国际收支形势的复杂多变，未能及时调整的行政手段其有效性也在下降。

4. 业务系统相对分散，无法对经济主体实行全面监管。随着经济金融形势的变化，我国的外汇管理政策也随之不断调整，各项外汇管理业务对技术手段的依赖程度加大。外汇管理局内部各职能部门，依据其自身业务需要开发了多套系统。这些系统与各项外汇管理业务相对应，各自独立，分散于各部门中。其中，经常项目管理部门业务系统主要包括进口付汇核销系统、出口收汇核销系统、服务贸易非现场监测系统和个人结售汇系统；资本项目管理部门业务系统主要包括直接投资外汇业务信息系统、外债统计监测系统、高频债务监测预警系统和贸易信贷登记管理系统；综合部门有外汇账户管理信息系统；国际收支部门有国际收支间接申报系统、国际收支非现场核查系统等。系统相对分散导致无法实现数据的共享、信息的整合和有效利用，无法对经济主体实施全面、实时、动态监管。

二、推进当前外汇管理体制简约化市场化改革的总体思路

（一）基本取向

当前外汇管理体制改革的基本取向可以概括为：找准外汇管理职能定位，全面掌握跨境资金流动情况；强化监测分析，逐步淡化行政审批管理痕迹；提升监管效率，更好地履行外汇管理维护经济金融稳定和服务经济发展的职责，从而加快推进外汇管理向"便利化、简约化、市场化和规范化"方向发展。

1. 便利化。从银行、企业的实际需求出发，进一步简化外汇业务手续，减

少繁琐的环节和一些不必要的审核材料，做到流程最短、程序最简、效率最高。实现途径包括：适应主体监管的需要，改革外汇局内部机构设置，按监管对象设置部门，便于为企业提供一站式服务；在坚持真实性审核的前提下，优化外汇业务办理流程，彻底取消冗余和无效环节；提升外汇管理信息化水平，逐步实现网上登记、网上审批，避免企业在外汇局和银行之间往来奔波；加强部门间协调配合，实现跨部门数据交换和共享，避免企业重复报送材料，切实降低企业办事成本，让服务更高效便捷。

2. 简约化。解决好"管什么、怎么管、管到什么程度"等问题，针对不同业务进行适当的繁简度设计，并将部分业务交由外汇指定银行办理，使外汇局将有限的监管资源集中到对重点企业和关键业务的监管上去。实现途径包括：对现有管理项目进行全面清理，进一步减少和规范行政审批，管理重点由现行以直接管理企业为主逐步过渡到间接管理银行为主；对外汇账户管理进行改革，由多账户制调整为综合账户制，既方便企业办理业务，也有利于外汇局及时、准确地掌握企业的外汇收支状况，为实现由行为监管向主体监管转变创造条件。

3. 市场化。尽可能减少直接强制性行政手段的运用，发挥市场在外汇资源配置中的基础性作用，通过对利率、汇率等价格杠杆进行调节，引导外汇资金合理流动。实现途径包括：推进利率市场化改革，充分发挥利率杠杆的调节作用；进一步完善人民币汇率形成机制，更好地发挥汇率在调节国际收支中的作用；大力培育和发展外汇市场，使外汇市场在价格发现、资源配置和风险防范等方面发挥更大的作用；保留一些必要的行政手段，以弥补市场调节机制的不足，防范由于跨境资本异常流动等导致的金融风险。

4. 规范化。通过形成一套公开透明、上下认同、内容完整、行之有效的法规体系来实现管理目标。实现途径包括：对现有外汇管理法规框架和内容进行全面清理，将与同一业务有关的、松散的法规文件整合在一起，消除相互冲突与重复的现象；积极转变立法观念，由有罪推定向无罪假设转变，由正向清单向负向清单转变；填补立法空白，使外汇管理各个领域都有法可依；完善外汇管理立法机制，广泛了解和考虑被监管者的利益诉求和愿望，提高法规的针对性、适应性和可操作性。

（二）主要原则

1. 总体规划与局部突破相结合。外汇管理体制改革作为一项系统性工程，不仅要有立足全国的总体规划和部署，更要结合国内各区域外向型经济发展不平衡的现实，争取在条件符合的地区早日实现局部性突破。因此，一方面，要站在战略和全局的高度，从着眼于解决外汇管理体制改革中的一些全局性、方向性、普遍性的问题出发，制定外汇管理模式改革的总体性规划；另一方面，要正视全国各地区经济发展差距较大、改革的需求和基础性条件区别较大、"一刀切"式的改革难度较大等现状，采取"以点带面、分步推进"的方法，在条件成熟的区域先行试点，待试点成熟后向全国推广。

2. 有效监管与便利服务相结合。外汇管理体制改革既涉及微观层面的收支管理，更是开放经济下宏观金融管理的主要内容，也是关系大量企事业单位、社会团体和个人等社会公共服务的重要组成部分。为此，在改革外汇管理体制时，既要确保实现预定的管理目标，提升监管手段，改善监管效能，注重国际经济风险的防范；又要最大限度地推进贸易投资便利化，满足经济主体真实合理的用汇需求，避免因过度管理而带来社会成本的增加，不断增强市场配置外汇资源的基础性作用。

3. 分类监管与动态监管相结合。随着涉外经济活动主体数量的成倍增长和结构多元化，以及国际资本流动规模的扩大、速度的增加和流向的不确定变化，改变目前全面铺开、平均用力的做法，有重点、有差别地对涉外经济主体实行动态分类监管。动态筛选出重点监管对象，同时通过密切监控违规经营主体，以达到事半功倍的效果，使有限的监管资源发挥最大的监管效用。同时，完善外汇收支信息收集，实现主体信息的动态记录、信用等级的动态调整、检查内容的动态更新、警示信息的动态提示，提高监管的针对性和有效性。

4. 适应性与原则性相结合。外汇管理的对象是各类涉汇主体的外汇收支或者经营活动，具有明显的动态性特征。因此，外汇管理体制改革要在维护现行管理架构的稳定性和局部的突破超前之间寻求一个平衡点。即管理体制的改革和调整应当具有一定的弹性，能够通过调整和更新积极应对各种不同环境和各种变化，但无论怎样调整，其指导思想、根本原则、基本政策应保持一定的原则性，确保政策环境的稳定性和连续性，给予市场主体稳定的预期，便利市场主体了解和执行，保证其正常的生产和经营节奏。

（三）重点环节

外汇管理体制改革的重点环节可以概括为"主体监管、综合账户、一站服务、间接管理"。通过建立健全主体监管和综合账户的外汇管理模式，逐步减少行政手段的使用，推动外汇监管服务方式向一站服务和间接监管转变，从而实现外汇管理体制的简约化和市场化。

1. 主体监管。与现行的行为监管模式相比，主体监管模式更适应外汇管理市场化改革的需求。外汇管理局内部要进行相应的机构调整，根据特定监管对象（如中资企业、外资企业、金融机构、个人等）设置相应的监管部门，每个部门专门对某一类主体实施监管，并按照涉汇主体业务规模种类、影响外汇收支程度、信用状况等进行综合评估，筛选重点监管对象。完善对外汇指定银行的监管和服务，充分发挥其外汇资金流动枢纽和外汇政策传导机制的核心作用；加强对非银行金融机构的监管和服务，防范跨境资金"大进大出"带来的风险；加强对跨国公司的监管和服务，适应新型贸易、资金运作方式和管理模式。同时，建立统一的涉汇主体外汇信用数据库，将辖内地区、行业和市场主体分成不同风险类别和信誉级别，对监管对象实施分类监管。

2. 综合账户。要充分发挥主体监管的优势，外汇账户管理改革势在必行。目前，一家企业根据资金性质不同开立多个外汇账户，分散在多家银行，外汇管理部门内部也由不同的部门对其分别实施监管。这种做法既增加了企业的经营成本，也不利于外汇管理部门全面监测一家企业的资金运动情况。因此，今后要努力实现通过外汇账户信息管理系统对一家企业的全部外汇账户实施统一监管，以便全面了解和掌握其外汇资金的分布与变动情况，提高监管的有效性和针对性。在各方面条件成熟时，可以试行外汇账户主账户制度，企业不再区分资金性质开立多个外汇账户，而是选择一家外汇指定银行作为主账户开户行，基本的外汇资金收付都通过这一综合账户集中办理，由开户行承担主要的监督责任。

3. 一站服务。一站服务是实现外汇管理便利化的重要手段。现行外汇管理模式偏重于按照国际收支活动的统计口径实行分类监管，不同性质的业务由不同的部门受理，不仅增加了企业的办事成本，还造成一些处在交叉领域和模糊地带的问题不能得到及时、有效的解决，给企业带来一定的不便。采取主体监管模式后，外汇管理部门按监管对象设置机构，涉汇主体只要找到对应的监管处室就可以享受一站式服务，这将给企业和个人办理外汇业务带来极大便利。

4. 间接管理。推进外汇管理简约化改革的一项重要举措就是逐步减少行政审批，实现由直接管理向间接管理的转变。在风险可控的前提下，外汇管理部门要将一些法规明确、操作简单、风险较小的业务授权外汇指定银行办理，赋予由外汇指定银行进行真实性和合规性审查的责任和义务，实现以"外汇局←→外汇指定银行←→一般工商企业和个人"为主，以"外汇局←→一般工商企业和个人"为辅的管理模式。外汇管理部门要定期对银行执行外汇管理规定情况进行检查评估，从而达到间接监管企业和个人的目的。这种管理模式有助于外汇管理部门早日从一一对应、逐笔审批（核）中解脱出来，把更多的注意力转向非现场监管和监测分析。

三、外汇管理体制简约化市场化改革的主要措施

（一）以信息系统建设为抓手，加快外汇管理模式转变

现有的外汇管理系统数量多且分散，虽然能满足单个业务外汇管理的需要，但由于系统之间缺乏衔接和连通功能，难以有效实现对跨境资本流动的全流程监测和有效预警，从而影响到对外汇收支形势的判断。作为一项长期的基

础性工作，系统建设与整合要采取循序渐进的实现方式，由易到难、由重点到一般逐步展开。

1. 进一步完善现有系统功能，提高系统的覆盖面。增强直接投资外汇业务信息系统和贸易信贷登记管理系统的统计分析功能，扩大外汇账户管理信息系统的数据采集范围，加快全口径对外或有负债统计监测体系建设，完善对外债权的统计监测，将现有的外债统计监测系统升级为完整的对外债权债务统计监测系统，加强对证券资金跨境流动的统计监测等。

2. 调整系统设计思路，改变以业务为中心的开发模式。在系统开发和升级时，把业务操作和统计监测放到同等重要的位置，提供强大的统计分析和报表功能，充分满足不同用户的需求。打破"各自为政"的开发思路，尽量采用与已有系统统一的数据结构、信息代码和指标口径，从技术上为系统整合创造条件。现阶段，可利用数据抓取软件作为过渡，建立国际收支申报系统、结售汇统计系统与企业、个人等主体管理信息系统直接的连接，实现系统数据的交互使用。

3. 加快实现各业务系统的整合。通过进一步改进外汇账户管理模式，完善外汇账户系统功能，建立集统计、分析、监测、预警功能于一体的全口径、全主体的外汇管理信息体系。首先，实现全面、规范、准确、及时采集外汇收支数据，搭建对经常项目和资本项目外汇收支数据的全口径采集平台，建立按交易主体归类的外汇资金流动的全口径数据库。其次，逐步实现各管理系统与外汇账户系统的对接，按照主体监管的思路，本着"成熟一个，嫁接一个"的原则，将包括进出口核销系统、服务贸易监测系统、直接投资信息系统、外债统计监测系统、贸易信贷登记系统等整合为统一的管理实施平台——"外汇管理信息系统"。再次，在上述工作基础上整合监管资源，根据外汇资金流出入均衡管理的要求，进一步完善监测预警功能。

（二）逐步减少行政审批，促进外汇管理简约化

建议在全面梳理现有行政审批事项的基础上，开展对具体项目实施

情况的有效性评估，评估结果分为三种类型，区分情况适用不同的处理原则。

1. 应该管且管得住的，仍由外汇管理部门负责审批，但可以适当简化审批流程。例如，目前 QDII 业务需逐级上报至总管理部门审批，从提出申请到拿到批文通常需要一个多月的时间。国际资本市场波动较大，投资机会稍纵即逝，这种管理方式显然不能满足市场主体对效率的要求。建议改为总局—分局两级管理体制，总局负责总量控制，分局承担日常监管。

2. 有必要管但管理难度较大、效果不是很理想的，可以对管理政策进行调整和改进。例如，目前我国不允许境内个人对外直接投资，但个人境外购房、投资移民的事例并不少见。由于没有法规依据，这些资金都是以经常项目的名义或通过地下渠道流出的，既扰乱了正常的外汇管理秩序，也增加了投资者的风险。这些情况充分说明，境内个人对外直接投资的需求确实存在且有一定的合理性，单纯采取"堵"的办法，不仅难以达到预期的管理目标，还造成市场主体行为扭曲、统计数据严重失真等问题。从现实需要出发，比较理想的做法是变"堵"为"疏"，出台专门法规，允许有条件地开展境内个人境外直接投资，把"地下"资本外流引导到"地上"来。

3. 管制的必要性不大，且事后监管完全可以达到管理目的的，可以将事前审批制改为事后备案制，或授权外汇指定银行办理。例如，外商直接投资外汇管理已实现基本可兑换，大部分业务只要有上游部门的批文，外汇管理部门就会为其办理相关手续，所谓审批不过是走走过场，实质意义不大。2008 年5 月，直接投资外汇业务信息系统上线运行后，外汇管理部门与外汇指定银行之间实现数据的实时传输，可以对银行办理的每一笔业务进行监控，信息不对称的问题得到了有效解决。在技术手段已能满足监管要求的情况下，建议进一步改革外商直接投资外汇管理方式，将部分业务授权给符合条件的外汇指定银行直接办理，一方面为企业带来更多便利，另一方面也将外汇管理部门职工从繁琐的审批工作中解脱出来，有更多的时间和精力开展统计监测和调查研究。

（三）适应经济主体需求，推动外汇管理便利化

积极适应经济主体的需求，在日常管理中围绕便利化要求，开展对具体项目实施情况的评估，尽量简化手续，缩短流程，方便经济主体操作。

1. 在条件允许的情况下以电子数据取代纸质材料。企业到外汇局办理业务，通常要提供大量书面材料，其中很多都是上游部门批文的复印件。外汇管理局实现与商务、工商、海关等上游部门的数据联网后，完全可以直接从系统中提取相关信息，不再要求企业提供纸质的批准证书、营业执照等材料，从而降低企业的办事成本。

2. 在满足真实性的前提下以概括式规定取代列举式规定。目前，操作规程大多采取列举式规定，详细列明每一项业务需提供的审核材料，这样做的好处是便于"对号入座"，操作比较简便，但规定过细容易造成管理比较僵化，给企业带来不必要的麻烦。例如，企业办理外债还本付息业务必须提供现汇账户5个工作日对账单，这一规定的目的是为了实时了解账户变动情况，但证明材料仅限于对账单，不能用其他材料如账户余额证明来替代。外汇管理的核心内容是真实性审核，只要交易的真实性和合规性能够得到保证，可以简化相关审核流程和报送材料要求，尽量避免一一列举的方式。

3. 对相似或相关业务以合并管理取代分立管理。通过对两个或两个以上相似、相关业务的合并管理，提高监管效率，减少企业的成本。例如，出口核销和出口收结汇联网核查这两项业务在管理目标、管理对象等方面重合度较高，前者采取由货物流逐笔匹配资金流的方式，核实企业贸易出口的真实性，而后者通过采取由资金流总量匹配货物流的方式，核实企业贸易收汇的真实性。从便利企业、银行操作的角度，建议将出口核销和出口收结汇联网核查合二为一，现行出口核销制度退出，借助中国电子口岸业务平台，由银行对企业出口贸易收汇真实性进行核查。

（四）发挥外汇指定银行作用，助推外汇管理简约化市场化改革

随着我国对外开放程度的提高和外汇管理体制改革的加快，外汇指定银行在外汇管理政策传导中的重要性日益突出。一方面，外汇指定银行是外汇资金流动的枢纽，是外汇管理部门监管经济主体外汇收支行为的主要渠道；另一方面，随着外汇管理改革的推进，部分由外汇局直接管理的外汇业务逐步下放到外汇指定银行办理，外汇指定银行事实上承担着相当程度的监管职责。因此，要充分考虑加强银行经营便利化与合规化的协调，有效发挥外汇指定银行的作用。

1. 梳理外汇管理事项，给予外汇指定银行办理外汇业务更大的权限。对于银行经常项下自身结售汇，如服务贸易、利润等项目外汇收支和结售汇，可按照经常项目可兑换原则，允许银行参照其他境内机构的管理规定，自行进行操作。允许银行在结售汇综合头寸管理上实行正负区间管理，增强银行汇率风险管理能力，进一步活跃银行间外汇市场交易。

2. 以强化银行内控为重点，提高银行执行外汇管理政策的自觉性。一方面要强调银行内部控制制度能够覆盖所有机构网点和所有外汇业务，并应随外汇管理政策变化及时调整。另一方面，外汇管理局对银行采取"上纠一级"制度，要求银行高度重视外汇业务内控制度的制订、执行和完善工作，上级行必须切实承担起对下级行外汇业务合规监管的职责，把对银行内控制度的监督和现场检查结合起来，作为衡量银行执行外汇管理政策情况的重要标准。

3. 依据银行执行外汇管理规定情况实施分类监管。目前外汇管理局已对银行执行外汇管理规定情况进行了年度考核，可结合考核等级评定结果及日常监管情况，对不同类别的银行施以不同的管理措施。对执行外汇管理情况较好的银行，在业务授权、市场准入等方面予以便利；对执行外汇管理情况较差的银行，要加大现场检查力度，从严从重查处违规行为，以维护外汇管理法规的严肃性和权威性，达到奖优惩劣的效果。

直接投资外汇管理的改革与创新 [*]

2004 年 7 月 25 日，备受社会瞩目的《国务院关于投资体制改革的决定》（以下简称《决定》）正式对外发布。这是推进投资体制改革、完善社会主义市场经济体制的重要举措，对于调整投资结构、改善资源配置、转变经济增长方式将发挥积极作用，对于加强和改善宏观调控具有特别重要的意义。由于目前我国资本账户正处于"部分可兑换"的特定阶段，直接投资的开放步伐正在不断加快，成为体制改革、政策调整和管理创新最为活跃的领域之一，因此，此次投资体制改革的启动，更是意味着直接投资外汇管理新一轮改革和创新的开始。如何深入贯彻《决定》的精神，不断完善直接投资外汇管理，逐步推进资本账户的审慎开放，积极服务于涉外经济的发展，已成为当前一个重要而紧迫的课题。

一、直接投资外汇管理要体现时代性

改革开放之初，我国处于外汇短缺时代，"宽进严出"成为管理的基本思路，管理对象主要局限于资金，管理手段主要是数量控制和行政审批。20 世纪 90 年代以来，伴随着世界经济一体化和金融全球化的浪潮，我国经济的国际化和自由化程度日益加深，外汇管理的基本思路也随之转变，经常项目实现

---

[*] 本文发表于《上海金融》2004 年第 11 期。

了可兑换，资本项目实现了部分可兑换，并改变了原先"宽进严出"和"内紧外松"的管理模式，逐步减少对内资、外资的区别对待，加强了对虚拟经济的研究与监管。根据经济发展和金融安全的需要，及时完善法律法规，着力对跨境资本流动的性质、交易背景进行甄别，切实防范投机资本冲击。在有效防范和化解金融风险的基础上，积极稳妥、循序渐进地实施金融业的对外开放战略。

《决定》指出，"改进投资宏观调控方式，综合运用经济的、法律的和必要的行政手段，对全社会投资进行以间接调控方式为主的有效调控"。相比过去对投资项目的层层审批，政府部门今后将主要通过经济的、法律的和必要的行政措施，对全社会的投资进行间接调控，切实做到"微观上该放的一定要放开，宏观上该管的一定要管住"，保持国家对全社会投资的积极引导和有效调控。

落实到直接投资外汇管理上，必须将管理对象从单纯的资金管理扩展到包括资金、实物、无形资产乃至权益在内的整个资本管理，管理手段也需要从单纯的行政审批发展到包括数量限制、期限控制在内的一整套以市场化为主的管理手段。一方面，要从跨国并购入手，将传统的、以现金管理为核心的管理模式上升为对整个跨境资本流动的管理。目前，我国吸引外资和境外投资还是以新建企业方式（亦称"绿地投资"）为主，但涉及的跨国并购越来越多。国际上，跨国并购呈方兴未艾之势，西方发达国家的跨国并购占直接投资的 60% 以上。值得注意的是，有相当一部分跨国并购并不涉及外汇资金的跨境流动（如换股交易），如果我们不及时加以规范，就会形成管理上的盲区。必须尽快针对跨国并购制定完善、系统的法律规则，创造条件对其进行规范和引导。2002 年以来，外汇管理局与国家有关部门共同发布了一些法规和规定，分别针对外商直接投资和境外投资中的跨国并购行为作出了规定，但这项工作尚需进一步深入。另一方面，在逐步放宽直接投资项下汇兑限制的同时，可以尝试性地实施数量限制、税收差别和期限控制等市场化管理手段，并辅之以危机预警和防范措施，为行政审批手段向市场化管理手段的过渡积累经验、创造条件。

二、直接投资外汇管理要把握规律性

《决定》将《政府核准的投资项目目录（2004 年本）》（以下简称《目录》）作为附件一并发布，同样令社会各界关注。《决定》明确指出，要严格限定实行政府核准制的范围，并适时调整。《目录》中所列项目，是指企业不使用政府性资金投资建设的重大和限制类固定资产投资项目，分为农林水利、能源、交通运输、信息产业、原材料等 13 个类别。有专家指出，《目录》根据经济运行和社会发展情况，适时动态调整，既有利于发挥市场配置资源的基础性作用，也有利于强化和完善投资宏观调控手段，更有利于营造良好的经济运行环境。

外汇管理局的工作涉及宏观与微观方面，其管理体现较强的专业性，但又涉及诸多完全不同的行业，外汇管理局不可能针对具体行业逐一制定管理政策。规定越是详细，反而越容易挂一漏万。那么，如何实现汇兑政策与产业政策的良性互动呢？我们认为，外汇管理局作为涉外的金融管理部门，其当前的核心职能就是要对跨境交易导致的资本流动及汇兑加强管理。外汇管理局的职能决定了外汇管理工作要把握好规律性，即从形形色色的直接投资交易中抽象出交易性质，并归结纳入国际收支平衡表中的不同科目之中，再根据交易科目的性质制定不同的、行之有效的管理政策。只有这样，才能明确外汇管理的定位，力求做到"不越位、不缺位"；才能不再受制于具体的交易形式，以不变应万变，切实提高管理效率。但是，以跨境资本交易性质为管理主线并不意味着完全抛开产业政策或者行业管理，相反，外汇管理作为整个涉外经济管理链条中的重要一节，必须服务于国民经济尤其是涉外经济的发展大局，必须与其他宏观经济政策相互配合。

直接投资外汇管理的调整和创新，既要有效满足国际收支平衡和汇率稳定的需要，又要兼顾其他宏观经济目标的需要，这需要做好两个方面的工作。首先，要加强法制建设，进一步改革投资体制，按照《决定》中"加快投资领域的立法进程；加强投资监管，维护规范的投资和建设市场秩序"的要求，加快制定《投资法》，并出台与之配套的《外商直接投资外汇管理办法》和《境外直接投资外汇管理办法》，形成健全的投资外汇管理法规体系，将不同行业的跨境资本交易纳入统一的外汇管理轨道上来。其次，要加强与其他涉外管理部门的协调和配合，形成外汇管理"综合治理"的良好机制。

三、直接投资外汇管理要突出宏观性

《决定》指出，深化投资体制改革的目标是：改革政府对企业投资的管理制度，按照"谁投资、谁决策、谁收益、谁承担风险"的原则，落实企业投资自主权。因此，"对于企业不使用政府投资建设的项目，一律不再实行审批制，区别不同情况实行核准制和备案制"。这是我国投资体制改革的一个重大突破，极大地拓宽了企业自主投资的空间。这绝不意味着政府对企业投资"放任不管"，而要通过制定发展规划、产业政策，对社会投资加以引导。《决定》同时指出，培育规范的投资中介服务组织，加强行业自律，促进公平竞争；健全投资宏观调控体系，改进调控方式，完善调控手段。

外汇管理在本质上应是一种宏观管理，但在相当长时期里外汇局往往疲于应付大量的微观行政审批事务，对新问题、新情况的调查研究反而有些力不从心。实践证明，这种管理模式缺乏足够的主动性和预见性，成本相对较高，管理效果也不太理想。解决这个问题，就要结合市场化监管的方向，变直接管理为间接管理。落实到直接投资外汇管理上面，主要是三个方面的工作。首先，要结合《行政许可法》和《决定》的要求，积极简化投资外汇管理相关行政审

批及其程序；其次，要大力发挥银行、会计师事务所、律师事务所等中介性机构的专业力量。这方面的工作已经取得了一定的进展。如 2002 年以来，将原来由外汇管理局办理的程序性和操作性的资本金结汇业务通过试点推广，已逐步交给外汇指定银行直接办理，同时制定具体的操作规程来规范和监督银行操作。又如，2003 年正式开展的外商直接投资验资询证和流入登记制度，就充分利用了会计师事务所的专业力量。这样，外汇管理局就可以将精力花在市场监管和政策制定上来。最后，要加强宏观性、前瞻性研究，并积极采取先进的电子化监管手段，加快直接投资外汇管理信息系统的建立，力求实现系统网络化、决策科学化，有效地履行管理、监测、分析、预警的职责。

小微金融发展的上海实践 [*]

近年来，我们按照党中央、国务院关于普惠金融发展工作的总体部署，在国家金融管理部门和国家有关部委的指导和支持下，紧密结合小微企业全生命周期发展需求，积极推进小微企业金融服务工作，通过着力完善金融政策支撑体系、建立健全金融机构服务网络，不断创新金融服务产品、努力营造普惠金融发展环境，取得了显著成效。

在各方共同努力下，2017 年末，上海银行业银行类金融机构小微企业贷款余额 13270.79 亿元，较 2016 年末增加 1807.14 亿元，同比增幅为 15.76%；小微企业贷款户数 34.20 万户，较 2016 年末增加 9.17 万户，同比增幅 50.67%；小微企业申贷获得率 91.78%，高于去年同期 8.83 个百分点，圆满完成了"三个不低于"任务目标。目前发展情况如下：

一、加大政策支持力度，引导金融机构加强小微企业金融服务

1. 完善科技中小企业和小微企业信贷风险补偿和奖励机制。2012 年，为贯彻落实《国务院关于进一步支持小型微型企业健康发展的意见》中有关"建立小企业信贷奖励考核制度"的工作要求，本市分别出台了《上海市科技型中小企业信贷风险补偿暂行办法》（沪财企〔2012〕24 号）和《上海市小型微型

---

* 本文发表于《国际金融报》2018 年 7 月 2 日第 1 版。

企业信贷风险补偿办法》（沪财企〔2012〕52号）。同时，为了鼓励本市小微企业信贷工作突出的银行业金融机构，本市于2013年下发了《关于印发〈上海市2013—2015年小型微型企业信贷奖励考核办法〉的通知》（沪财企〔2013〕102号），对小微企业信贷工作突出的在沪银行业金融机构经综合评定后实施信贷奖励。2016年，市财政局、市金融办、上海银监局进一步加大政策力度，出台《上海市2016—2018年科技型中小企业和小型微型企业信贷风险补偿办法》和《上海市2016—2018年小型微型企业信贷奖励考核办法》，对商业银行达到一定比例的试点贷款净损失给予风险补偿，并对小微企业单户授信500万元及以下业绩突出的银行实施信贷奖励。自政策实施以来，本市已向36家次试点银行实施了近8600万元信贷风险补偿，并对86家次银行拨付了3.04亿元信贷奖励资金，引导银行业金融机构不断加大对科技型中小企业的信贷投放力度。

2. 设立本市大型政策性融资担保基金，提升小微企业信贷获得率。2016年6月，首期规模50亿元的上海市中小微企业政策性融资担保基金正式成立，积极为本市科技型、创新型、创业型和战略性新兴产业等领域的中小微企业提供融资担保、再担保等服务。截至2017年末，担保基金与38家银行签署合作协议，累计完成担保项目7133笔，担保贷款额109.79亿元。其中，信用类贷款担保业务约占91%，该基金为科技类企业担保的余额占本市该类担保余额的35%，为三农类企业担保的余额占本市该类担保余额的48%，有效缓和中小微企业融资困境，助力实体经济发展。

3. 优化定向降准政策，助力小微企业发展。2017年9月，中国人民银行对普惠金融领域贷款达到一定标准的金融机构实施定向降准政策，并显著调降贷款占比要求。目前，定向降准政策考核标准第一档为普惠金融贷款余额或增量占比达到1.5%；第二档为普惠金融贷款余额或增量占比达到10%，积极调动金融机构支持普惠金融发展的能动性。政策实施后，截至2018年1月，上海地区共有16家机构达标，释放资金463.42亿元，有效推动普惠金融进一步增长。

二、加强小微金融机构体系建设，增加小微企业金融服务有效供给

1. 推动银行机构设立普惠金融事业部。鼓励大型银行按照总行的规划加快建设普惠金融专营部门。2017 年，5 家国有大型银行上海市分行均已设置了分行层面的普惠金融事业部，主要承担小微、"三农"、扶贫等金融业务的业务发展机制、制度建设、产品和流程创新、风险管理、队伍建设等职责。此外，上海银行在总行设立了普惠金融事业部；上海金山惠民村镇银行于 2017 年 9 月成立了普惠金融部，配备人数占全行员工的 49%。

2. 建立小微企业专营机构服务网络。支持商业银行扎根基层，服务社区，构建从总行到分支行，从城市到乡镇的多层次小微企业金融服务专营机构体系。目前，上海共有小微专营分行 3 家，小微专营支行 398 家，以支农支小为市场定位的村镇银行 13 家，形成了以城商行、农商行、村镇银行为主导，其他类型银行为补充的小微金融专营服务机构体系，为小微企业提供更有针对性、更加便利的金融服务。

3. 吸引创业投资、股权投资机构集聚。为吸引天使投资、创投机构集聚，上海成立了首期规模 65.2 亿元的上海科创中心股权投资基金、总规模 50 亿元的创业投资引导资金和 15 亿元的天使投资引导资金，积极支持小微企业起步成长，缓解小微企业"最先一公里"的资金来源问题。截至 2017 年末，上海在基金业协会完成备案登记的私募基金管理人共 4538 家，管理私募基金 19236 只，私募基金管理人家数、管理私募基金数量均居全国首位。其中，私募证券投资基金管理人 2119 家，管理基金 11874 只；私募股权、创业投资基金管理人 2115 家，管理基金 5261 只。其他类型基金管理人 304 家，管理基金 2101 只。

4. 稳步推进小额贷款公司、融资担保公司等新型金融机构发展。截至 2017 年末，上海共有 128 家小额贷款公司获批开业，注册资本总额达 208 亿元，累计发放贷款 854 万笔，合计 212 万户，累计发放贷款金额 2802 亿元。

初步形成一批支持小微、创业、科技、文化企业的特色小额贷款公司，得到市场认可，如静安众创空间、张江科技小贷、徐汇滨江小贷等。共有 30 家融资性担保公司持有效经营许可证，注册资本总额 120 亿元，累计融资担保余额 1937 亿元。

三、聚焦金融服务创新，持续推出金融服务小微企业的新产品、新模式

1. 开展投贷联动融资服务模式创新。鼓励银行机构和股权投资机构围绕创新链打造金融服务链，以"信贷投放"与"股权投资"相结合的方式，开展投贷联动融资服务模式创新，加大对科技创新小微企业的综合融资支持。截至 2017 年末，上海银行业金融机构投贷联动项下贷款存量家数 315 户，同比增加 132 户，增长率 72.13%；贷款余额合计 60.9 亿元，同比增加 34.7 亿元，增长率 133.06%。

2. 建立履约贷款保证保险机制。发挥政府、银行、保险的合力，提高无抵押、无担保中小企业、双创企业的信贷可获得性，推出专门面向科技中小企业的"科技履约贷"、"科技微贷通"等金融产品创新，由政府、银行、保险共同对贷款损失进行风险分担。目前，已累计为 2959 家科创企业提供了此类信贷支持，贷款金额达 140.6 亿元。

3. 创新保险产品和服务。推动保险机构针对科创企业、中小企业特点，开展专利综合保险试点，为投保企业因投保专利发生侵权而产生的法律调查、诉讼和其他相关费用等提供保险保障。目前，通过专利综合保险已为 160 余家科创、小微企业的 1728 件专利提供约 4700 万元的风险保障。推动重点新材料首批次应用保险试点工作落地，召开政策宣贯对接会，积极促进试点保险机构与新材料生产企业、相关行业协会进行有效对接。

4. 推动支农金融产品创新。开发多样化"三农"信贷产品，稳妥、有序推进农村土地经营权抵押贷款试点、集体经营性建设用地使用权抵押贷款试点，不断丰富与优化"三农"金融产品与服务手段。同时，推动银行机

构提高支农金融服务效率，探索大都市的"三农"金融服务创新，对"三农"信贷实行优惠利率。如崇明沪农商村镇银行"三农"贷款利率比一般贷款低 10%—20%，自成立以来累计为农民专业合作社贷款户减少利息支出达 1000 余万元。

四、借力资本市场，推进小微企业开展直接融资

1. 支持企业首发上市融资和再融资。依托上海市推进企业上市工作联席会议制度，协调推进企业上市工作。加强对资本市场形势和政策的宣讲，积极培育上市后备资源，健全完善辅导评估流程和制度。一是直接上市融资。2017 年，上海共有 37 家企业实现 A 股首发上市，募集资金共计 173.48 亿元；共有 31 家（次）上市公司实施再融资，共计募集资金 1769 亿元。二是发行债券融资。支持实体企业通过债券市场融资发展，2017 年，上海地区共有 54 家公司发行公司债券 118 只，募集资金 2371 亿元。

2. 支持中小企业利用场外市场融资。针对尚未达到上市要求的中小企业，支持其在新三板和上海股权托管交易中心挂牌融资。一是支持在新三板挂牌融资。2017 年全年新增新三板挂牌公司 73 家，共有 218 家新三板公司实施了 234 次股票增发，累计融资金额 115 亿元。二是支持在上海股权托管交易中心挂牌融资。自 2015 年底成立科技创新板以来，本市已有 8 批 180 家科创企业成功挂牌，挂牌企业分布于先进制造、节能环保等 15 个新兴行业，股权融资总金额达 17 亿元，债权融资总金额达 9 亿元，逐步搭建由银行、券商、担保、保险与私募股权投资基金等多种金融服务要素组成的综合金融服务平台，为挂牌企业提供综合金融服务。

3. 推动证券期货机构加强小微企业金融服务。支持证券期货机构以挂牌推荐服务为切入点，为小微企业提供包括融资、做市、现金管理、持续督导等一揽子服务。同时，推动证券期货机构创新金融产品和服务，扶持各类涉农小微企业利用期货市场降低生产经营风险。

五、聚焦环境营造，夯实小微企业健康发展基础

1. 开展银税互动合作。推动银行与税务部门开展合作，建立申请授信企业纳税信息查询机制，着力解决小微企业和银行机构之间的信息不对称问题。截至 2017 年末，上海已有 45 家银行与税务部门进行了签约。2017 年，银税合作产品项下授信金额达 315 亿元，贷款余额达 166.65 亿元，较上年同期增长近 288%，共有 1096 笔贷款获得了利率下调优惠，为小微企业节约利息成本及抵押、担保等费用共计约 7239.65 万元。

2. 构建科技融资服务平台。市金融办、张江高新区管委会搭建 22 家科技融资服务平台，广泛覆盖全市 1 区 22 园，推进产融对接成效显著。截至 2017 年底，通过上述平台累计帮助 478 家企业获得创投支持资金 78.897 亿元，帮助 3630 家企业获得科技信贷金额 151.7 亿元；22 个园区科技融资服务平台累计支持境外上市企业 14 家，境内主板上市 25 家，中小板上市 37 家，创业板上市 35 家，“新三板”上市 26 家。

3. 推进中国人民银行征信系统建设，不断促进征信行业发展。一方面，中国人民银行征信中心运维的国家金融信用信息基础数据库已基本覆盖银证保等传统金融机构掌握的个人企业负债信息；另一方面，中国人民银行已批准成立百行征信有限公司，在银证保等传统金融机构以外的网络借贷领域开展个人征信活动，有益于补充国家金融信用信息基础数据库。凭借上述功能互补的征信体系，金融机构可获取更完善的小微企业信用信息，增强其对于小微企业真实运营情况的研判能力，进而有效提升该类企业的信贷获得率。

4. 搭建小微信贷产品查询平台。推动上海银行同业公会搭建“小微信贷产品查询平台”，为小微金融业务发展创造良好条件。截至 2017 年 11 月，平台共汇集了在沪 70 余家银行 370 余款小微信贷产品，累计点击量已超过 20 万人次，手机 App 下载量 3.2 万余次，注册用户达 3900 户，其中企业用户 1568 户，个人用户 2331 户。此外由上海银行同业公会搭建的全国首创的“上海银

行业动产质押信息平台"也为小微企业银行融资模式进行了积极的探索。

5. 降低企业税收负担。全面落实各项税收优惠政策。据统计，2017 年，本市支持科技发展、自主创新、投资创业、技术转让、鼓励高新技术等科创优惠政策减免增值税额 44.3 亿元；享受小微企业免征增值税优惠政策的纳税人 33.9 万户，免征增值税额 11.3 亿元；支持农村建设和其他支持"三农"金融服务的相关政策减免增值税额 4225 万元。

六、下一步工作打算

中国人民银行行长易纲在第十届陆家嘴论坛上的主旨演讲中指出，小微企业在经济发展过程中发挥着非常重要的作用，并从五个视角阐述了金融如何支持和服务小微企业。一是从金融结构方面，需要构建覆盖小微企业全生命周期的融资服务体系。二是要通过正规金融渠道提供更多的融资，成为小微企业融资的主力军。三是要坚持财务可持续，增强金融机构服务小微企业的内在动力。四是要用"几家抬"的思路来共同做好小微企业金融服务。五是以单户授信 500 万元人民币以下贷款作为政策聚焦点和发力点。

经国务院同意，中国人民银行、中国银保监会、中国证监会、国家发展改革委、财政部联合印发《关于进一步深化小微企业金融服务的意见》(以下简称"《意见》")。《意见》从货币政策、监管考核、内部管理、财税激励、优化环境等方面提出 23 条短期精准发力、长期标本兼治的具体措施，督促和引导金融机构加大对小微企业的金融支持力度，缓解小微企业融资难融资贵，切实降低企业成本，促进经济转型升级和新旧动能转换。

下一步，我们将根据《意见》提出的各项要求，按照党中央、国务院关于普惠金融服务的总体部署，坚持金融服务实体经济发展的宗旨，积极贯彻落实易纲行长讲话精神，充分发挥上海金融市场、资金、人才集聚的优势，不断优化金融营商环境，着力形成监管引导、政策支持、机构投入的多方协同合力，加大对小微企业、科创企业和"三农"等普惠领域的金融支持力度。着重开展以下几方面工作。

1. 积极发挥政策的引导和激励作用。落实《关于本市推进普惠金融发展实施方案》和《关于提升金融信贷服务水平优化营商环境的意见》，系统推进普惠金融服务工作，支持金融服务创新，提升金融信贷服务可获得性和便捷性。按照国家金融管理部门的政策要求，配合普惠金融领域定向降准、再贷款、再贴现等政策实施。注重发挥财政资金的激励和扶持作用，进一步引导金融机构和社会资本加大对科创企业、小微企业、"三农"领域的投入。用好本市新一轮科技型中小企业信贷风险补偿和信贷奖励等财政扶持政策，引导商业银行加大信贷投放。发挥本市创业投资和天使投资引导资金作用，推动更多社会资本投向发展早中期的创新创业企业。

2. 持续加大对普惠领域的金融服务供给。引导金融机构针对普惠领域的金融需求，创新金融产品，优化信贷结构，增加普惠金融供给，加大对重点领域的金融支持。推动银行业金融机构进一步下沉业务，加大普惠金融事业部、科技支行、小微专营机构、小微特色支行的设立力度，为小微企业、科创企业、"三农"等提供特色服务。加快发展专利综合保险、新材料首批资应用保险等保险业务，提高中小微企业抗风险能力。

3. 创新科技金融服务支持上海科创中心建设。推动监管部门建立差异化的考核机制，推动商业银行优化科技金融业务流程，加大对科技产业的信贷投放。加大对处于初创期和成长期的创新型企业的支持，鼓励金融机构探索与PE、VC或政府性基金的协同合作。推动投贷联动试点银行尽快成立投资功能子公司，推动符合条件的民营企业在沪筹设民营银行。稳步扩大上海股交中心科技创新板挂牌企业数量，推动科技创新板与上海科创母基金联动发展。

4. 支持实体企业利用多层次资本市场转型升级。加大对中小企业的服务和支持力度，帮助更多中小微企业对接资本市场，鼓励中小企业运用"双创债"等创新融资工具。发挥证券机构在投行、资管、风险管理方面的专业优势，不断推出适应实体企业多元化需求的创新业务。支持中小微企业充分利用新三板、上海股交中心等多层次资本市场挂牌融资。

5. 着力强化对普惠金融领域的增信服务和信息服务。加大动产融资统一登记平台和应收账款融资服务平台的推广应用，拓宽征信系统的接入范围。推进张江示范区企业信用公共服务平台建设，组织平台与各园区平台的对接，缓解金融机构与企业之间的信息不对称难题。进一步创新政策性融资担保基金业务，拓宽政策性担保范围。

第 四 编

金融调控与监管：
关键保障

关于加强中央对地方金融工作指导的思考 *

2017 年 7 月 14—15 日，全国金融工作会议召开。近期，《中共中央、国务院关于服务实体经济防控金融风险深化金融改革的若干意见》（以下简称《意见》）正式下发。全国金融工作会议和《意见》对压实地方监管责任、强化属地风险处置、加强地方金融监管问责提出了明确的要求。现结合上海市地方金融工作实际，就如何进一步加强中央对地方金融工作指导、改革完善地方金融监管体制汇报一些思考和初步建议。

一、中央地方金融监管体制的总体框架

《意见》提出，设立国务院金融稳定发展委员会（以下简称"金融委"），统筹金融改革发展与监管，统筹协调金融监管重大事项，指导地方金融改革发展与监管，对金融管理部门和地方政府进行监督问责。金融委办公室设在中国人民银行。根据《意见》对改革完善金融监管体制提出的明确要求，中央地方金融监管体制总体框架示意图如下（见下图），简单而言，总体架构可以概括为由"两类监管、两个层面"的构成的监管体系。

"两类监管"是指纵向上，金融监管体系可以分为中央金融管理部门和地方人民政府两类金融监管职责及风险处置责任，形成了"一行三会一局"的监

---

* 本文撰写于 2017 年 11 月。

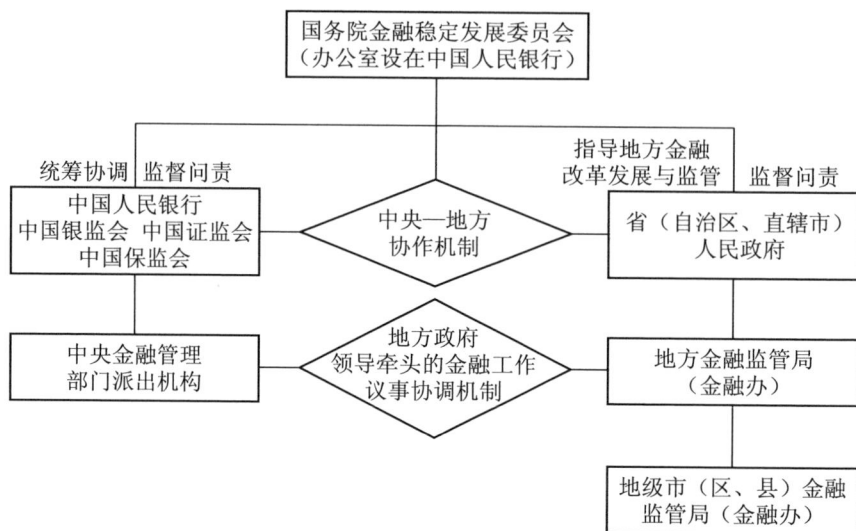

中央地方金融监管体制总体框架

管框架。第一类监管由中央金融管理部门负责（即"一行三会"），中国人民银行在国务院的领导下制定和执行货币政策，负责宏观审慎管理和系统性风险防范，拟定金融业重大法律法规草案，建立健全金融消费者保护基本制度，牵头负责跨市场跨业态跨区域金融风险识别、预警和处置等。中国银监会、中国证监会、中国保监会专司监管职责，加强微观审慎监管、行为监管与金融消费者保护，负责制定行业审慎监管和行为监管规则，负责市场准入、日常监管及个案风险监控处置等。第二类监管由中央统一规则，地方实施监管（即地方金融监管局），按照谁审批、谁监管、谁担责，赋予地方政府对"7 + 4"类机构和市场的监管职责（具体为小额贷款公司、融资性担保公司、区域性股权市场、典当行、融资租赁公司、商业保理公司、地方资产管理公司等，由中央金融监管部门制定规则，地方金融监管部门实施监管，强化地方金融监管部门对辖区内投资公司、开展信用互助的农民专业合作社、社会众筹机构、地方各类交易场所等的监管，提高准入门槛，严格限定经营范围）。同时，负责地方金融机构风险防范处置以及处置非法集资工作。两类监管的重点是处理好权与责的关系，明确中央和地方金融监管的边界和责任，确保权责一致，做到不留监管真空和空白。

"两个层面"是指横向上，为更好指导、统筹中央金融管理部门和地方政府各自监管职权和责任，加强监管协调，《意见》提出建立中央和地方两个层面的协作协调机制。第一层面即中央层面，由金融委办公室牵头建立中央与地方之间信息共享、风险处置、业务发展和消费者保护等协作机制。第二层面即地方层面，建立健全由省（自治区、直辖市）政府领导牵头的金融工作议事协调机制，具体工作由地方金融监管局（金融办）承担，履行属地金融监管职责。两个层面的重点是处理好统与分的关系，坚持金融管理主要是中央事权的前提下，赋予地方一定金融监管职责，发挥中央和地方两个积极性。同时，强化监管协调，有效履行监管责任。

综上所述，《意见》通过明确"两类监管"和"两个层面"的体制机制，由国务院金融委牵头管总，重塑监管责任和监管合力，形成了"中央为主、地方补充，规制统一、全面覆盖，权责明晰、运转协调"的金融监管和风险防范处置体制，切实防范系统性区域性金融风险，促进金融更好地为实体经济服务。

二、加强中央对地方金融工作指导的初步建议

地方金融监管体制已成为国家金融监管体制的重要组成部分，特别是近年来，地方金融监管和风险防范的责任越来越重大，做好地方金融工作越来越重要。现就如何进一步加强中央对地方金融工作的指导、改革完善地方金融监管体制、推动地方切实承担起金融监管职责提出以下三点初步建议。

（一）加强国务院金融委对地方政府金融工作的指导和监督

设立国务院金融委是我国改革完善金融监管体制的重大举措。《意见》提出，国务院金融委指导地方金融改革发展与监管。金融委办公室牵头建立中央与地方之间信息共享、风险处置、业务发展和消费者保护等协作机制。中国人

民银行承担金融委交办的监管协调、地方金融改革发展监管指导和监管问责等工作。

我们建议，加强国务院金融委对地方政府金融工作的指导和监督，关键是：充分发挥人民银行作为国务院金融委办公室的作用，明确和强化中央层面协作机制的主要职责和工作内容，金融委成员构成上应纳入地方金融监管部门，由中国人民银行作为总召集人，定期召开中央地方协作机制会议，加强对地方金融改革发展指导和监督。

中央层面协作机制的主要职责和工作内容建议如下：一是牵头研究制定国家关于地方金融监管的法律法规，通过立法明确地方监管的法律依据和授权，统一规范地方监管行为，使地方金融监管真正做到有法可依，执法必严，违法必究。二是牵头建立全国金融业综合统计体系，制定统一标准，整合中央金融管理部门和地方金融统计信息资源，加强信息沟通和共享。三是建立地方政府金融工作报告制度，定期听取地方政府关于本地区金融业发展规划、金融改革创新、金融监管和风险防范等工作情况的汇报，特别是地方政府有可能涉及系统性、区域性金融风险的重大金融改革创新事项要报告国务院金融委。四是牵头负责重大金融风险事件的协调处置，尤其是跨市场跨业态跨区域金融风险的处置，加强对各金融管理部门和各地方之间的指导和协调工作。五是牵头负责对地方贯彻落实国家金融政策法规情况的监督和问责，定期开展考核评估，建立问责机制，提出问责建议。六是加强对地方金融监管和消费者保护工作的业务指导，推动地方建立标准统一的金融监管细则，填补监管空白，防止出现各地方之间监管套利。研究指导地方金融监管工作特别是在新兴金融领域遇到的新情况、新问题。七是促进地方金融监管部门之间的经验交流和业务协作，加强对地方金融监管队伍的培训，加大干部交流力度。

此外，鉴于上海国际金融中心建设进入全面冲刺的关键时期，迫切需要进一步强化国家战略，发挥体制机制优势。在《"十三五"时期上海国际金融中心建设规划》中将提出，"争取成立由国务院领导牵头的上海国际金融中心建设协调机制"。我们建议，该协调机制落在国务院金融委，办公室可设在中国人民银行，就上海国际金融中心建设有关重大问题进行决策、部署和协调推进，以统筹各方力量，加快上海国际金融中心建设进程。

（二）加大中央金融管理部门派出机构与地方金融监管部门的协作力度

中央金融管理部门和地方金融监管部门是加强地方金融监管、维护地方金融稳定的核心力量。《意见》提出，中央金融管理部门派出机构负责对地方金融监管部门进行业务指导和监督，并有权纠正不符合相关监管规则的行为。建立健全由省（自治区、直辖市）政府领导牵头的金融工作议事协调机制，具体工作由地方金融监管局（金融办）承担（对于东部金融业较为发达的地区，地方金融监管专业力量较为充足，地方金融工作议事协调机制由当地金融监管局（金融办）牵头负责；对于西部金融业欠发达地区，地方金融监管专业力量薄弱，地方金融工作议事协调机制可由人民银行当地分支机构牵头负责）。

我们建议，加大中央金融管理部门派出机构与地方金融监管部门的协作力度，关键是：充分发挥和强化地方层面金融工作议事协调机制的作用和职责，明确中央金融管理部门派出机构、地方金融监管部门以及地方有关政府部门各自职能权责，加强协调配合，紧密协作，强化金融监管，形成条块结合、高效衔接、全面覆盖的金融监管与风险防范机制。

地方层面金融工作议事协调机制的主要职责和工作内容建议如下：一是充分发挥中央金融管理部门派出机构的专业优势，加强对地方金融监管部门"7＋4"类机构和市场实施监管的业务指导和监督，并纠正不符合相关监管规则的行为。二是地方金融监管部门支持和配合中央金融管理部门派出机构履行职责。牵头负责地方金融控股公司的风险监测和处置。牵头负责地方交叉性金融业务、影子银行等跨市场、跨业态、跨区域的金融风险识别、预警和处置。三是牵头协调处置辖区内金融风险案件，明确分工责任，形成防控合力，落实好省级政府作为防范处置非法集资第一责任人的责任。四是赋予地方金融监管部门执法权、延伸检查权和处罚权，加强执法保障。五是负责地方金融业综合统计工作，建立地方金融监管信息标准化报送系统和地方金融监管信息共享交换平台，充分利用大数据、云计算等技术，更好实施功能监管、行为监管。六是统筹协调地方金融改革创新发展的各项工作，推进落实具体事项。

此外，前一阶段，上海成立了金融综合监管联席会议，结合国际上金融监管改革趋势和国内金融业发展实际，依托上海自贸试验区制度创新优势，开展了综合监管试点。下一步，我们将在上海金融综合监管联席会议的基础上，组建上海金融稳定发展联席会议机制，联席会议领导小组组长由市政府分管金融工作副市长担任，副组长由上海市金融服务办和央行上海总部、"银、证、保"三局的主要负责同志担任，联席会议办公室设在上海市金融服务办。上海金融稳定发展联席会议将在国务院金融稳发委的领导下，在国家"一行三会"的指导下，支持和配合在沪金融管理部门强化监管，履行职责，同时，统筹推进上海金融服务实体经济、防控风险和深化改革各项工作任务。我们建议，充分发挥上海金融稳定发展联席会议的作用，进一步支持上海不断探索金融综合监管试点，建立上海重大金融问题监测、预警与快速响应机制。对跨市场跨业态跨区域金融产品、金融新业态新产品，以指定监管主体为主，相关监管部门信息共享，密切合作。争取在上海率先形成以机构监管转向行为监管，以分业监管转向功能监管，既有分工又有交错的金融监管格局。

（三）建立健全严格的金融问责制度

动员千遍不如问责一次。《意见》提出，在强化对金融机构监管问责的同时，建立健全对监管者的问责制度。国务院金融委对金融管理部门和地方政府进行监督问责，地方政府要建立对地方金融监管部门的问责机制，形成有风险没有及时发现就是失职、发现风险没有及时提示和处置就是渎职的严肃监管氛围。我们建议，建立健全严格的金融问责制度，关键是确定问责原则，明确问责程序。

关于问责原则。建议按照"依法依规、权责一致、分级问责"的原则，加强金融监管问责。依法依规：即按照中央统一规则，各级金融管理部门要自觉服从和维护国家法治统一、市场统一、政令统一。要依法依规开展问责，实事求是按程序核实后履行问责。权责一致：即谁审批、谁监管、谁担责。明确中央和地方各自的金融监管职能权限，按照权利与责任对等的原则进行问责。分级问责：即按照管理权限，分级负责，层层落实责任，将问责工作落实到每一级金融管理部门，形成一级抓一级、层层抓落实的工作局面。国务院金融委对中央金融管理部门和地方政府进行问责；中央金融管理部门对其派出机构进行问责；地方政府对其地方金融监管部门和地级市（区、县）政府进行问责。

关于问责程序。建议国务院金融委办公室会同有关部门制定问责办法，建立健全监督问责制度和程序。一是将金融风险按级别分类，明确哪一类程度的金融风险应当由国务院金融委对中央金融管理部门或地方政府进行问责；哪一类程度的金融风险由中央金融管理部门或地方政府内部问责。二是明确具体的"失职行为"、"渎职行为"的情形以及相应的问责和处罚方式，对性质恶劣后果严重的要实行终身问责。从具体操作看，由国务院金融委对中央金融管理部门或地方政府进行问责的事件，建议由国务院金融委办公室承担具体工作，会同有关部门开展调查评估，提出问责建议，有关部门按程序核实并依法依规问责。由地方政府内部问责的事件，建议由地方政府金融工作议事协调机制（或委托地方金融监管局）承担具体工作，严格按照国务院金融委办公室制定的问责办法，会同有关部门开展调查评估，提出问责建议，有关部门按程序核实并依法依规问责。

建立地方金融监管制度探索 [*]

根据 2017 年全国金融工作会议要求，2018 年，全国各地省级层面的地方金融监管局相继组建成立，主要职责、内设机构、人员编制也陆续调整到位。但随着地方金融监管工作不断深入，监管难度逐步聚焦，主要体现在"立法留白凸显、制度供给短缺、执法依据不足"，亟须地方立法赋能、赋权以及赋责。

目前，山东、河北、四川、天津等地已出台地方金融监督管理条例，北京、浙江、江苏等地也在全速推进地方立法工作。上海作为重要金融中心城市，承载着多项国家战略，各类金融要素不断集聚，不同金融业态日益丰富，因此同样存在地方立法的迫切需求。从 2016 年开始，上海聚焦中央与地方金融监管分责，积极探索地方金融立法相关工作。2019 年 3 月，上海市人大常委会将《地方金融监督管理条例》列入 2019 年度立法工作计划的预备审议项目，标志着上海地方金融立法工作驶入"快轨道"。

一、各地地方金融立法加快推进的共性需求

一是现行的地方金融监管法律规则较为零散、法律位阶不高。根据党中央有关文件精神，地方金融监管对象分为授权实施监管的七类组织和授权强化监管的四类组织。前者有小额贷款公司、融资担保公司、区域性股权市场、典当

---

* 本文发表于《金融时报》2019 年 7 月 6 日第 2 版，原题为《地方金融监管制度供给短缺　亟须地方立法高质量出台》。

行、融资租赁公司、商业保理公司、地方资产管理公司；后者是辖区内投资公司、开展信用互助的农民专业合作社、社会众筹机构、地方各类交易场所。

由于地方金融监管领域没有统一的上位金融立法，相关法律规则不仅较为分散，而且市场准入、监管要求等差别较大。如七类授权实施监管的行业中，仅融资担保有国务院行政法规，具备《行政许可法》中规定的许可证制；其他行业或国务院规范性文件、或部门规章、或部门规范性文件，并不具备"持牌"经营的法定条件。再如授权强化监管的行业中，农民专业合作社虽有专门立法，但其开展信用互助业务则需要中国银保监会批准；地方各类交易场所的监管规则授权各地根据国务院决定自行出台市政府规章；投资公司及社会众筹机构因法律概念、业务范畴尚未形成统一共识，并没有明确监管规则。

二是现有的地方金融业监管手段有限、行政处罚过低、行业退出机制不明。截至 2019 年 3 月底，上海市授权实施监管的七类组织约 2900 家。如融资租赁公司约 2000 家，有税款申报的公司约占全行业半数；商业保理公司超 500 家，有税款申报的公司不到全行业的三分之一。受外部环境及政策收紧等多方面影响，地方金融行业中的活跃企业呈下降趋势，"僵尸及失联企业"日渐增多。授权强化监管的四类组织，仅投资公司行业，按照工商注册登记信息不完全统计，名称含有"投资"、"资产"、"基金"等字段的约 9.4 万家。

由于地方金融监管领域的法律位阶过低，无法作出设定较大数额罚款、查封场所、扣押财物以及责令停业、吊销许可证等具有强威慑力的行政强制措施或行政处罚，因此现场检查与非现场监管、行政处置等监管手段极为有限，监管执法与刑事司法的衔接更多地依赖于工作齿轮的相互磨合。

二、上海地方金融立法具有的个性特征

一是上海有两部涉及金融相关内容的地方性法规，亟须地方立法有效衔接同位阶的法律制度。2009 年上海出台了《上海市推进国际金融中心建设条例》，2014 年又出台了《中国（上海）自由贸易试验区条例》。两部立法中都涉及金

融相关章节。两部立法各有侧重且出台时间较早，当前有关修法工作正在积极推进。上海地方金融立法作为"一般法"，两部专门地方性法规作为"特别法"，相互之间存在包容、促进以及补位的关系。

上海地方金融立法将更侧重于"强监管、防风险、促发展"的立法目标，探索"以监管促行业规范、以监管防金融风险、以监管优营商环境"的地方金融管理方式，保障国家赋予上海的金融改革创新任务，营造更加优良的金融法治环境，全面提升城市能级和核心竞争力。

二是区域重大金融风险防控及化解工作，亟须地方立法深化金融稳定发展协调机制。近年来，各行业"泛金融化"特征凸显，风险点多面广，呈现突发性、隐蔽性、分散性等特点，跨市场、跨业态、跨区域的风险层出不穷。党中央和国务院要求"形成有利于防范和化解金融风险、保护金融消费者合法权益、维护金融市场秩序的法律法规体系"。

在推进互联网金融风险专项整治、交易场所清理整顿、防范化解非法集资风险过程中，上海市已逐步形成央地联动、条块结合、行刑衔接、全面覆盖的风险防控化解机制，尤其是法治化市场化防范处置区域重大金融风险个案的实证经验得到了各方的高度肯定，因此有必要充分发挥立法"试验田"作用，将工作实践中的有益经验转化为立法成果，着力提高上海地方金融监管治理能力。

三是加快推进上海国际金融中心建设，亟须地方立法保驾护航。2019年初，中国人民银行、国家发改委等八部委联合发布的《上海国际金融中心建设行动计划（2018—2020年）》要求，"积极探索地方立法实践，完善地方金融监管法律制度"。当前，上海国际金融中心基本建成并已进入冲刺阶段，正是加大金融改革创新力度，推动各项工作先行先试的良好机遇。我们在全面提升上海国际金融中心软实力的过程中，需要地方立法诠释和注解"自贸试验区新片区金融改革创新、金融服务长三角高质量一体化发展合作机制、加快构建更高层次的开放性经济体制"等最新内容，以高水平的立法深化改革创新，激发创造活力，保障高质量发展和高品质的生活。

三、上海地方金融立法的三大着力点

1971 年施蒂格勒提出的公共利益理论，认为金融体系存在自然垄断、外部效应和信息不对称等导致市场失灵的因素。现代金融监管理论进一步提出，金融监管不仅包括纠正不完全竞争、纠正不完全信息，解决负外部性问题和提供公共产品，更主要的是防控金融风险，保护投资者利益，保障和推动经济金融健康发展。从域外法治经验看，良法方能善治，法律制度是金融监管的基石，也是金融监管的准绳。

一是要准确把握立法空间。当前，各方对地方金融立法存在不同的认识。地方金融立法的紧迫性已毋庸置疑，其特殊性在于始终有柄"中央与地方金融立法事权必须准确划分"的达摩克利斯之剑，焦点并不在于是否需要地方金融立法，而在于如何准确把握中央和地方在金融立法分界上"实线与虚线"空间，在不碰"高压线"的前提下进行一定程度的立法探索和尝试。因此，破解难题的重点是把握立法实施性、探索性和促进性功能，定位为事中事后监管为主，兼顾行为规范与保障促进。

二是要严格遵守立法技术规范。自觉维护国家法制统一和权威，不出现与国家法律、行政法规相抵触的规定，应是地方立法题中应有之义。在突出直辖市地域特色的同时，立法必须要处理好不抵触与可操作的关系。首先，依法立法是关键、是核心。虽然地方金融监管领域并没有直接的上位法，但是核心条款一定要有依据，不能与法律法规相冲突。其次，立法要解决实际问题。地方金融立法高质量出台绝非易事，对立法部门有很高的要求，非常考验立法水平，所以更要善于抓住"强监管、防风险、促发展"立法目标中体现的现实矛盾焦点，不断探寻立法的"华山路径"。最后，立法要精细化。对各种可能性要提前预判，对能够规定清楚的，尽可能详尽规定；对不能够规定清楚的，尽可能留有兜底空间。其中最重要的是对地方金融监管部门履职尽责的程序设定，真正做到有权力有责任、有权利有救济。

　　三是要有"软法"规范的宣示性内容。"强监管、防风险"是地方金融立法的目标，但一部好的法律在于营造优良的法治环境，最终目的是为了服务实体经济，促进高质量的经济发展。地方金融立法不能仅仅是监管法或"硬法"，还需要对行业促进或"软法"有适当的考虑，通过促进性章节、宣示性条款的设计，推动上海贯彻落实习近平总书记在首届中国国际进口博览会开幕式上宣布交付给上海三项新的重大任务（一是增设上海自贸试验区新片区；二是在上海证券交易所设立科创板并试点注册制；三是支持长江三角洲区域一体化发展并上升为国家战略），推动金融改革开放创新，促进金融行业发展，在衔接国家金融发展改革最新政策的同时，做到宽严适度，营造安全稳定、具有国际竞争力的金融发展环境，加快推进上海国际金融中心建设。

　　工欲善其事，必先利其器，地方金融立法就是利器。上海地方金融监管局将积极推动地方金融立法相关工作，打好防范化解重大金融风险攻坚战，保障2020年上海基本建成国际金融中心的目标顺利实现。

上海网络小贷试点的监管实践 *

2008 年 5 月，中国银监会和中国人民银行联合发布了《关于小额贷款公司试点的指导意见》（银监发〔2008〕23 号）。文件的出台正式拉开了全国小额贷款公司试点的序幕，首开地方金融机构"地方审批、地方监管"之先河，至今仍是指导小贷试点工作的最高层级文件。追本溯源，其制度设计是为了有效配置金融资源，引导资金流向农村和欠发达地区。经过近十年的蓬勃发展，目前全国已有近万家小额贷款公司。作为草根金融组织的小贷公司，发挥了其金融毛细血管的作用，在支持小微企业和"三农"的"短、小、频、急"的资金需求、助力地方经济发展等方面发挥了积极作用。

一、网络小贷试点初心：服务实体经济

上海是全国较早开展小额贷款公司试点的地区，目前已有 128 家小额贷款公司，注册资本达 207 亿元，为本市"三农"和小微企业发展提供了较好的金融支持。在这些公司试点过程中，逐渐形成了一批综合运用互联网作为获客渠道，依托即时场景、网络消费和交易数据分析，在网上完成申请到放款到最终还款全流程的小贷公司。这类从事网络小额贷款业务的小贷公司自身业务快速发展，改善了小贷行业的业务结构。

* 本文发表于《财经》2017 年第 29 期，原题为《如何监管网络小贷，上海实践》。

在目前上海 128 家已设立的小额贷款公司中，有 14 家开展了网络小贷业务，其中实际运营的有 13 家，注册资本总额达到 42.50 亿元。截至 2017 年第三季度末，贷款余额 32.64 亿元，贷款笔数 53.95 万笔，贷款用户 38.80 万户，融资余额 7.64 亿元，平均贷款利率 11.57%。

这些从事网络小贷业务的小贷公司与传统小贷公司相比，呈现出明显的特点：一是网络小贷的业务规模发展速度快。网络小贷业务发展一旦业务模式清晰，则具备一定的爆发力。二是"小额、分散、短期"的小贷业务特性得到充分发挥。三是与传统小贷比，网络小贷呈现较好的风险控制水平，逾期率低于传统小贷模式。但与此同时，也一定程度上存在法人治理结构虚化、业务透明度不够、信息披露不足等问题。

需要澄清的一点是，从严格意义上讲，上海并没有批设过网络小贷公司或者是互联网小贷公司，而是允许符合条件的小贷公司从事网络小额贷款业务试点。目前，上海有 14 家从事网络小贷业务试点的小贷公司。它们并不是一类新的小额贷款公司，而仅仅是获得了网络小额贷款业务的试点资格，是小贷公司嫁接了互联网技术手段的一种创新。

上海在开展网络小贷业务试点上是非常慎重的。本市在 2016 年底出台了《上海市小额贷款公司互联网小额贷款业务专项监管指引（试行）》（下称《监管指引》）。"试行"两个字，体现出我们对这一试点的审慎态度。

《监管指引》的出台有两方面的考虑：一是现实的需要，不少互联网企业提出在本市开展网络小贷业务的申请，当时国家金融管理部门对网络小贷业务尚未出台统一的专项监管指引，只能靠地方自己摸索。二是网络小贷业务具有自身的鲜明特点：比如业务范围遍及全国、纯线上运营、经营模式特殊、依靠大数据实行自动审批、放贷笔数数量巨大等。同时风险点也很特殊，如客户身份识别风险、数据安全风险等较为突出。

网络小贷业务突破了地区限制，风险点不少，一旦产生问题，处置难度较大，所以必须要严格准入，同时还要加强监管。正是在这样的背景下，上海市才出台了《监管指引》。

二、网络小贷监管从严把控、审慎试点

只有管得住，才能放得开。上海始终把"管得住"放在第一位，网上业务的无边界性、平台之间风险的交叉传染性、庞大客户信息的安全性、融资杠杆的适当性等，都是网络小贷业务监管面临的难题。在制定《监管指引》时，上海从六个方面提出了较高的监管要求，并得到了国家金融管理部门的高度肯定。具体有"六关"：

第一，主发起人关。小贷公司从事网络小贷业务，其主要发起人必须要有很强的资信和实力，我们认为必须是国内排名靠前的互联网企业，或者是有互联网平台支持的全国性大中企业集团。此外，对发起人背景和资信情况也有明确要求。上海还严格审核盈利模式，比较欢迎围绕主发起人产业链或供应链的业务模式。这两年上海新批的小贷公司，都要求主发起人是上海企业，要符合金融企业属地监管要求，同时不支持一家集团在多地发起设立或开展网络小贷业务。

第二，法人治理关。针对前期法人治理虚化的问题，上海提出试点网络小贷业务的小贷公司总经理以及有关产品、风控、运营部门等关键管理岗位的负责人，不得同时在小额贷款公司主要发起人企业（集团）兼职，必须专职、专责、到位，并在本市办公。上述人员发生变更需及时报备，确保一旦产生问题责任能够追究到人。

第三，资金关。在贷款金额方面，上海依据国家互联网金融风险专项整治工作的要求，率先在全国提出，对于网络小贷业务的贷款笔均金额作出限制，即借款人为自然人的上限原则不超过人民币 20 万元；借款人为法人或其他组织的上限原则不超过人民币 100 万元，以防止 P2P 公司借小贷公司名义开展业务，进行监管套利。在融资方面，严格控制杠杆倍数。在放贷账户方面，公司的放贷资金（含自有资金及外部融资资金）须实施专户管理。在贷款资金用途方面，禁止发放"校园贷"和"首付贷"，禁止发放贷款用于股票、期货等的

投机经营。

第四，风控关。上海对风险控制体系提出了明确要求。公司应建立从客户身份识别到贷款资金流向跟踪的全流程风控体系，包括基于大数据的风控模型、风险识别的机制、风险监测的手段、风险处置的措施等。

第五，系统关。上海提出了对业务信息系统和业务资料保存的具体要求。业务信息系统须具有完善的防火墙、入侵检测、数据加密以及灾难恢复等网络安全实施和管理制度，保障系统的安全稳健运行和各类信息的安全。公司应记录并保存包括业务申请、贷款合同和放款资料等数据和资料的电子文档，并定期开展安全评估。

第六，合规关。在信息披露方面，公司应有独立的网站，显示公司的基本信息，还应对本公司提供的相关产品进行详细描述。在负面清单方面，明确提出一些禁止性规定：如禁止通过互联网小额贷款平台进行非法集资和吸收公众存款；禁止通过互联网小额贷款平台为本公司融入资金；禁止未经批准同意开展信贷资产转让及相关业务等。

通过上述六道关口的把控，上海的网络小贷业务具有较好的合规性。一是在资金运用方面，网络小贷业务平均单笔金额不到1万元，远低于传统小贷，严格符合贷款"小额、分散"的要求。二是在利率方面，网络小贷业务平均利率为11.57%，也严格符合国家最高限额24%的要求，在全国也算比较低的。三是在融资方面，截至2017年9月末，上海试点网络小贷业务的小贷公司融资余额总计为7.64亿元，融资率为18.5%，严格符合50%银行融资比例的上限要求，而且全部为银行融资，没有进行资产证券化出表。

三、风险管控、坚决清理违规业务

2016年4月开始，国家金融管理部门启动了对互联网金融的专项清理整顿。我们当时判断，会有不少违规的P2P网络借贷平台等互联网金融公司借机洗白，借成立网络小额贷款公司的名义从事网络借贷业务，所以在2016年出台的《监管指引》中设定较高的门槛，也有把这些想钻空子的企业挡在门外的考虑，实际上也确实发挥了作用，上海至今没有一家以P2P公司为主发起设立的小贷公司。

从全国的情况看，有所不同。由于各地监管尺度不一，对股东资质审核标准差别较大，同一公司在多地设立网络小贷公司情况较多，部分网络小贷公司通过资产证券化方式实现资产出表的问题较为突出。甚至部分网络小贷公司业务异化，从事"现金贷"等业务。

近期，多家媒体报道了"现金贷"违规乱象，引起社会高度关注。"现金贷"以无场景依托、无指定用途、无客户群体限定、无抵押等为特征，近年来借助网络平台疯狂发展。"现金贷"模式较多，如助贷模式、类资产证券化模式、直接放贷模式等，本质上是以高利息覆盖高风险。总体上看，"现金贷"业务存在以下危害：一是畸高利率。"现金贷"贷款利率畸高，还收取砍头息、高额逾期滞纳金等，年化利率最高可超过500%，远超24%的红线，具有很强掠夺性。二是利费不清。用各种名目收取手续费、信息认证费、快速信审费、账户管理费、风控服务费等费用，规避利率红线。三是过度借贷、重复授信。"现金贷"门槛很低导致过度借贷，畸高的利息导致债务快速累积，贷款人被迫从其他平台借新贷还旧贷，陷入以贷养贷的债务陷阱。四是不当催收。"现金贷"机构采用暴力、恐吓、侮辱等方式催收贷款。如强制获取贷款人通讯录等个人信息，一人欠款亲戚朋友饱受骚扰。五是侵犯个人隐私。以"大数据"为名窃取、滥用客户隐私信息，并明码标价在"现金贷"平台、中介之间倒卖客户信息。上述违规违法行为，风险和危害极大。近期一些"现金贷"代表性机构高调扎堆赴境外上市，进行监管套利，更是引起了国家金融管理部门和社会高度关注。

P2P网络借贷风险专项整治工作领导小组办公室2017年初就发布通知，将"现金贷"纳入了互联网金融风险专项整治的工作框架。至11月21日，互联网金融风险专项整治工作领导小组办公室发布《关于立即暂停批设网络小额贷款公司的通知》，自即日起各级小额贷款公司监管部门一律不得新批设网络

（互联网）小额贷款公司，禁止新增批小额贷款公司跨省（自治区、直辖市）开展小额贷款业务。11 月 23 日，国家金融管理部门专门召开会议，对下一步规范"现金贷"业务和网络小额贷款公司专项整治工作进行了部署。12 月 1 日，《关于规范整顿"现金贷"业务的通知》正式出台。

此次清理整顿，一方面按照全国金融工作会议"所有金融业务都要纳入监管"的精神，强调了"设立金融机构、从事金融活动，必须依法接受准入管理"的原则，有利于加强互联网金融监管，健全金融监管体系；另一方面明确了"现金贷"业务的开展原则，对其本质特征、利率红线、融资来源和杠杆率、贷款对象、贷后催收、客户信息保护等提出了明确要求，有利于促进金融业务活动回归本源，服务实体经济。上海将严格按照国家金融监管部门确定的原则和要求，制定本市的整顿计划，全力做好"现金贷"和网络小贷专项整治工作，坚决守住风险底线。

四、分类处理，建立长效机制

从更广的角度看，当前的"现金贷"清理规范工作可以作为一个构建地方金融监管体制和长效机制的良好试点样本。

网络小贷和"现金贷"这两个不同的范畴存在一定的交叉和关联。从目前情况看，部分没有放贷业务资质的"现金贷"平台，借壳网络小额贷款公司，利用其具有合法放贷资质、无业务地域限制、融资方式较为灵活等优势，违规从事"现金贷"等业务。对此类情况，按照全国金融工作会议"所有金融业务都要纳入监管"的精神，必须坚决予以严厉打击。此外，一些网络小贷公司或者自身违规开展"现金贷"业务，或者为"现金贷"平台提供资金支持，也要予以集中整治。目前上海正在根据要求组织排查，从日常检查情况看，上海绝大部分网络小贷业务是围绕场景和供应链来开展业务的，如发现违规者，将严格按照中央要求进行清理整顿。

另外，清理整顿也绝不能搞"一刀切"。在操作过程中要做到三个区分：

一是要区分"现金贷"和消费信贷。"现金贷"的特征是无场景依托、无指定用途、无客户群体限定、无抵押等，从贷款对象、利率水平、风控力、催收手段等来看，与消费贷款有本质区别。二是区分"现金贷"业务的各类参与主体。目前，P2P网络借贷平台、互联网金融企业、网络小贷公司、部分持牌金融机构等均有涉及"现金贷"业务的情况。网络小贷公司只是参与"现金贷"业务的机构之一。三是要区分正常网络小贷业务和违规"现金贷"业务。重点是打击违法违规从事"现金贷"业务的网络小贷公司，对于依法合规从事正常网络小贷业务的小贷公司，特别是发起人背景和实力强大、信誉良好、有开展网络小贷业务真实需求，而且其业务产品确实服务于实体经济、服务于产业链、或具有真实消费场景的小贷公司，依然要支持其试点和正常发展。

在此次中央对网络小贷进行整改之前，上海正在分批对已经开展网络小贷业务的公司对照《监管指引》的要求进行整改。接下来，上海将严格按照国家金融管理部门制定的批设标准和监管标准对网络小贷业务进行试点和监管。

规范发展网络贷款业务，离不开长效监管机制的保障，这主要有以下三个层次：

一是要进一步形成统筹协调的金融监管体制。目前，新的金融监管体制正在逐步形成。中央已经设立了国务院金融稳定发展委员会，对地方政府来说，要在坚持金融管理主要是中央事权的前提下，按照中央统一规则做好地方金融机构监管工作，强化属地风险处置责任。对于地方金融机构监管工作来说，由中央制定统一规则，地方负责监管，中央负责督导检查，这将是未来的一个长效工作机制。

二是要建立更加高效的监管机制和明确的监管规则。网络借贷包括个体网络借贷（即P2P网络借贷）和网络小额贷款。目前，网络借贷已明确由中国银监会负责监管。针对当前小贷公司监管规则不明确的问题，中国银监会等正在研究修订2008年制定的小贷公司监管规则。"现金贷"规范清理工作不仅涉及P2P网络借贷平台、互联网金融企业、银行业金融机构和网络小贷公司，还涉及大量非持牌机构，需要按照堵疏结合、标本兼治的原则，集中各方监管力量,多管齐下、综合治理。我们将在国务院金融稳定发展委员会的指导下,在中国人民银行和中国银监会的领导下,加强央地联动和部门协同,做好具体监管工作。

三是要形成机构监管和行为监管并重的监管思路。机构监管是行为监管的基础,行为监管是机构监管的方向。对网络贷款来说,银监会负责行为监管,制定负面清单,保护金融消费者权益,地方金融监管部门负责机构监管,做好准入管理和风险处置。在金融创新过程中,金融产品与服务的范围在不断变化,金融机构的边界也在不断变化,监管规则和监管边界也需要不断变化。网络小贷如何发展和监管,应作为地方金融机构发展和监管长久而重要的议题之一。此次规范整顿可以为深化这一议题提供一个很好的样本和契机。

劳动力成本上升对货币政策的影响 *

改革开放以来，我国依靠对内改革和对外开放的双重推动，并充分利用"人口红利"和劳动力充裕的比较优势，创造了持续 30 多年的经济高速增长奇迹。近年来，在国内外经济格局出现大调整的背景下，支撑我国经济高速增长的要素禀赋也在发生重大转变，其中非常重要的一点，随着"刘易斯转折点"的逼近，我国劳动力无限供给的潜力逐步下降，劳动力成本逐步上升，对既有经济增长模式的可持续性提出了挑战。为提高潜在增长率，中央提出要加快推进户籍制度改革和新型城镇化建设，以此释放制度红利，促进未来经济增长更协调、平衡和可持续。对于中央银行来说，要深入研究劳动力成本上升对货币政策的影响，及早谋划应对措施，制定前瞻性政策，使货币政策在推动经济发展方式转变和经济结构调整方面发挥更加积极的作用。

一、对我国劳动力成本上升趋势的判断

劳动力成本通常指企业雇用社会劳动力支付的全部费用，包括直接付给职工的工资、薪酬和雇主承担的职业训练成本、招聘费用以及雇用员工发生的税收成本等。劳动力成本对就业、总产出、通货膨胀、对外贸易等宏观经济变量具有重要影响。一些国家和国际组织编制了劳动力成本指数（LCI）反映劳动

---

* 本文发表于《中国货币市场》2013 年第 10 期。

力成本变动情况。我国目前尚未建立反映企业综合用工成本的指标体系，劳动力成本主要依据职工工资核算体系和外出农民工务工收入调查加以测算。

劳动力供给充足且价格低廉一直是我国在国际经济竞争中的优势之一。我国经济的高速增长过程，也正是劳动力供给充足的黄金时期。20世纪80年代中期以来，少儿抚养比大幅度下降，在老年抚养比上升不快的情况下，人口总抚养比相应下降。这种潜在的人口红利，通过体制改革和参与经济全球化，被转化为经济增长的重要源泉。但近年来，受经济发展水平提高、区域战略调整、人口结构变化等因素影响，我国劳动力成本出现上升趋势。国家统计局调查数据显示，2005—2012年，城镇职工（不包括私营企业）平均货币工资年均增长14.5%，2012年达到46769元。2012年，外出农民工月均收入为2049元，同比增长11.8%。此外，企业用工短缺现象突出。尤其是近年来，随着国内及全球经济止跌回升，劳动力需求出现恢复性增长，局部地区出现劳动力短缺，并随着农民工群体结构更新换代而呈现新的特征。据中国人民银行上海总部调查，2011年以来，福建县域企业节后缺工现象依旧突出，被调查的29家中小企业缺工率总体达27.7%，其中9家企业的缺工率在40%以上。可以说，"涨薪潮"和"用工荒"正轮番冲击中国劳动力市场，国内关于"刘易斯转折点"的探讨渐趋活跃。

诺贝尔经济学奖得主刘易斯在人口流动模型中提出，在工业化过程中，随着农村劳动力以不变工资率向现代部门逐步转移，农村剩余劳动力逐渐减少，当现代部门的劳动力需求超过农业部门可以转移出的劳动力供给时，工资便由水平转为陡峭上升，从而到达所谓的"刘易斯转折点"。根据刘易斯模型，判断"刘易斯转折点"是否到来主要依据以下三个指标：一是劳动力供求相对规模是否改变；二是劳动者工资是否发生显著变化；三是农村大量的剩余劳动力是否已经转移到城镇。

从我国目前的情况看，判断"刘易斯转折点"已经到来的依据尚不充分。第一，劳动力市场供求矛盾主要是结构性的。目前，我国劳动力市场总体仍然供大于求，一些地方存在的"用工荒"主要是结构性、季节性以及区域性因素。据调查，技术工仍然是企业最需要的工种。由于劳动力供需双方要求不匹配，致使市场上存在一定程度的"招工难"和"就业难"并存的双重尴尬局面。第二，劳动者工资的相对变化并不显著。尽管 2003 年以来农民工的名义和实际工资有所上涨，但和农村居民纯收入相比，并没有表现出持续的上涨；和城镇居民收入相比，差距日益扩大。这些现象和一国经济越过"刘易斯转折点"后应具有的特征明显不符。第三，农村剩余劳动力转移仍存在巨大空间。按照刘易斯模型，"刘易斯转折点"的到来，只有在农村和农业中没有剩余的人口和劳动力时，才能成立。2012 年底，我国城市化水平为 52.6%，而日本、韩国出现"刘易斯转折点"时城市化率均达到 60% 以上。据人力资源和社会保障部统计，目前我国还有 1 亿多农村剩余劳动力需要转移，未来几年的就业压力依然很大。

与此同时，我国劳动力市场也在发生显著变化，尤其是劳动力市场运行的制度环境正在经历重大变迁，为劳动力成本持续上升创造了条件。一是人口结构趋向老龄化。2012 年末，我国 60 岁以上老年人口占比已达到 14.3%。在经济增长仍然对劳动密集型产业有较强依赖的情况下，人口老龄化趋势对我国劳动力市场供求关系的影响将逐渐突出，工资上涨压力趋于增强。二是劳动法规制度日趋完善。随着劳动力短缺逐渐构成对经济发展的制约，政府的政策取向越来越多地体现出对劳动者的关注。自从 2004 年沿海地区出现劳动力短缺现象，并逐渐蔓延到全国以来，响应中央政府"以人为本"的科学发展观，地方政府逐渐在劳动者权益等问题上具备了政策自觉性和主动性。三是农民工群体结构更新换代、行为特征发生改变。目前，20 世纪八九十年代后出生的新生代农民工，已占到农民工总量的 75%。与上一代农民工相比，新生代农民工受教育水平较高，对福利待遇、工作环境、生活条件和发展前景的期望值较高。

综合各种因素判断，我国目前尚未出现整体意义上的"刘易斯转折点"，但正处于走向这一"临界点"的进程中。伴随劳动力供求关系的逐步转变，中长期内我国劳动力成本将持续上升。

二、劳动力成本上升对货币政策的影响

由于相对充足的劳动力供给和高储蓄率，相当长的时期内中国经济没有遭遇资本报酬递减的冲击，主要依靠生产要素使保持经济增长得以延续。虽然这种主要依靠生产要素投入驱动，而较少依靠生产率提高驱动的增长方式，在特定二元经济发展时期有其可持续性，但宏观经济不稳定的因素也潜伏于这种增长方式之中，并且在一定的条件下可能产生较为严重的周期性波动。

劳动力成本持续上升，意味着我国经济发展的要素约束发生重大变化。尽管我国的劳动力资源相对于美、日等发达经济体仍然较为充裕，但相对于印度、越南等新兴经济体，这种优势可能会逐渐丧失。这也意味着，我国依靠出口主导、劳动密集使用和传统制造业的经济增长方式将遇到挑战，产业升级和经济转型的任务紧迫。转变经济发展方式实质是一次深刻的经济变革，将对我国经济社会发展产生深远影响。就货币政策而言，其受到的影响主要表现在以下三个方面：

一是成本推动型通货膨胀压力增大。一般来说，劳动生产率短期内难以快速提高，劳动力成本的上升无疑会加重通货膨胀上行压力。从我国的情况看，改革开放以来的大部分时期，劳动生产率提高的速度要快于人均工资水平提高的速度，但这一趋势在 2008 年发生了逆转。受全球金融危机影响，许多制造企业劳动生产率增长大幅放缓，但劳动力工资增长下降幅度较小，人均工资增幅开始超过劳动生产率的增速，并在随后进入加速上升阶段。劳动力成本的快速提高和劳动生产率增长乏力，可能使我国在未来几年面临较大的成本推动型通胀压力。

二是现有物价参考指标的有效性受到考验。观察 2004 年后的价格变化可以发现，构成我国 CPI 重要组成部分的食品、农产品，以及一些低端服务业的价格开始系统地超越整体物价水平，出现越来越大的背离。这一方面导致 CPI 波动的平均水平系统性抬升，另一方面也导致 CPI 与 PPI 的差距显著拉大。造

成这种变化的原因是，我国低端劳动力工资水平的快速上升推高了农产品价格，而工业部门因为快速的技术进步，有效消化了成本上升压力。未来几年，如果低端劳动力工资水平加速上升，而 PPI 水平没有太明显的变化，CPI 很可能持续高于 PPI，从而形成明显的通货膨胀裂口，给通货膨胀的识别和治理带来一定挑战。

三是实际汇率升值压力增加。根据萨缪尔森—巴拉萨效应，在劳动生产率快速增长的国家，实际汇率将出现同步升值。实际汇率升值有两个途径，一个是工资和物价上升，另一个是名义汇率升值。从国际经验看，在"刘易斯转折点"时期，伴随着国内劳动生产率的提高和经济的快速增长，日本和韩国都出现了持续的出口顺差，同时日元和韩元也出现持续升值的趋势。1970—1973 年，日本名义有效汇率指数从 59.7 快速上升到 75.6。1987—1989 年，韩元名义有效汇率指数也从 86 上升到 111.8。2005 年汇改后，我国也出现了人民币持续升值的现象。2010 年以来，随着国际金融危机的逐渐平复，人民币升值预期再度加强。在这种情况下，劳动力成本的持续上升将进一步推升实际汇率。

三、应对劳动力成本上升的政策建议

随着"刘易斯转折点"的临近，我国的要素禀赋结构、内外需结构、产业结构等都会发生明显变化。为适应这些变化，实现经济长期可持续发展，我国必须未雨绸缪，有前瞻性地制定和调整宏观政策思路。尤其是中央银行在制定和执行货币政策时，要充分考虑劳动力成本上升的影响，顺应形势变化及时调整政策的重点和力度，为经济转型提供足够的动力和支持。此外，也要积极采取措施加快经济转型、产业升级和体制创新，提高劳动生产率。

一是加强货币政策同其他经济政策的协调配合。历史经验表明，"刘易斯转折点"出现后，由于劳动力成本上升，通货膨胀压力有所增强，各国货币政策总体呈现"偏紧"的态势。在未来一段时间内，我国也应继续坚持稳中偏紧的货币政策，有效控制通胀预期。同时，与单纯需求拉动型通胀相比，劳动力

成本上升引致的成本推动型通胀的治理难度要大得多。单纯依靠货币政策紧缩，很难起到显著效果，反而可能使经济陷入"滞胀"。因此，应该对不同经济政策的目标进行适当调配，在政策手段的运用上也要有所侧重，综合运用货币金融、财政、税收以及产业政策等多种手段实现宏观调控的总体目标。

二是充分发挥信贷政策的结构调整功能。过去30年，加工制造业、基础设施建设和房地产等是信贷资金的主要投向领域。在我国经济进入"刘易斯转折点"区间后，经济结构将出现一系列调整，与此相适应，信贷政策重点也要发生转变，要做到"有扶有控"。在适度控制信贷规模的同时，要进一步优化信贷结构，积极推进信贷结构调整，加大信贷对经济社会薄弱环节、就业、产业转移等方面的支持。从当前和今后发展趋势看，教育、科研、医疗卫生、培训等与人力资本相关的产业，以及现代农业、先进制造业和服务业应该是信贷政策支持的重点领域。此外，在气候环境问题日益严峻的背景下，低碳经济、环保产业的加速发展，亦需信贷政策的大力支持。

三是稳妥推进人民币汇率形成机制改革。人民币汇率调整和劳动力成本变化，是改变双顺差格局的两个杠杆。随着人口转变导致的人口年龄结构的变化，以及高速经济增长对劳动力的吸纳和进一步需求，中国已经出现劳动力短缺和工资成本上升的趋势，经济发展的"刘易斯转折点"渐进。劳动力成本这个杠杆的作用提高，是经济发展阶段变化的自然结果。在一个杠杆已经发生作用的情况下，迫于各种压力人为地再去改变另一个杠杆，这种双管齐下的政策调整结果将过度增加企业负担和结构调整的成本，不利于经济发展方式的平稳转换。对我国这样一个经济仍然欠发达的国家来说，人民币升值是一个具有经济杠杆作用的财富再分配过程。在这一过程中，应明确升值成本分摊和利益共享原则，使劳动力成本上升及其引致的物价上涨成为适当缓解本币升值压力的平衡机制，为经济结构调整争取时间和空间。

四是稳步推进利率市场化改革。改革开放以来，我国实际利率一直维持在较低水平，并曾出现过3次负利率时期。相对便宜的资金成本，鼓励更多地发展资本密集型产业。但进入"刘易斯转折点"时期后，劳动力成本将保持快速增长，其他多种生产要素的价格也将随着市场化改革的推进而处于上升通道。在此背景下，如果利率不能正确反映资金成本，资金相对于其他要素的成本会变得更低，则会导致更大的经济结构扭曲，经济结构调整也变得更加困难，因此，应稳步推进利率市场化改革。按照先长期、大额，后短期、小额的思路推进存贷款利率市场化，引导金融机构增强利率自主定价能力。

五是大力促进劳动生产率提高。劳动力成本的上升无疑会加重通货膨胀上行压力，但在较长时期内，劳动力成本优势的减弱将刺激国内企业调整要素投入比例，通过大幅提高劳动生产率抵消劳动力成本上升的负面影响。为此，要继续加强职业技能培训，不断提高农民工和城乡新增劳动力的就业能力。要加快技术和产业升级，提高生产效率，有计划、有步骤地将劳动密集型产业向中西部转移，使沿海的产业结构与中西部地区形成一定的梯度互补。要加快转变经济发展方式，坚持扩大内需和稳定外需协调发展，确保经济发展成果充分惠及全民，实现城市与农村、资本与劳动力的双赢。

对"货币超发"的理解与思考[*]

"货币超发"是指货币发行的增长速度超过了货币需求的增长速度,即货币发行量超过了维持经济金融正常运行所需要的货币量。"货币超发"问题一直是社会各界关注的热点问题。一种观点认为,我国存在"货币超发"现象,并将其归咎于 M2/GDP(即广义货币/国内生产总值)的比例过高,表达了对通货膨胀加剧的担忧。本文从探讨"货币超发"的实质入手,分析我国 M2/GDP 比例偏高的原因,并针对高货币存量的潜在风险提出相应的解决对策。

一、M2/GDP 比例不能作为衡量"货币超发"的指标

目前,对于具体使用什么指标衡量"货币超发",并没有统一的标准。2001—2008 年,我国广义货币供应量 M2 年均增长 17% 左右,但波动性较大。为应对国际金融危机,2009 年的 M2 增长 27.7%,为 1996 年以来的最高水平。此后货币政策逐步回归常态,2012 年末 M2 增长率回落至 13.8%,但 M2/GDP 的比例达到 1.88,不仅高于美欧等发达国家,也高于部分新兴经济体国家,处于国际较高水平。

"货币超发论"从传统货币数量论出发,将 M2/GDP 比例的高低,作

---

* 本文发表于《银行家》2013 年第 11 期,原题为《当前我国是否存在货币超发?》。

为判断货币发行适度与否的主要依据。传统货币数量论的交易方程式是：$MV = PQ$。其中，M 代表流通中的货币量，V 代表货币流通速度，P 代表一般价格水平，Q 代表商品交易量。需要指出的是，上式中的 Q 不是 GDP。在一定条件下，社会商品交易量可能大于 GDP。此外，根据凯恩斯提出的货币需求三大动机，即交易动机、预防动机和投机动机，货币数量论仅能反映货币的交易需求，而不能全面反映非金融部门真实的货币需求。所以，用 M2/GDP 比例来判断"货币超发"缺乏足够的依据。

货币化进程超越实体经济范畴。货币总量增长是经济市场化进程和货币化进程的客观要求。随着贸易量的上升、金融市场的发展以及资产市场（尤其是房地产市场）的扩张，经济体系对货币的需求也经历着一个不断增加的过程。据研究，世界人均 GDP 排名前 40 位的国家 M2/GDP 的平均比例约为 1.4，超过 80% 这一世界平均水平。可见，M2/GDP 的比例与货币化水平正相关，伴随我国经济货币化进程深化，M2/GDP 比例必然上升。

M2/GDP 比例不能反映实际货币环境。实证分析表明，即使是同属 M2/GDP 比例较高的国家，实际货币环境却大相径庭。例如，德国和日本的 M2/GDP 比例分别为 1.8 和 2.4，接近或高于我国水平。众所周知，德国属于货币政策独立性较高、政策取向偏紧的国家，经济增长稳健，通胀水平也相对较低；日本则是大国中货币政策独立性较低、政策取向较为宽松的，近十年来 M2/GDP 比例速上升，但由于资产价格泡沫破灭后的持续去杠杆化，至今仍处于通缩状态。同时，各国 M2 的统计口径并不一致，我国 M2 的统计口径总体要大于美国等国，因而各国 M2/GDP 的比例并不完全可比。

我国货币总量与经济发展总体适应。从国际比较看，很多发达国家都经历了 M2/GDP 比例迅速增长的阶段，即使工业化基本完成以后，该比例也一直居高不下。2009 年，韩国 M2/GDP 比例高达 1.47，33 年间增加了 4.76 倍。2007 年，日本 M2/GDP 比例为大型经济体之最，且近五年上升幅度仍然高达 20%。1990 年以来，我国 M2/GDP 比例提升了 1.2 倍，相较而言仍属于适度增长。其中，2009 年后 M2/GDP 比例的跳升与应对国际金融危机的非常规措施有关，不代表货币总量的增长趋势和货币政策的长期态势。

货币供应量与通胀没有必然联系。传统货币数量论认为，货币供应量与价格同方向变化。从各国经济表现看，通胀与货币的关系远比理论预测复杂。1980 年至 2003 年，我国 M2/GDP 的比例从 0.36 上升到 1.64，M2 增速持续超过 GDP 和 CPI 涨幅之和，但通胀大部分时间却处于合理的水平，亚洲金融危机后的几年甚至还处在通缩状态。国际学术界称上述现象为"中国之谜"。相反，2003 年至 2008 年，我国 M2/GDP 比例从 1.64 下降至 1.51，在此期间却出现了流动性偏多、通胀压力上升等现象。近年来我国物价形势的变化，主要与以下内外部因素有关。从外部因素看，主要经济体实施量化宽松货币政策，大量资金涌向增长较快的新兴市场经济体。此外，美元等主要计价货币总体贬值，国际大宗商品价格上涨，导致输入型通胀压力上升。从内部因素看，近年来影响物价上升的成本推动因素逐渐增强。从总体上看，在资本固定化、货币占用长期化的情况下，我国发生全面通胀的可能性不大，加之市场供求调节，结构性的物价上涨不会引发全面通胀。此外，通胀并不完全由货币数量引起，还会受预期变化、货币流通速度及其他结构性因素的影响。货币在资产部门的积聚客观上也能分流对一般消费品价格的冲击。因此，近年来房价涨幅大大高于 CPI，所谓人民币"外升内贬"的现象也主要反映在资产部门。

需要指出的是，近年来"货币超发论"的持续发酵，在很大程度上与部分商品价格的短期波动有关。事实上，局部价格与价格总水平的变动并不完全一致。例如，2001 年至 2012 年，我国 CPI 年均上涨 2.4%，通胀率并不高，但"蒜你狠"、"豆你玩"、"姜你军"和房价上涨等现象，却引发舆论广泛关注。从根本上讲，衡量货币供应量是否合适的主要标准是经济增长与物价水平，而不是任何一种特定商品价格的高低。货币政策重在保持中长期价格总水平的基本稳定。某种商品的价格则更多取决于其供求关系，不能根据其价格的涨跌判断货币供应量的过多或过少。

二、我国 M2/GDP 比例偏高的原因

改革开放以来，我国经济增长模式高度依赖出口导向，固定资产投资持续快速增长，且资金来源高度依赖银行间接融资，导致货币流通速度下降和货币需求大幅增长。

出口导向的经济增长模式。加入世界贸易组织以来，进出口和外商投资在我国经济增长中的重要性日益突出，逐渐形成国际收支"双顺差"格局，由此带来的大量外汇占款推升了货币总量。我国外汇占款余额从 1999 年末的 1.4 万亿元增至 2013 年 2 月末的 24.3 万亿元，14 年增长了 16 倍。虽然中国人民银行采取了多种对冲措施，但外汇占款导致的基础货币被动增加，仍然通过货币创造扩大了 M2 规模。事实上，日本、德国等比较依赖出口的国家，M2/GDP 比例一般也较高。在我国特殊的结售汇制度和汇率体制下，出口导向的经济增长模式对货币供应的影响更大。

投资高增长降低货币流通速度。货币需求与货币流通速度呈负相关。固定资本占比上升，会降低全社会的资金周转速度，货币流通速度降低，相同的交易量就需要更多的货币。其逻辑顺序是：固定资产投资超过 GDP 增速——固定资本占比提升——中长期贷款快速增长——长期货币占用——货币流通速度下降——M2 供给增加——M2/GDP 比例提高。近年来，我国固定资产投资持续高速增长，银行贷款结构也呈固定化趋势。2012 年，我国投资实际增长 19.3%，超过 GDP 增长 11.5 个百分点。第二次全国经济普查结果显示，全社会总资产一半以上是固定资产，流动资产周转速度超过固定资产 11 倍以上。由于资本存量趋于固定化，M2/GDP 比例升高是一种必然结果。日本、韩国和欧美国家在固定资本快速增长时期，都普遍出现过 M2/GDP 比例持续提高的现象。M2/GDP 比例的上升，是我国经济结构升级的货币表现，恰恰说明了金融支持经济增长是有效的，而不是"货币超发"。

融资结构以间接融资为主。货币总量与社会融资结构有关。如果直接融资

不够发达，通货和存款以外的金融产品较少，就容易导致货币总量的较快增长。我国的金融体系由银行主导，融资结构仍以间接融资为主，是一个高储蓄、高投资的国家。大量的储蓄资金在银行沉淀，并经由银行贷款的方式支持我国的高投资，实现资金的平衡。相对于高消费国家，这种模式不仅存在居民高储蓄产生的货币，在为投资活动融资时又创造出了相应的货币。相对于以市场融资为主的国家，以银行信贷为主要融资方式的国家 M2 存量普遍较高。从国际看，中等偏下收入的国家，银行信贷占 GDP 的比重较高，其 M2/GDP 比也相应较高。因此，我国 M2/GDP 的比例偏高，是我国由银行主导的金融深化的必然表现，也是由现阶段我国经济金融特殊性所决定的必然产物。

三、关注高货币存量下的潜在风险

虽然衡量"货币超发"并没有客观标准，各方面情况也不能证实我国存在"货币超发"问题，但我国货币存量较高是不争的事实，需要高度关注高货币存量本身蕴涵的经济含义和风险。

资金使用效率问题。虽然 M2/GDP 比例不能衡量货币是否超发，但在一定程度上可以衡量资金的使用效率。在同等条件下，M2/GDP 比例越高，反映资金的使用效率越低。由于预算软约束等体制机制的惯性作用，我国实体经济发展始终存在"资金饥渴症"，具有明显的信贷推动特征，而且信贷资产的运用效率趋于下降。一旦货币增长率出现回落，经济主体便认为货币政策从紧，进而对心理预期产生影响。当前，在货币存量已经很高的情况下，要继续维持货币的高速增长，每年的货币增量相当可观。货币供应存在"上去容易下来难"的情况，未来宏观调控的难度也会相应增大。例如，大量地方政府融资平台的主要融资渠道集中在银行信贷，资金投向"铁公基"等低收益、中长期项目，短期内偿债压力较大。为维持资金链不断，不得不通过"借新还旧"的方式继续拆借银行资金。这既导致了相应的增量货币在内部循环，降低了货币流通速度，也挤占了其他部门的信贷资源，影响了资金配置效率。

金融风险集中问题。近年来，经济发展高度依赖银行信贷，势必导致金融风险集中于银行，银行体系的稳定性对于宏观经济金融稳定具有决定性影响。现阶段，我国商业银行仍处于快速发展时期，在实体经济资金需求旺盛和利率尚未完全市场化的环境下，以利差收入为主的盈利模式有所固化。风险权重较高的信贷资产快速增长，导致资本大量消耗。资本充足水平下降，形成信贷扩张对资本补充的"倒逼"机制，不利于银行可持续发展。此外，目前商业银行资金来源短期化和资金运用长期化趋势明显，资产负债期限结构错配加剧，流动性风险上升。例如，近年来同业业务成为金融机构管理流动性、增加收益的重要渠道，但一些机构同业业务期限错配问题突出，造成2013年6月份货币市场的短暂波动。

房地产泡沫问题。房地产是流动性创造的重要环节，与一般商品比较，房地产的特殊性表现在长期耐用、反复交易和投机性强等方面，造成对货币的持续占用。正是住宅商品化以后，我国M2/GDP比例才显著高于世界平均水平。2012年末，全国主要金融机构房地产贷款余额12万亿元，占各项贷款余额的20%。如果考虑各种以房地产作为抵押的债务，我国房地产金融杠杆率大大高于名义水平。这里需要指出，虽然近十年来我国M2和房价都保持了较快增长，但从国际经验看，经济长期繁荣、房地产供不应求才是产生"房地产泡沫"的根本原因，况且我国还未经历一个完整的房地产周期，不能从表象认为我国房价上涨由M2高增长导致。需要关注的是，近年来，我国地价、房价、房地产贷款呈现明显的顺周期波动特征，房地产金融属性越来越强。一旦房价出现大幅波动，可能在向下的正反馈机制作用下发生债务紧缩，对金融稳定产生严重冲击。此次全球金融危机表明，经济增长和物价稳定会助长居民的杠杆交易行为，可能孕育资产泡沫。当前，我国一线城市房价又创历史新高，要密切关注经济主体风险偏好和预期的变化，防范潜在风险。

四、趋势及建议

未来，城镇化和信息化将是我国经济新的增长点，土地制度与金融市场改革等也需要适宜的货币环境配合，中长期内货币需求增长仍有经济金融的基础支撑。在偏高的 M2/GDP 比例将长期存在的情况下，货币政策调控应在稳健取向下，综合采取总量和结构调整手段，促进经济平稳较快增长，化解高货币存量对宏观经济和金融稳定带来的隐患。

建立跨部门联合工作机制。建议在国务院层面完善跨部门的货币金融信息共享和监测分析工作机制，加快构建覆盖银行、证券、保险、理财与资产管理及各类融资主体的统计监测平台，全面掌握社会融资规模、杠杆率等信息，定期评估各类融资主体的偿债能力和金融机构流动性状况，及时防范化解系统性、区域性的金融风险。建议有关部门深入研究，形成共识，尽快统一宣传口径，向公众解释说明以下问题：我国 M2/GDP 比例较高主要取决于经济结构和社会融资结构，具有一定的必然性和长期性；货币政策的主要目标是价格总水平的基本稳定，特定商品价格波动属于正常的市场现象，M2/GDP 比例与通货膨胀没有必然联系，通过采取包括稳健货币政策在内的综合措施，加之市场供求调节，能够使价格保持基本稳定，随着经济增长方式和社会融资结构的优化，M2/GDP 比例将逐步回落。

保持货币环境中性稳定。一方面，从人均资本存量这一指标来看，我国远远落后于发达国家，未来还需要保持较大的投资规模，而采取紧缩性货币政策缺乏依据。另一方面，融资结构趋于多元化，经济运行对增量货币的依赖程度在下降，通货膨胀不确定性加大也可能加快货币流通速度，货币需求具有内在的调节机制。从有利于保持我国经济增长的动力出发，中期内应坚持稳健货币政策取向，促进货币信贷合理增长，保持相对中性的货币环境，短期则应考虑外部环境的变化，积极推进利率市场化进程，引导影子银行规范发展，为稳定价格总水平、管理通胀预期营造稳定的货币环境。对银行同业业务，要加强货币政策和金融监管政策间的协调。

加快经济金融结构调整。综观我国货币供应量的波动规律，经济金融结构失衡问题加剧了货币供应波动，造成货币被动投放。要按照"宏观稳住、微观放活"的原则，盘活存量、优化增量，加大结构调整力度。建议实施更加积极的进口战略，扩大能源资源、先进技术和设备的进口，加快推进人民币资本项目可兑换，进一步放宽个人用外汇限制，加大重点领域、重大项目的境外投资支持力度，支持和推动金融机构和相关企业的"走出去"战略；加强对资本流入特别是短期资本流入的监管，形成促进国际收支基本平衡的长效机制。大力发展债券、股权融资，加快推出市政债试点，扩大直接融资比例，完善多元化融资机制，推动我国融资结构的调整。

防范房地产金融风险。进一步提高房地产调控的针对性和有效性，采取措施，避免泡沫的过度膨胀。建议综合利用土地、税费、金融等手段，大力增加中等价位住房供给，缓解房地产市场供求紧张。在宏观审慎监管的政策框架内，完善动态的资本缓冲制度，降低房地产金融杠杆率，平滑房地产周期变化对金融稳定的冲击。对规模巨大的房地产贷款存量，探索通过贷款转让市场进行交易，积极实施资产证券化，防止房地产金融在银行体系内过度积聚。

关于实行稳健货币政策的若干思考[*]

运用好差别准备金动态调整工具、促进地方法人金融机构适度均衡投放信贷，是 2011 年以来执行稳健货币政策的中心任务。随着国内外经济金融形势的不断变化，只有继续坚定不移地执行稳健货币政策，在巩固前期调控成果的同时，不断优化信贷结构，才能不断提升金融支持经济平稳健康发展的力度与效率。

一、运用差别准备金动态调整工具的体会

调控实践证明，差别准备金工具是一个好政策，为落实稳健货币政策提供了很好的抓手。一是内涵丰富，拓展空间广阔。差别准备金工具抓住了当前流动性过多的主要矛盾，引入了宏观审慎管理的主要理念，内涵非常丰富。目前这一工具所考虑的许多因素还没有充分发挥作用，如稳健性参数涵盖的宏观审慎理念等。这些因素大多可以制订量化标准或根据历史数据加以评估，拓展空间十分广阔。二是简单透明，规则深入人心。差别准备金公式简单，机制设计合理，金融机构容易理解并接受。在实际工作中，由于是根据公式自我测算信贷投放，促使金融机构摒弃了向央行要规模的想法，学会了向公式要规模。绝大部分金融机构都能自我约束信贷投放，主动配合调控。三是时滞较短，效果

---

* 本文撰写于 2011 年下半年，原题为《关于实行稳健货币政策的若干思考——以上海为例》。

250

立竿见影。差别准备金工具原则上按季实施，关键时段如年初可按月实施，金融机构达到标准后又可以很快地反向释放，操作灵活，政策时滞短，有效减少了政策效果的不确定性。对于金融机构来说，差别准备金的成本看得见、摸得着，直接影响利润。尤其是在目前金融市场资金价格较高、波动较大的情况下，金融机构更要仔细权衡多放贷款的收益和差别准备金的成本，差别准备金的实施或者暂缓实施一般能很快见效。四是量身定做，避免了"一刀切"。差别准备金工具根据宏观经济形势和金融机构的资本水平、资产总额、信贷增长等状况，对每家机构单独测算一个合意贷款增速，避免了成本分担不均，尤其受到小银行和部分外资银行的欢迎。对于因客观原因造成公式不太适用的机构，也在今年新增信贷总量可控的基础上，通过适当提高容忍度，帮助其合理编制季度信贷投放计划，也能满足其需要。

实践中也发现，差别准备金工具对非存款类机构影响有限，讨价还价现象较多。金融租赁公司只允许从非银行股东吸收存款，而其股东全部是银行，因此基本没有存款；汽车金融公司的资金主要来源于同业借款或同业拆借；信托公司也不能吸收存款，且绝大部分业务是表外贷款，没有纳入监测口径。因此，对这些非存款类机构，仍使用信贷规模调控，这就存在调控手段的"双轨制"。执行起来，计划手段明显没有市场化手段轻松。

二、进一步落实稳健货币政策的思路

（一）继续做好对地方法人金融机构的货币信贷调控。截至目前，调控虽取得一定成绩，但仍存在一定压力。当前货币信贷增长趋稳主要是主动调控的结果，金融机构扩张信贷规模的冲动仍然较强，政策稍有松动即有反弹可能。根据判断，2011年下半年外资银行信贷投放将有所增加，但非存款类金融机构的贷款增长将会放慢。总的来看，2011年下半年上海辖内地方金融机构信贷投放总量可能多于上半年。这种趋势已有所显现，甚至有个别机构希望在季末年底冲一下贷款规模，宁可被"差别"，也要扩大盘子，以为明年信贷投放

争取更大空间。这也表明了调控的力度不能放松。今后，将继续执行稳健货币政策，保持必要的政策力度，巩固前期调控成果：继续加大窗口指导力度，向金融机构发出调控取向不动摇、力度不放松的信号。充分发挥稳健性参数的作用，根据货币信贷调控需要和上半年信贷导向评估结果，适时适度调整稳健性参数。对于贷款增长偏快、投放节奏不均衡、季末年底冲规模的地方金融机构，将按照既定规则实施差别准备金政策，直至对其信贷投放形成硬约束。

（二）深入开展货币信贷政策导向效果评估，为差别化货币信贷管理提供依据。按照慎重稳妥、注重实效的指导精神，已向上海银行业金融机构印发了评估办法，目前已完成首次半年度试评估，并将结果向全市金融机构进行了通报，作为稳健性参数调整的重要参考。今后，将以中国人民银行下发的信贷导向评估文件为基准，深入开展涉农、中小企业、保障性住房三个信贷导向专项评估，引导金融机构进一步加大对这些领域的信贷支持力度。

（三）认真落实好中国人民银行支持中小企业的各项信贷政策。当前仍存在不少制约中小企业融资的因素：利率上浮较多加重了小企业的财务负担，小企业上浮利率贷款占比在6成以上，大大超过了大、中型企业；银行对小企业客户的开发力度仍需加强（目前主要通过搭建外部合作平台批量开发小企业客户，这一模式有助于控制风险，但也限制了客户范围）；政府担保公司的作用有待进一步发挥（小企业贷款多为抵押担保贷款，但"高风险、低收益"的特点使得政府担保公司参与积极性不高）。今后，将以开展中小企业信贷导向评估为契机，把小企业贷款比重与稳健性参数调整、再贴现办理等有机结合起来，形成政策聚焦，引导金融机构进一步加大对小企业的支持力度。

（四）多管齐下加大对保障房建设的金融支持力度。据对有关银行和建设单位的调查，目前的融资问题主要有三个。一是公租房的还款来源问题没有解决。公租房还款来源除了租金收入之外，其他还款源尚未落实，加之当事人关系不清、贷款期限较长，影响到融资体系设计和融资渠道安排。二是"四证"不齐问题影响信贷支持。开发企业在取得"四证"前投入的资金约占总投资的6成，但是目前上海保障房项目"四证"不齐的问题比较普遍，导致信贷支持不能及时到位，资金需求与贷款发放时点出现明显错配。三是考核激励机制不健全。保障房开发贷款归属于房地产行业，在货币信贷和房地产"双调控"背景下，银行的信贷规模出于盈利性、流动性等考虑，更倾向于发放商品房贷款。如果没有"分类引导、区别对待"的操作机制，无法调动银行发放保障房贷款的积极性。今后，针对上述问题，拟采取如下措施：设立保障房信贷政策执行情况专项评估，充分发挥导向作用，对保障房建设贷款占比较高的商业银行，在稳健性参数调整方面予以倾斜。探索利用再贷款和再贴现手段，引导低成本信贷资金进入保障房建设领域。协调监管部门，妥善处理保障房建设贷款的准入门槛问题，做好对公租房等保障房建设单位的名单制管理。通过房地产金融联席会议平台，加强正面宣传和引导，集思广益，形成工作合力。

三、相关政策建议

当前我国面临的经济金融形势依然比较复杂，稳健货币政策仍需保持前瞻性、灵活性，做好应对全球经济增长进一步放缓、部分国家债务违约、跨境资金大规模流动、国际主要货币和大宗商品价格剧烈波动等风险的准备。结合上海在调控中遇到的一些情况和问题，提出如下建议：

一是高度关注境外主要央行政策选择对我国实施稳健货币政策的影响。目前，发达国家央行普遍保持宽松的货币政策，即使是率先加息的欧洲央行也已暂停加息，美联储也可能推出新一轮刺激计划。新兴市场经济体由于经济增速下滑过快，紧缩政策也出现了掉头的迹象。巴西央行在国内通胀率创新高的情况下，结束了过去7个月的加息周期。土耳其央行也将基准利率下调至5.75%的低位。在此环境下，全球流动性过剩局面将在较长时间内持续，套利资金流入我国的压力可能有增无减，做好货币信贷总量调控的难度仍然较大。在此情况下，建议密切关注美联储、欧洲央行等的行动，继续保持货币政策必要的前瞻性和灵活性。

二是在货币信贷调控中加强本外币联动。近年来外汇信贷对人民币信贷的替代作用逐渐增强，为达到预期调控效果，建议将人民币和外汇信贷管理统筹纳入宏观审慎政策框架，将实施差别准备金与金融机构外汇信贷管理工具如短期外债、融资性担保、结售汇综合头寸等指标结合起来，将人民币信贷管理与外汇信贷业务管理结合起来。同时，受人民币升值预期、本外币利差加大等影响，境内企业资产本币化、负债外币化倾向增强，国内商业银行也在利益驱动下，减持境外资产、增加境内外汇贷款，满足企业的外币融资需求，客观上增加了跨境资金流入压力，加大了央行对冲难度。建议对被差别的金融机构，可要求以外汇缴纳差别准备金，探索将金融机构外汇贷款也纳入差别准备金框架。

三是人民币"走出去"、回流步伐应与稳健货币政策保持一致。跨境贸易人民币结算业务开展后，由于海外对人民币需求较大，跨境人民币结算在进出口上分布较不平衡，实付大于实收，客观上导致进口购汇需求减少。此外，允许在香港发行人民币债券和境外有关机构投资人民币债券市场等政策，也使得人民币回流速度加快，导致央行管理流动性的压力增大，增加了执行稳健货币政策的难度。针对上述情况，建议可在出口项下充分发挥人民币的替代优势，帮助企业进一步熟悉跨境使用人民币。同时，统筹考虑宏观经济形势、稳健货币政策和持续扩大人民币的跨境使用，提高三者的一致性。

非对称性降息支持实体经济发展 *

近期公布的多项经济数据和先行指标表明，受国际国内多重因素影响，短期内我国经济增长的下行压力持续增加，同时物价上涨压力仍然存在。这使金融宏观调控面临更多两难选择。如何在复杂严峻的经济环境中实现稳中求进，增强微观经济主体的信心和活力，激发出实体经济更大的内生增长动力，同时管理好通胀预期，防范系统性金融风险，是今年稳健货币政策所要解决的主要问题。通过对上海市部分银行和企业的调研，我们发现实体经济有效信贷需求不足并可能继续下降，其中一个重要原因是融资成本高，而下调贷款基准利率能有效降低企业和居民的融资成本并增强实体经济的活力。我们认为，目前非对称性降息的条件和时机基本成熟，建议近期采取非对称性降息支持实体经济发展。

一、实体经济有效信贷需求不足并可能继续下降

2012 年初以来上海市货币信贷运行的突出特点是：银行信贷供给能力有所下降，实体经济有效信贷需求不足。银行信贷供给能力主要受制于存款。前 2 个月，上海市各金融机构人民币存款减少 919 亿元，同比多减 906 亿元，其中单位存款减少 1559 亿元，同比多减 756 亿元。一方面是存款的大幅减少，另

---

* 本文撰写于 2012 年 6 月，原题为《关于近期采取非对称性降息支持实体经济发展的思考》。

一方面是贷存比考核的强化，使得部分地方法人金融机构尤其是外资银行不得不通过控制新增贷款来满足贷存比监管要求。

信贷需求不足主要表现为中长期贷款增长明显放缓。剔除票据融资，前2个月上海市人民币贷款增加548亿元，同比少增384亿元，其中中长期贷款增加202亿元，同比少增452亿元。中长期贷款各项目中，固定资产贷款同比少增166亿元，企业经营贷款同比多减86亿元，个人住房贷款同比少增83亿元。据银行反映，当前企业和居民的有效信贷需求都有不同程度下降。特别是中小企业，其贷款需求景气指数连续3个季度走低，2012年第一季度已接近2009年的较低水平。有效信贷需求不足的原因主要有两个。一是实体经济疲软。前2个月，上海市的固定资产投资零增长，工业总产值同比仅增长0.4%，房地产开发投资同比增长10%（2011年同期是25%），进出口总值同比增长7%（2011年同期是22%）。采购经理人指数连续6个月徘徊在50以下，2月份稍有起色反弹到50.4。二是所谓的融资难和融资贵问题。

实体经济的融资难和融资贵相互联系，但又有所区别。融资难是指贷款的可得性问题，即有多少企业可以跨过正规金融的门槛，当前主要指小企业融资难。小企业融资难是各国普遍存在的结构性问题，需要通过改革的办法逐步加以解决。近年来，在金融体制改革、银行经营转型和信贷政策导向等多种因素的作用下，我国的小企业融资难问题得到明显缓解。2011年上海市中外资银行对小企业发放人民币贷款806亿元，增速为13.4%，分别高出大中型企业6个和4.4个百分点；截至2012年第一季度，上海市小企业贷款审批条件景气指数连续5个季度高于大中型企业，表明银行信贷投放持续向小企业倾斜。这说明，本轮宏观调控对小企业的影响要小于大中型企业。

融资贵是指贷款的成本问题，这是目前各类型企业和居民普遍面对的主要的融资问题，是影响有效信贷需求的重要方面。2011年为应对通胀压力不断加大的局面，中国人民银行加强了对社会总需求的调控，先后6次上调存款准备金率共3个百分点，3次上调存贷款基准利率共0.75个百分点，引导货币信贷增长向常态回归。调控取得了预期效果，物价过快上涨势头得以扭转。与此同时，实体经济融资成本高的问题逐渐凸显。2011 年前三个季度，企业贷款利率逐月攀升，第四季度随着调控的预调微调开始企稳，目前企业贷款加权平均利率约为 7.8%，位于 2008 年以来的高点，比 2011 年初高 1.6 个百分点，涨幅约为 25%。票据贴现利率波动幅度更大。2011 年初银票贴现率约为 6%，10 月份曾突破 12%，目前又回落到 6% 左右。2011 年还有一些银行，以没有信贷额度为由，对已授信的企业开承兑汇票，企业除承担贴现成本以外，还要对承兑敞口支付利息。这种情况在调控力度微调以后迅速减少。个人住房贷款方面，部分金融机构对差别化住房信贷政策的理解存在偏差，只注重"控"，对所有类型的购房贷款一律收紧，而忽视了对首套普通商品住房贷款的"扶"，首套住房贷款利率基本没有优惠甚至有所上浮，审批期限长至 3—6 个月，造成出现房价下降但购房成本增加的情况。针对这一问题，我们于 2012 年初召集有关银行开会进行窗口指导，此后情况有所改善，2 月份首套住房贷款利率有所下降，在 6.4% 左右，仍处于 5 年以来的高位，比 2011 年初高 1.4 个百分点，涨幅约为 28%。

二、降低贷款基准利率有利于增强实体经济活力

融资成本大幅提高抑制了企业和居民的部分合理信贷需求，一定程度上压抑了实体经济的活力。作为一个周期性问题，融资成本高可以通过调控的办法加以解决，最直接的办法就是降低贷款基准利率。目前，银行发放的贷款尤其是中长期贷款大多采用浮动利率定价，盯住贷款基准利率而上下浮动一定程度。就上海的情况来说，企业贷款有超过 6 成是浮动利率贷款，个人贷款由于期限较长绝大部分是浮动利率贷款。下调贷款基准利率能够直接降低企业和居民的融资成本。同时，央行下调贷款基准利率也是一个政策信号，有利于引导金融机构调整定价水平，降低贷款上浮的范围和幅度。

下调贷款基准利率对中小企业和居民消费尤其有利，可以起到定向支持的作用。在目前银行对大中小型企业发放的贷款中，上浮利率贷款的占比分别约

为 4 成、6 成和 7 成，中小企业的上浮利率贷款比重远高于大企业，并且利率上浮的幅度也比较大。因此相对于大企业，中小企业能从贷款基准利率的下调中得到更多的好处。居民消费贷款的大头是房贷和车贷，数额普遍较大，期限一般较长，对利率相当敏感。在严格执行差别化住房信贷政策的条件下，下调贷款基准利率能够促进居民对住房的合理消费，有利于房地产市场的平稳健康发展，并能刺激对有关上下游产品的需求。

降低融资成本能否对实体经济产生明显的刺激作用，基本条件是微观经济主体的财务约束是硬的，对价格信号敏感，同时具有投资和消费意愿。我国大部分企业和居民能满足这些条件。拿上海的实践来说，2012 年年初我们召开了房地产信贷工作座谈会，纠正部分金融机构在执行差别化住房信贷政策方面出现的"只控不扶"的偏差，要求满足居民首套普通商品住房贷款需求，利率至少回到基准，审批期限在保证合规的情况下尽量缩短。此后，房贷利率逐渐回落至基准以下，审批效率也明显提高。2 月中下旬以来，在贷款利率回落、开发商降价等因素的刺激下，累积的刚性需求开始入市，住房成交量明显回升。2 月份下半月一手住房和二手住房的日均成交量分别为 2 万和 3.3 万平方米，较上半月分别增加 152% 和 111%，其中单价在 25000 元以下的普通商品住宅成交面积的占比约为 86%。银行调整房贷利率的效果非常明显。

目前对使用利率工具仍有一些疑虑，主要是刺激经济的效果不一定好，还可能推高通胀。其论据是日本和美国的例子。日本在泡沫经济破灭后曾长期维持零利率政策，但仍然没有避免增长乏力、通货紧缩的局面。原因在于日本于 20 世纪 70 年代就基本完成了城市化和工业化进程，人口红利逐渐枯竭，同时由于本国缺少重大技术创新以及东南亚和中国相继融入全球分工体系，造成比较优势丧失和产业空心化问题，日本的消费和投资需求长期疲软。此外，日本央行虽长期维持零利率政策，但由于商业银行在泡沫破灭中遭受损失，放贷能力下降，加上通货紧缩造成实际利率较高，使得零利率政策刺激经济的效果大打折扣。本轮全球金融危机发生后，美联储很快推出了接近于零的利率政策，作用效果也比较缓慢，原因主要是美国金融体系受损严重，自我修复需要一定时间，但目前美国经济复苏的势头要比前期好。

日、美两国和我国的情况不同。我国仍处于城镇化、工业化、农业现代化加快推进的时期，人口红利短时期内不会消失，经济体制改革不断向前推进，经济结构转型不断取得进展，制约企业投资和居民消费的体制障碍不断破除，支撑经济长期平稳较快发展的基本条件没有变化。我国还有一个比较健康的银行体系，货币政策传导迅速有力。上述条件能够确保价格型工具的实际使用效果。

三、建议近期采取非对称性降息措施

稳健货币政策要求平衡好经济平稳较快发展、调整经济结构、管理通胀预期之间的关系。在当前形势下，实体经济内生增长动力减弱可能成为矛盾的主要方面，同时也不能小视由于大宗商品价格上涨和要素价格改革所导致的通胀压力。因此，比较稳妥的选择是非对称性降息，保持存款基准利率不变，下调贷款基准利率。在非对称性降息的同时，加强对金融机构的窗口指导，要求按照"有扶有控"的原则，有区别地合理确定贷款利率，支持"三农"、民生、小微企业、科技创新等实体经济重点领域，防止通过增加不合理收费、强制销售金融产品等方式增加企业和居民的融资负担。目前，非对称性降息的条件和时机已基本成熟，建议尽快采取有关措施。

第一，经济下行压力持续增加，迫切需要提升内生增长动力。目前的情况是外需低迷短期不会改变，同时固定资产投资增速放缓，居民消费不温不火。现在不光是上海，全国尤其是东部沿海地区的多项重要经济指标都呈下滑趋势。当前迫切需要增强企业投资和居民消费的信心和意愿，来激发出更大的内生增长动力。

第二，通胀压力仍然不容小视，因此存款利率近期不宜下调。近期通胀水平有所降低，居民预期也有所改善，但这种改善的基础仍然不牢固。3月份油价和蔬菜价格的大幅上涨，就对社会通胀预期产生了不利影响。今年管理好通

胀预期，面临着有利条件和不利条件。有利条件是在经济结构转型、外部需求减弱、人民币汇率趋于均衡等因素的影响下，外汇占款增长放缓，通胀形成的货币条件在减弱。不利条件是国际大宗商品价格持续高位徘徊，发达国家极度宽松的货币政策仍在继续，输入型通胀压力仍然较大，同时国内水电油气价格形成机制改革也可能造成价格水平的普遍上涨。到底是有利条件占上风还是不利条件占上风，仍需要观察。此外，在欧美货币政策没有实质改变的情况下，为防范资本大规模跨境流动风险，也不宜动存款利率。

第三，有差别准备金措施和信贷政策的配合，有利于引导信贷资金流向实体经济急需的部门，避免信贷投放"大水漫灌"。中国人民银行也可以加大对货币信贷政策执行有力的金融机构的支持力度，在再贴现、再贷款、银行间市场发债、资产证券化等方面适当给予政策优惠。

第四，我国银行业的资本实力和盈利能力较强，目前的利差水平也能够支撑的起非对称降息。关于银行利差，社会上的负面议论比较多，非对称降息有利于化解一些不满意见。银行"放水养鱼"，更好地支持实体经济发展，短期来看是牺牲一部分利润，但却有利于银行业的长期发展和对系统性风险的防范化解，因为实体经济平稳健康发展乃是银行业稳健经营的基石。

贷存比监管对信贷增长的影响 [*]

近期，我国外汇占款快速增长的势头发生一定变化，个别时期甚至出现了负增长，这一变化对银行体系流动性产生了深刻影响。伴随存款增长的放缓，贷存比指标对商业银行经营行为和信贷增长的约束日益明显，贷存比监管的存废问题引起了广泛讨论。本文以上海外资银行为例，重点讨论了贷存比监管对银行信贷增长的影响，并根据分析结论提出政策建议。

一、影响贷存比指标变化的主要因素

贷存比指标在我国的产生有其特定历史背景。20 世纪 90 年代前，我国金融机构存在较大贷差，金融机构的资金来源对再贷款依赖性较大，存在严重的倒逼行为。为增强金融机构自我约束，减少对人民银行资金的依赖，中国人民银行开始在 20 世纪 80 年代尝试对金融机构试行资产负债比例管理。1994 年，为抑制通胀、控制贷款发放，中国人民银行发布了《关于对商业银行实行资产负债比例管理的通知》(银发〔1994〕38 号)，正式对贷存比提出考核要求。文件规定，商业银行旬末的各项贷款与各项存款之比不超过 75%。因此，贷存比指标最开始是作为调控工具引入到监管实践中。此后，贷存比监管一直延续至

---

[*] 本文发表于《金融发展评论》2012 年第 12 期，原题为《贷存比监管对信贷增长的影响——以上海外资银行为例》。

今，其间经历了一些小的变化。基于次贷危机暴露出银行过度依赖同业资金存在重大流动性风险这一情况，继续实施贷存比监管的必要性凸显。2011年10月中国银监会发布《商业银行流动性风险管理办法（试行）》（征求意见稿），其中第三十八条明确贷存比是四大流动性风险监管指标之一。可以看出，贷存比经历了从调控工具到流动性管理工具的变化。

贷存比是贷款与存款的比例。一直以来，存贷款是我国商业银行最重要的负债资产业务。贷存比的高低在一定程度上反映了银行的资产负债结构。如果我们将商业银行视为一个整体，可以将其资产负债表简化为以下形式：

商业银行资产负债简表

资　产	负　债
（1）在央行储备及现金（R）	（1）客户存款（D）
（2）信贷资产（C）	（2）发行股票和债券等（S）
（3）非信贷资产（N）	

由于股票和债券余额的减少较少发生，从客户存款增加的角度，可以只考虑三个资产方来源。或者说，商业银行吸收的客户存款主要来源于：（1）中央银行的基础货币总量增加（其中的一部分）；（2）自身的信贷资产扩张；（3）非信贷资产扩张。贷存比考核的是银行信贷资产与客户存款的比重，可以将上述的关系用以下等式（忽略"发行股票和债券"变化等不重要因素）表示：

$$D = C + N + R \qquad (1)$$

$$1 = C/D + N/D + R/D \qquad (2)$$

$$C/D = 1 - R/D - N/D \qquad (3)$$

其中，各字母的含义如上表所示，C/D 表示贷存比；R/D 则可以视为储备与存款之比，而储备＝外汇占款＋国债－央票－其他，因此与外汇占款变化方向相同，C/D 与外汇占款／存款负相关；N/D 为银行非信贷资产与存款之比，反映银行的经营模式。因此，贷存比指标主要受两大因素影响：一是外汇占款与存款的比重；二是非信贷资产的占比，该比值越高，贷存比越低。

二、贷存比对信贷增长影响的实证分析：以上海外资银行为例

2011年以来，商业银行贷存比普遍升高，一些中小商业银行甚至接近或超过75%的监管红线，贷存比对银行贷款增长的影响显现，这一情况在外资银行表现得比较明显。根据《外资银行管理条例实施细则》，在华外资法人银行应当于2011年12月31日前符合贷存比监管要求。中国银监会2011年年报指出，截至2011年底，在华外资法人银行39家，贷存比监管全部达标，其他主要指标也均高于监管要求，基本面健康。但也应当看到，外资法人银行在通过新设网点、开发相关产品，以及调整贷款结构等一系列措施来降低贷存比的同时，由于部分银行在获取存款方面有一定难度，只能通过压缩贷款的方式来达到标准。因此，贷存比监管对外资法人银行信贷增长的影响不容忽视。

我们以15家在沪外资法人银行[1]为样本，观察其存、贷款以及贷存比的变化情况。从贷款变化看，15家在沪外资法人银行贷款增长在2011年明显放缓，并延续至2012年上半年。这除了与经济增长放缓导致贷款需求下降有关外，也与2011年底外资法人银行贷存比监管宽限期到期有一定关系。从贷存比来看，2012年6月末，虽然贷存比[1]平均水平达标，但贷存比在各家银行间的分布不均匀，部分银行贷存比接近75%，个别银行贷存比已经超过75%。同时，大部分外资法人银行贷存比比年初均有上升，部分银行上升幅度较大，可能与

---

1. 截至2012年6月末，上海共有法人外资银行20家，从数据可得性与可比性角度选取其中15家作为观察样本，分别为汇丰、渣打、荷兰、三菱东京日联、花旗、瑞穆、东亚、恒生、星展、华侨、大华、华一、法国巴黎、联合、南洋商业。

2012 年以来存款竞争加剧有关。2012 年 6 月末，15 家在沪外资法人银行各项存款余额比上年末下降 62 .6 亿元。

15 家在沪外资法人银行存贷款增长情况

单位：亿元

	各项存款新增额	各项贷款新增额
2009 年	1019.8	257.9
2010 年	2105.9	1197.1
2011 年	1358.1	489.2
2012 年上半年	−62.6	126.6

为了分析贷存比对外资银行贷款增长的影响，可以设定模型进行实证分析。贷款变化主要受到需求和供给两方面因素影响。从需求层面看，贷款需求的主要影响因素是经济增长和货币政策的松紧（如利率的高低等）。从供给层面看，不同银行的个性特征对贷款的供给具有不同程度的影响。贷存比是反映一家银行贷款供给能力的重要指标。如果一家银行的贷存比偏高，为满足贷存比要求，银行必须少贷款甚至不贷款，从而使贷款供给受到约束。当然，反映一家银行贷款供给能力的指标还有很多，如资本充足率、流动性状况等，但这里着重考虑银行贷存比对贷款供给的影响。基于以上因素，建立如下面板数据模型，用外资法人银行分机构数据来研究贷存比对单家银行及外资法人银行整体的影响。模型的具体表达式如下：

模型 1：$\Delta l_{i,t} = a_1 \Delta gdp_t + a_2 \Delta r_t + f_t k_{i,t-1} + c + e_{i,t}$

模型 2：$\Delta l_{i,t} = a_1 \Delta gdp_t + a_2 \Delta r_t + f_t k_{i,t-1} + c_i + e_{i,t}$

模型 3：$\Delta l_{i,t} = a_1 \Delta gdp_t + a_2 \Delta r_t + f_i k_{i,t-1} + c + e_{i,t}$

模型 4：$\Delta l_{i,t} = a_1 \Delta gdp_t + (a_2 + a_3 k_{i,t-1}) \Delta r_t + f_i k_{i,t-1} + c + e_{i,t}$

其中，变量 $l_{i,t}$ 表示第 i 家银行在 t 期的贷款余额；变量 gdp_t 是第 t 期的名义国内生产总值（经季节调整），它反映了经济的景气状况及物价水平，是影响贷款需求的重要因素；变量 r_t 是第 t 期的一年期贷款基准利率，它反映了货币政策的松紧状态；变量 $k_{i,t}$ 是第 i 家银行在 t 期的贷存比；变量 c 和 $e_{i,t}$ 分别是常数项和误差项。上述变量中，$l_{i,t}$ 和 gdp_t 采用了对数变换。

上述模型中，经济景气状况是影响贷款需求的重要决定因素，通过估计参数 a_1 可以得到 GDP 对贷款的影响程度。货币政策的松紧状态对贷款的影响通过参数 a_2 和 a_3 来反映，其中 a_3 反映了由于贷存比的差异，各家银行的贷款对利率的弹性是不同的。贷存比对贷款的影响通过参数 f_t 或 f_i 来反映，其中 f_t 反映了贷存比对贷款的影响程度随时间的变化，f_i 反映了贷存比对贷款的影响程度随机构的变化。

模型使用的数据样本区间是 2009 年一季度至 2012 年二季度的季度数据，其中，面板数据包含的机构是 15 家在沪外资法人银行。贷存比指标使用中国人民银行统计中的各项贷款余额与各项存款余额之比。由于中国人民银行与中国银监会统计口径存在差异，外资法人银行贷存比在中国人民银行口径中要高于中国银监会口径，但两者在趋势上基本一致。参数的估计结果如下：

模型1：$\Delta l_{i,t} = 2.38 \cdot \Delta gdp_t - 0.1 \cdot \Delta r_t - 0.05 \cdot k_{i,t-1} + 0.01$

P 值　　（0.00）　　　　（0.00）　　（0.00）　　（0.34）

模型参数估计结果

模型 2			模型 3			模型 4		
参数	估计值	P 值	参数	估计值	P 值	参数	估计值	P 值
a_1	1.245	0.7527	a_1	2.774	0	a_1	2.682	0
a_2	0.201	0.2650	a_2	−0.124	0.0003	a_2	0.047	0.6989
f（2009Q2）	−0.054	0.0422	f（1）	−0.089	0.0155	a_3	−0.199	0.1623
f（2009Q3）	−0.022	0.3565	f（2）	−0.104	0.0002	f（1）	−0.098	0.0103
f（2009Q4）	−0.075	0.0021	f（3）	−0.306	0.0231	f（2）	−0.107	0.0002
f（2010Q1）	−0.012	0.6265	f（4）	−0.115	0	f（3）	−0.317	0.0186
f（2010Q2）	−0.061	0.0121	f（5）	−0.120	0.0186	f（4）	−0.115	0
f（2010Q3）	−0.072	0.0050	f（6）	−0.105	0	f（5）	−0.128	0.0148
f（2010Q4）	−0.126	0.0002	f（7）	−0.085	0	f（6）	−0.105	0

（续表）

模型 2			模型 3			模型 4		
参数	估计值	P 值	参数	估计值	P 值	参数	估计值	P 值
f（2011Q1）	−0.191	0.0231	f（8）	−0.082	0.0012	f（7）	−0.084	0
f（2011Q2）	−0.183	0.0237	f（9）	−0.066	0.0002	f（8）	−0.084	0.001
f（2011Q3）	−0.155	0.0344	f（10）	−0.048	0.1126	f（9）	−0.066	0.0002
f（2011Q4）	−0.167	0.0782	f（11）	−0.081	0	f（10）	−0.046	0.1338
f（2012Q1）	−0.125	0.4042	f（12）	−0.071	0.075	f（11）	−0.082	0
f（2012Q2）	−0.054	0.6940	f（13）	−0.110	0.0008	f（12）	−0.073	0.0626
			f（14）	−0.057	0.0005	f（13）	−0.104	0.0027
			f（15）	−0.006	0.8441	f（14）	−0.052	0.0005
						f（15）	−0.004	0.9052

从参数估计结果可以得到一些基本结论：

一是贷存比对贷款增长有较大的负向影响。数据和模型估计结果表明，外资法人银行贷款增速和贷存比之间存在明显的负相关关系。从近两年来 15 家外资法人银行的贷款累计增速和平均贷存比的变化情况看，两者存在负相关关系，相关系数为 −0.48。这说明贷存比监管对贷款增长有约束作用，即贷存比越高，贷款增长越慢。

借款增速（2010 年 6 月末至 2012 年 6 月末累计增速）

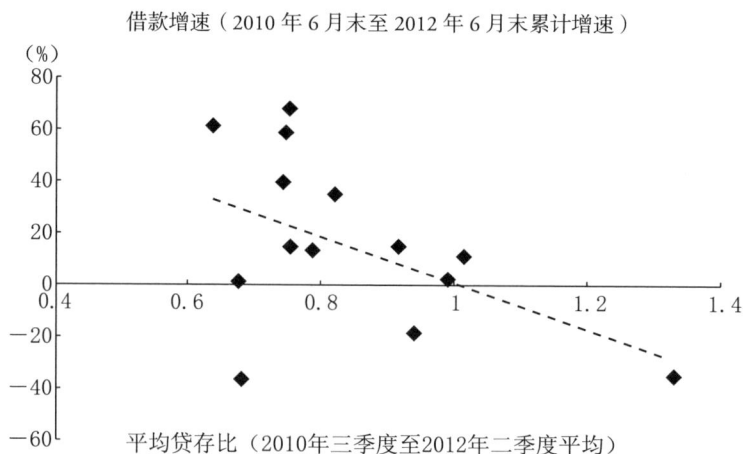

平均贷存比（2010年三季度至2012年二季度平均）

15 家在沪外资法人银行贷存比和贷款增速变化情况

二是从时间来看，贷存比对贷款的影响程度是不同的。由于外资法人银行贷存比监管的宽限期至 2011 年底，最近两年的贷存比对外资法人银行的贷款增长影响更为显著，贷存比对银行贷款的影响程度最为明显的阶段在 2011 年。2012 年开始，尤其是二季度，贷存比对贷款增长的影响有所减弱，但仍有较大影响。

三是分机构看，贷存比对贷款的影响程度有差异。从参数可以看到，外资银行贷款关于贷存比的弹性为负，但弹性值差异明显，最大值为 -0.31，最小值为 -0.006。这与诸多因素有关，既有可观测因素（如贷存比高低），也有不可观测因素（如银行网点数量、经营管理水平）。通常来说，对于贷存比偏高、获取存款能力偏弱的银行，贷款关于贷存比的弹性较大，贷款供给的波动也较大；对于贷存比较低、获取存款能力较强的银行，贷款关于贷存比的弹性较小，贷款供给的波动也较小。各银行贷存比的实际数值决定了其对贷款增长约束作用的大小。

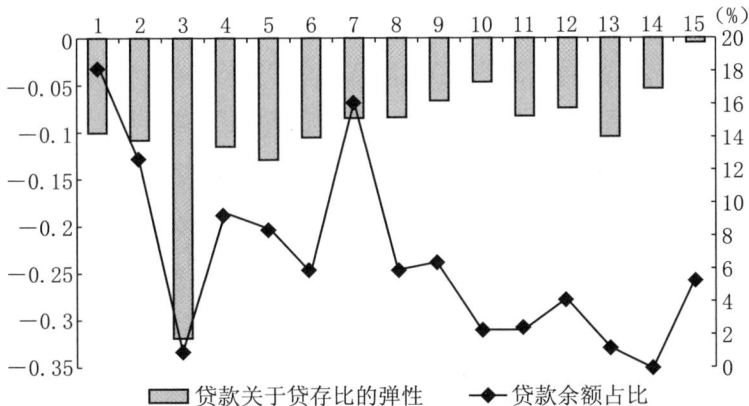

15 家外资法人银行的贷款关于贷存比的弹性情况

四是贷存比会影响贷款关于利率的弹性。贷款关于利率的弹性用 $a_2 + a_3 k_{i,\ t-1}$ 来表示，由于 $a_2 > 0$，$a_3 < 0$，一般来说，贷款关于利率的弹性为负，且贷存比越高，贷款关于利率的弹性越大。这表明，当央行采取紧缩的货币政策时，对于贷存比相对较高的银行，利率提高将使其贷款下降的幅度更大。因此，贷存

比差异将影响货币政策的传导，尤其是某些贷存比偏高的银行出现贷款大幅波动，可能对经济金融稳定产生影响。

五是贷存比监管的松紧和方式会导致贷存比的影响力产生差异。由于贷存比不是监管部门的核心监管指标，难免产生监管松紧不一和地区差异，当严格监管时，会放大贷存比的效果。如果贷存比是一个硬约束指标，一般银行会设定贷存比的内部警戒线，目前上海法人外资银行的内部警戒线均值约为 71%，并层层分解考核任务，部分商业银行分行的增量贷存比甚至被控制在 50% 以内。同时，日均贷存比和时点贷存比的影响也存在不同。在商业银行习惯冲时点数据的情况下，时点贷存比一般要比日均贷存比要低。连续的时点贷存比考核（即每天均应达到贷存比要求）要比非连续的时点贷存比考核（即仅考核旬末或月末时点数）严格。显然，对贷款增长影响最大的是实行连续贷存比考核。

三、有关政策建议

从 16 家上市银行 2011 年的年报来看，除四大国有银行、小的城商行之外，股份制商业银行的贷存比均在 70% 以上，部分甚至接近 75% 水平，因此整个系统贷存比的剩余空间不大，贷存比指标对贷款增长的硬约束将会逐步加强。理论和历史经验表明，外汇占款的增长变化对贷存比有着决定性影响。随着外汇占款增速的大幅下降甚至出现负增长，贷存比有可能逐步上升，如果继续维持 75% 的监管红线可能对商业银行信贷投放造成显著紧缩影响。从我国经济的发展阶段来看，未来外汇占款增速持续下降或者负增长是大概率事件。从国际经验看，随着金融市场发展和资金来源多元化，商业银行贷存比存在上升的规律，继续沿袭硬性监管要求不利于商业银行稳健经营。为此，需要根据形势对相应监管框架做出一定调整。

（1）优化流动性监管框架。一是引入更加科学的流动性监管指标。由于贷存比指标没有全面考虑资产负债的流动性匹配状况，贷存比高低无法充分反映银行实际流动性状况。建议引入巴塞尔协议Ⅲ中的流动性覆盖率和净稳定资金比例指标，根据资产负债的不同流动性加权平均，综合考量银行流动性。二是增强贷存比监管的逆周期性。从调控角度看，贷存比监管的主要缺陷是不能逆周期调节，缺乏弹性。建议适时修改《商业银行法》，将贷存比作为监管参考指标，参考阈值由有关部门根据经济金融形势相机确定，即当需要紧缩贷款时适当提高、当需要放松贷款时适当降低。

（2）优化贷存比监管方式。考虑到监管框架调整及法律修订需要一个过程，为避免贷存比监管在极端情形下导致信贷紧缩，目前可通过调整监管方式来缓解贷存比对信贷增长的约束。一是拓展各项存款统计口径。目前，证券公司存款、财务公司存款、信托公司存款、金融控股公司存款等同业存款中，相当部分是稳定性较强的定期存款，有助于优化银行资产负债期限结构。随着金融市场在银行资金来源中的地位上升，银行在长期拆借资金交易中会沉淀一部分较为稳定的资金，也有助于其优化资产负债期限结构。建议将同业存款中一定期限以上的存款和部分同业拆借沉淀资金纳入存款核算。二是调整各项贷款统计口径。在各项贷款计算口径中，可以扣除票据贴现（票据贴现是中小企业重要的融资方式，且部分银行在日常管理中，授信对象并非贴现客户，而是承兑行），或者对小微企业的贷款按一定比例予以扣除。三是逐步改进贷存比考核方式。在当前经济下行压力较大、贷存比约束增强的情况下，同时实行日均贷存比和时点贷存比对贷款的紧缩效应较为明显。建议当前不实行日均贷存比考核，仅实行非连续的月末时点贷存比考核；待经济好转、时机成熟时，完全取消期末时点贷存比考核，强化日均贷存比考核。

（3）优化银行资产负债结构。一是加快推动利率市场化改革。建议适度扩大存款基准利率上浮范围，给予各银行更大的利率决定权限，贷存比紧张的银行通过适度提高存款利率来吸引本地居民存款。进一步发挥上海银行间同业拆放利率的基准作用，扩大其在市场化产品中的应用，为银行中长期产品定价提供有效基准。二是促进银行资产业务多元化。目前，我国商业银行资产结构仍较为单一，投资和交易类资产收益率偏低，非利息收入占比较低。这种单一的业务结构直接导致贷款业务的快速扩张，增加了收益的脆弱性。建议大力推进资产证券化等创新业务，引导商业银行积极构建基于核心业务领域的多元化业务体系，努力改善资产结构，增强资产配置能力。三是拓展银行资金来源渠道。进一步扩大商业银行发行次级债的范围，扩大中小商业银行资本金的补充渠道。支持商业银行在证券交易所和银行间债券市场发行金融债券，允许发行大额可转让存单并计入各项存款，提高负债和存款管理的主动性，实现负债与资产的主动匹配。

完善跨境资本流动管理 *

为防止国际资本大进大出，我国必须对资本跨境流动采取更加谨慎的态度，结合国内外经济运行背景和周期性特征，在充分发挥其积极作用的同时，加强对资本跨境流入和流出监管，既要防止异常资金大量流入，又要警惕异常资金大量流出风险。

美国次贷危机爆发以来，国际金融市场波动剧烈。在外部环境不确定性上升的情况下，如何对资本跨境流动实施有效监管，防范国际金融市场动荡引发的风险传染，不仅成为各方关注的焦点，而且也是当前金融与外汇管理工作的紧要任务。2008 年 8 月，新修订实施的《外汇管理条例》把加强资本跨境流动监管摆在更加突出的位置，从多方面进一步明确和强化了监管要求。因此，结合国际金融形势的变化，全面正确地认识资本跨境流动的性质，对于贯彻落实新条例精神、制订和完善相关配套政策、提高监管的有效性都具有极其重要的现实意义。

一、重视资本跨境流动的内外生性因素

资本跨境流动的内生性和外生性，衡量的是资本跨境流动由经济运行发展的内在因素决定，还是由外部的经济金融政策决定。区分的意义在于，可根据

---

* 本文发表于《中国金融》2009 年第 1 期，原题为《对当前资本跨境流动性质的几点认识》。

资本跨境流动的外生性程度，合理估计经济金融政策（或政府干预）能在多大程度上影响资本跨境流动，从而确定政策发挥作用的有效边界。

改革开放以来，我国外资流入量快速增长，成为发展中国家里的最大外资流入国。一方面，我国处在工业化快速发展阶段，客观上存在利用外资弥补资金缺口、缓解就业压力、拉动经济增长的需求；另一方面，国外资本看好我国经济发展前景，也有进行投资的愿望和信心。日本、韩国的发展经验表明，经济持续快速增长时期往往伴随资本的不断流入。这种资本跨境流动是由内生性因素决定的，在很大程度上是经济全球化和国际产业调整转移的结果，有一定的必然性和合理性。

我国资本跨境流动的外生性因素主要体现在两个方面：一是政策导向作用。我国长期对商品出口和引进外资实行鼓励政策，出口收入和外商直接投资（FDI）流入在外资流入中一直占较大比重。但过度扩大出口和盲目吸引外资，难免出现把关不严的问题，使一些以投机为目的的国外资本有机可乘，假借贸易或投资等渠道流入。二是利率、汇率走势，本外币正向利差和人民币汇率升值预期为国外资本提供了套利机会，是近几年资本流入的一个重要诱因。

近年来，国际收支不平衡已成为我国经济运行的突出问题和深层次矛盾之一。从资本跨境流动内生性的角度看，这种不平衡是国民经济总量和结构不平衡的集中体现，只有加快转变经济增长方式，推进产业结构优化升级，才能从根本上解决这一问题。不过，这是一项长期性的任务，不可能一蹴而就。从资本跨境流动外生性的角度看，政策调整的余地比较大，可以通过调整外资、外贸、汇率、利率等政策来引导和规范资本跨境流动，并借助政策纠偏，防止和化解因政策设计不合理所导致的系统性风险。由于目前的外汇管理方式主要以行政性调控手段及规范市场主体交易行为为主，带有强制性明显、可调节度不高和前瞻性不足的特点，单凭外汇管理局或外汇管理本身，很难有效调节资本跨境流动。在开放经济条件下，一国宏观经济政策所追求的理想目标是在实现经济内部均衡的同时实现经济的外部平衡。我国目前面临着经济内外失衡共存的复杂局面，使用单一的宏观经济政策难以完全实现经济内外均衡的目标。因此，当前必须充分发挥各项经济政策的协调作用，综合运用多种手段解决经济中存在的问题。只有加强外汇管理政策与产业政策、财税政策、货币政策、投资政策、经贸政策、社会保障政策的搭配，才能产生足够的影响资本跨境流动的政策合力。与此同时，我们也应看到，在引导资金合理流入的同时，也要进一步促进贸易和投资便利化，稳步拓宽资金流出渠道，促进国内资金有序流出，缓解当前国际收支失衡问题。

二、关注资本跨境流动负面影响

资本跨境流动的正效应和负效应，衡量的是资本跨境流动产生的影响是正面的，还是负面的。区分正效应和负效应的意义在于，充分认识到资本跨境流动效应的二重性，客观、全面地评估其综合效应。

资本跨境流入是我国综合国力和国际竞争力不断增强的反映，带来的正效应是显而易见的：弥补了国内储蓄和投资的缺口，满足了经济快速增长所带来的巨大资金需求，进而推动了实体经济增长，改进了经济福利水平；在一定程度上推动了国内产业结构调整，不仅为产业结构调整提供资金支持，还常常能一并引入先进的管理经营理念和技术，促进了先进产业的可持续发展；促进了国内金融市场的发展，随着资本的持续流入，金融市场的供求规模不断扩大，金融交易量明显上升，客观上要求金融产品不断创新，以及外汇市场、货币市场和资本市场的联动发展。

与此同时，资本跨境流入的负效应也不容忽视。随着我国经济外向度的提高，持续的资本跨境流入强化了国内与全球经济的联系，也加大了经济运行的风险传染和脆弱性。就当前情况看，持续大规模的资本净流入给国内注入了大量流动性，加大了货币调控操作的难度，影响到宏观调控的灵活性和有效性。不仅如此，资本持续流入还有可能导致国内资产价格上涨，投资、财富和消费的迅速增加，同时造成不稳定的财富和支出效应，对国内消费者和生产者提供虚假的信号，并对国内储蓄、汇率稳定和经济增长造成危害。

国际经验表明，异常资本跨境流动是诱发市场动荡乃至金融危机的重要因素之一。在外汇管理改革中要把防范风险放在突出位置，发挥外汇管理对宏观经济稳定的促进作用，尽早建立健全防范短期投机资本冲击的机制。在当前全球经济增长不确定性增加、国际金融市场出现动荡的形势下，一些发达国家利用金融优势向发展中国家转嫁风险，部分投资银行和对冲基金陷入流动性困难，急于将资金从新兴市场抽回，资本跨境流动的负效应有所增强。为防止国际资本大进大出，我国必须对资本跨境流动采取更加谨慎的态度，结合国内外经济运行背景和周期性特征，在充分发挥其积极作用的同时，加强对资本跨境流入和流出监管，既要防止大量流入，又要警惕大量流出风险。

三、警惕虚拟性资本跨境流动

资本跨境流动的实体性和虚拟性，衡量的是资本跨境流动同实体经济运行结合的宽紧程度。传统的资本跨境流动由国际贸易、直接投资等引起，从属于实体经济，运行比较稳定。随着国际金融市场的快速发展，资本跨境流动逐渐脱离实体经济而独立运行，表现出越来越强的虚拟化趋势。这种虚拟性的跨境资本流动能快速膨胀或收缩，带有很强的不确定性和投机性。区分实体性和虚拟性的意义在于，使规范资本跨境流动的对策措施更有选择性和针对性。

近年来，我国国际贸易规模不断扩大，直接投资发展迅猛。由此产生的跨境资本流动也呈现快速增长势头。对于货物贸易和服务贸易的外汇收支，新条例主要强调其应当具有真实、合法的交易基础，经营结汇、售汇业务的金融机构应当按照国务院外汇管理部门的规定，对交易单证的真实性及其与外汇收支的一致性进行合理审查；对于直接投资，投资者经有关主管部门批准并到外汇管理机关办理外汇登记等必要手续，其外汇收支可正常进行。这种有充分实体性交易背景保证的资本跨境流动，是对国际贸易和直接投资发展的重要支撑，外汇管理不能将两者割裂，应尽量提升监管手段，简化业务手续，进而有力地推动国际贸易和投资活动的便利化。

值得关注的是，随着金融投资领域的逐步开放，当前资本跨境流动的虚拟性明显增强。由其他发展中国家以往的经验教训不难发现，一些发展中国家过早地开放资本市场，导致本国资本市场大幅震荡，极大地损害了金融市场的稳定，严重时甚至会爆发金融危机乃至影响整个社会稳定。传统的外汇管理手段并不完全适用于这一类型的资本跨境流动，必须尽快建立起针对虚拟性资本跨境流动的管理体系：一要加快外汇市场发展。新条例已允许境内机构自行保留经常项目外汇收入。但若要让境内机构愿意保留外汇，则需要一个比较发达的外汇市场，使其能够运作和管理存量外汇资金，以应付日常外汇流动性的需要，并获得必要的收益率。银行的外汇产品和服务由此获得更大的发展空间。对宏观经济来说，国内也由此形成了广义储备，可充分发挥"民间蓄水池"的作用，并在资本流入和货币调控之间建立富有弹性的缓冲带。否则，境内机构将更多地结汇，直接增加了外汇储备的压力。二要强化资金流出入均衡管理。对没有实际贸易和直接投资背景的资本、未经许可的证券投资基金，要禁止或严格限制其流入。要高度关注短期外债，促使短期外债与中长期外债保持一个合理比例，同时要重视或有外债问题，对外资企业历年未汇回利润、其他各种对外应付未付款要采取必要的平滑流动措施，防止它们一旦形势逆转时集中汇出。要加强对外汇指定银行的资产负债管理，防止其出现严重的货币错配和期限错配。三要合理引导社会公众的心理预期。国际金融理论表明，心理预期对资金流动和汇率波动有较大影响。目前国内市场普遍预期人民币汇率增加弹性后将趋于升值，于是各类市场主体纷纷减少外币资产、增加外币负债，资金流入随之增加。社会公众的心理预期受社会舆论影响很大，为此，要正确对待媒体宣传，尽量避免或减少媒体炒作，进而引导社会公众形成稳定、合理的心理预期，促进跨境资本的有序流动。

对国际金融危机的几点思考 *

2007 年爆发的美国次贷危机在 2008 年以来没有出现任何缓和的迹象。美国部分金融机构经营陷入困境的局面，直接引发了全球金融市场的剧烈动荡，次贷危机向全球范围内扩散的速度也开始加快。为缓解市场危机，一些国家央行通过注资、降息等手段向金融系统紧急注入流动性，一场全球范围的救赎行动正在上演。在这一背景下，此次危机越来越多地受到人们的关注。关于次贷危机形成的背景、表现和原因、损失及影响，以及一些国家应对危机的政策干预和效果评价等问题，成了一个全球性的热点话题。

美国次贷危机是指由于美国次级抵押贷款借款人违约增加，进而影响与次贷有关的金融资产价格大幅下跌导致全球金融市场动荡和流动性危机。在这一危机中，高度市场化的金融系统相互衔接产生了特殊的风险传导路径，即低利率环境下的快速信贷扩张，加上独特的利率结构设计使得次贷市场在房价下跌和持续加息后出现偿付危机，按揭贷款的证券化和衍生工具的快速发展，加大了与次贷有关的金融资产价格下跌风险的传染性与冲击力，而金融市场国际一体化程度的不断深化又加快了金融动荡从一国向另一国传递的速度。在信贷市场发生流动性紧缩的情况下，次贷危机最终演变成了一场席卷全球的金融风波。

---

* 本文由两篇文章整理而成，一是发表于《国际金融报》2009 年 2 月 13 日第 6 版，原题为《对全球金融海啸的几点思考》；二是发表于《国际金融报》2008 年 3 月 20 日第 2 版，原题为《美次贷危机对中国经济影响到底多大》。

与传统金融危机不同的是，次贷危机中风险的承担者是全球化的，所造成的损失是不确定的。次贷的证券化分布以及证券化过程中的流动性问题，使得经济金融发展中最担心的不确定性通过次贷危机集中体现出来。也正是由于上述不确定性造成了次贷损失的难以计量和对市场的巨大冲击。既然如此，那么次贷危机会对中国这个全球最大的发展中经济体产生怎样的影响呢？有哪些有用的启示呢？

由于我国仍然存在一定的资本管制，次贷危机通过金融渠道对中国经济的稳定与健康的直接影响比较有限，对中国经济的短期直接影响总体上不会太大。但在经济全球化的今天，我国与美国、全球经济之间的联系日益密切，因此，次贷危机对我国经济长期发展中的间接影响不可低估。

一、国际金融危机对我国直接影响比较有限

1. 国内金融机构损失有限

国内一些金融机构购买了部分涉及次贷的金融产品。由于我国国内监管部门对金融机构从事境外信用衍生品交易管制仍然比较严格，这些银行的投资规模并不大。虽然还没有明确的亏损数据，但这些银行的管理层普遍表示，由于涉及次贷的资金金额比重较小，带来的损失对公司整体运营而言，影响轻微，少量的损失也在银行可承受的范围内。

2. 国内金融市场动荡加剧

随着国内外金融市场联动性的不断增强，发达国家金融市场的持续动荡，必将对我国国内金融市场产生消极的传导作用。一方面，会直接加剧国内金融市场的动荡；另一方面，外部市场的持续动荡会从心理层面影响经济主体对中国市场的长期预期。以2008年年初为例，部分国际知名大型金融机构不断暴露的次贷巨亏引发了一轮全球性的股灾。1月份，全球股市有5.2万亿美元市值被蒸发，其中，发达国家市场跌幅为7.83%，新兴市场平均跌幅为12.44%，中国A股以21.4%的跌幅位居全球跌幅的前列。持续动荡所导致的不确定性会

影响到市场的资金流向，加之香港市场与内地市场的互动关系日益密切，香港市场的持续动荡很可能对内地市场形成实质性的压力。在直接融资比例不断提高的情况下，国内金融市场的动荡很可能会引起国内资产价格的调整，从而进一步影响国内金融市场的稳定。

二、国际金融危机对我国间接影响不可低估

1. 出口增长可能放缓

在拉动中国经济增长的"三驾马车"中，出口占据着非常重要的位置。从经济总量上看，出口在 GDP 中的比重不断升高，2006 年超过 1/3，2007 年虽然增速有所回落，仍增长了 25.7%。从就业上看，外贸领域企业的就业人数超过 8000 万人，其中，加工贸易领域就业近 4000 万人。2001 年以来，在所有的对外出口中，中国对美国出口比重一直保持在 21% 以上，出口增长速度也很快。

由于外贸对目前中国经济增长具有非常重要的作用，而美国又是中国最大的贸易顺差来源之一，因而美国经济放缓和全球信贷紧缩，将使我国整体外部环境趋紧。次贷危机爆发以来，美国经济增长存在较大的下行风险，消费者信心快速下滑。尽管中国出口结构的升级和出口市场的多元化可以在一定程度上减轻美国需求变化对出口的影响，但事实上，中国出口增速从未与美国经济增长脱节。只要美国经济出现衰退，中国出口就有可能明显放缓。2007 年第四季度的数据也显示，中国的出口增速较前三个季度下降了 6 个百分点，低于全年的平均水平。因此，次贷危机可能会对我国未来的出口产生不利的影响，而对出口的影响一方面会直接作用于我国的经济增长，另一方面会通过减少出口导向型企业的投资需求而最终作用于整个宏观经济。

2. 货币政策面临两难抉择

全球经济的复杂多变，严峻挑战着我国的货币政策。一方面，美欧等主要经济体开始出现信贷萎缩、企业获利下降等现象，经济增长放缓、甚至出现衰

退的可能性加大。另一方面，全球的房地产、股票等价格震荡加剧，以美元计价的国际市场粮食、黄金、石油等大宗商品价格持续上涨，全球通货膨胀压力加大。所以，我国不但要面对美国降息的压力，而且要应对国内通货膨胀的压力，这些都使货币政策面临两难的抉择。

3. 国际收支不平衡可能加剧

美国次贷危机爆发以来，全球经济运行的潜在风险和不确定性上升。一方面，在发达国家经济放缓、我国经济持续增长、美元持续贬值和人民币升值预期不变的情况下，资本净流入规模加大。随着次贷危机的不断恶化，美国可能采取放松银根、财政补贴等多种方式来防止经济衰退，而这些政策可能在今后一段时间内加剧全球的流动性问题，国际资本可能加速流向我国寻找避风港。与此同时，国际金融市场的持续动荡、保守势力的抬头、我国企业自身竞争力不足等因素可能会对我国的资本流出产生影响，导致资本净流入保持在较高的水平，加剧我国国际收支不平衡的局面。另一方面，由于发达国家的金融优势，国际金融市场的风险可能向发展中国家转嫁。随着我国对外开放的程度越来越高，境外市场的动荡可能会影响到跨境资金流动的规模和速度，加大资金调节的难度，而且一旦出现全球性的金融危机，可能会加大我国国际收支波动的风险。

4. 人民币升值预期可能加大

在美国经济增长乏力的情况下，可能会采取宽松的货币政策和弱势美元的汇率政策，来应对次贷危机造成的负面影响，这些都可能加剧人民币升值的预期。一方面，在美国采取宽松货币政策同时，中国趋紧的货币政策会加大人民币的升值压力。近几年，在国际收支不平衡和流动性偏多的情况下，为了缓解国际游资投机人民币的压力，我国央行倾向于把人民币存款利率与美元存款利率保持一定的距离。自次贷危机爆发后，美国为应对次贷危机的负面影响，采取了减息等货币政策措施。1月22日、1月30日和3月18日，美联储分别宣布，降低联邦基金利率75个、50个和75个基点，减息幅度非常大。目前，中美利差已经形成了倒挂。如果中美货币政策继续反向而行，扩大的利差将增大热钱流入的动力，人民币将面临更大的升值压力，央行的对冲也将变得更加困难。另一方面，弱势美元政策在不断向全球输出流动性的同时，会直接影响人民币对非美元货币的贬值。自 2005 年人民币汇率形成机制改革以来至 2007 年底，人民币对美元汇率累计升值 13.31%，对欧元汇率累计贬值 6.12%，对日元汇率累计升值 14.04%。人民币对美元升值，对大部分非美元货币贬值的结构性差异一直伴随着汇改，并在最近几个月的国际金融震荡中更趋明显。在这种情况下，非美元货币地区对人民币汇率制度改革的要求可能会加大，不对称的汇率结构体系给人民币升值带来新的压力。

5. 境外投资风险加大

从企业"走出去"的角度看，美国次贷危机对中国企业"走出去"的影响可以分为有利和不利两个方面。有利的是，次贷危机有助于我国金融机构绕过市场准入门槛和并购壁垒，以相对合理的成本扩大在美国的金融投资，通过收购、参股和注资等手段加快实现国际化布局，在努力提升自身发展水平的同时为"走出去"企业提供高效便捷的金融支持。不利的是，目前国际金融市场的动荡和货币紧缩，无疑加大我国企业走出去的融资风险和投资经营风险。而且，随着次贷危机的不断深入，投资者的风险厌恶和离场情绪会引起更高等级的抵押支持证券的定价重估，从而危及境内金融机构海外投资的安全性和收益性。

目前，次贷危机还没有结束，其对中国经济的影响还有待作进一步的分析和观察。然而，可以明确的是，在现阶段必须高度重视次贷危机对美国经济和全球经济的进一步影响，防止外部环境恶化作用于国内整体经济运行。尤其是要重视观察前期宏观调控政策的累积效应，结合外围和内部情况的变化适时作出灵活反应，熨平经济波动，保持经济平稳运行。

三、相关启示及建议

1. 金融机构永远要将风险控制放在第一位

在经济持续快速增长和流动性较为宽裕的背景下，投资者对经济发展的前景较为乐观，往往会低估风险。但是经济发展具有周期性，处在经济周期上升阶段的经济主体基于盲目乐观情绪购买的资产不一定就是优质资产。美国次贷危机就是一个最新的例子。低利率和房价上涨使房地产市场的投机气氛迅速激发，然而在利率提高和房价持续走低后，次贷危机迅速暴露。因此，作为经营风险的金融机构，永远要将风险控制放在第一位。以商业银行为例，近年来，我国的商业银行纷纷完成了股份制改造，各家银行十分重视利润的增长，纷纷加大了信贷投入。与此同时，在我国市场上也存在着低利率和局部地区房价上涨过快的问题，因而住房抵押信贷一直被认为是优质资产。虽然可以肯定，我国的情况与美国有所不同，但是我国的金融机构包括商业银行有必要吸取美国、欧洲等国有商业银行在此次危机中遭受损失的教训，保持清醒的头脑，从预防经济周期波动和外部冲击的角度出发充分估计风险，实现自身的稳健经营和持续发展。

2. 既要加强创新又要完善监管

在美国的次贷危机中，金融创新一方面通过广泛的证券化分散了美国房地产融资市场上的风险，另一方面也加剧了金融风险的传染性和冲击力，造成了难以计量的损失。因此，我国要在不断加强金融创新的同时，完善对相关产品的监管。首先，要加强金融创新。在经济金融全球化的背景下，金融市场工具的创新正在不断加快，如果不能跟上这一发展趋势，就会在将来的全球化金融竞争中处于相对不利的位置。就目前而言，对金融衍生产品以及一些复杂金融产品的定价能力是我国金融机构的薄弱环节，因此，要努力提高定价能力，确保对风险—收益进行较为准确的评估。其次，要正确认识金融衍生品市场的发展。衍生品市场的发展是一把"双刃剑"，其产品虽然可以对冲和分散风险，但不会消灭风险。层出不穷的金融衍生产品拉长了资金的链条，美国的次贷危机就是通过 MBS、ABS、CDO 等典型的金融衍生工具，使得高风险的房地产资产以证券化方式进入投资市场。目前，我国正处于发展金融衍生品市场的初期阶段，虽然规模较小，但是要从起步阶段就注意有效控制和化解市场风险，提高银行业的信用风险管理水平，审慎稳步地开展资产证券化。第三，要尽快完善金融监管。在金融创新过程中要搞好相关政策法规的配套,加强对金融创新产品尤其是金融衍生产品的监管。通过尽快完善相关的监管框架,明确风险资本管理政策,加强并完善对场外交易的监控,强化对金融机构的风险提示等措施,不断提升监管水平。

3. 稳步推进资本项目可兑换

客观地说,在美国次贷危机中,稳步推进资本项目可兑换的既定政策,对隔离境外金融风险作出了较大贡献。作为一个新兴的市场经济体,在自身经济和金融结构存在诸多缺陷的情况下,适度的外汇管理是抵御国际游资冲击的一道重要"防火墙"。尤其是随着我国金融开放不断深入,积极稳妥地推进资本项目可兑换,可以有效地防止相对脆弱的金融体系完全暴露在国际经济环境中,降低各种外部不确定性。因此,推进资本项目可兑换是一个相对长期的、渐进的、水到渠成的过程,要与经济发展水平相适应,与宏观调控和金融监管的能力相适应,与对外开放的要求相适应。目前,我们要审慎放开资本账户,切实加强外汇监管,密切关注次贷危机的后续影响。当然,在经济金融化和金融全球化的趋势下,采取切实有效的措施,有条件、分步骤、分阶段地推进资本项目自由化也是必然的,而且巨大的外汇储备和快速发展的宏观经济已经为相关的改革提供了坚实的基础。

在经济全球化的大趋势下,任何一国的经济发展都无法摆脱其他国家的影响。在世界日益感受到中国影响的同时,"全球因素"也应成为中国经济发展和宏观调控政策中的重要变量。有鉴于此,我国的经济发展必须充分考虑全球经济变动的影响,在着手防范以化解金融外汇市场风险、维护金融稳定、完善汇率机制改革的同时,加强与国际社会的对话和协调,共同应对全球化的挑战。

第 五 编

金融法治与环境：
重要软实力

论金融生态环境建设与金融法制化 *

　　金融生态是借用生态学上的提法对金融环境进行的描述，通常指金融运行的一系列环境要素，主要包括宏观经济环境、法制环境、信用环境、市场环境和制度环境等方面。在金融生态的诸要素中，金融法制环境最为关键，影响着金融生态环境的有序性、稳定性、平衡性和创新能力，决定着金融生态环境的生存与发展空间。概言之，金融生态的本质问题就是法制问题。在金融领域，"法制"一方面体现为所制定的金融法律法规是科学的、完备的；另一方面则要求金融从业者、监管机构及相关人员在金融活动中均能严格守法、执法与护法。这种状态我们称之为金融法制化，其目的是通过建立完备的金融法律体系，严格的执法制度，公正的司法制度，为金融市场参与者提供一系列规则，以保护金融市场主体的合法权益，维护金融市场的公平秩序，保障金融市场的公正与效率。金融法制化是建设和谐金融生态的实质内容，是金融立法、执法与司法的综合体现，是金融业有法可依、有法必依、执法必严、违法必究的有机统一，也是建设国际金融中心的"基础设施"与坚强保障。

一、有法可依是金融生态环境建设的前提和基础

　　金融领域的有法可依，是要求建立健全科学完备的金融法律体系，即要制

---

* 本文发表于《上海金融》2006 年第 6 期。

定出一系列反映经济金融发展规律，反映金融实践客观需要，特别是反映广大投资者、债权人利益的金融法律法规，为发展和治理金融业、建设和谐金融生态提供依据和尺度。我国的金融立法，主要开始于改革开放并逐渐走向市场经济的转轨时期。这一时期的立法奠定了中国金融法律体系的基础，并为金融业全面走向市场提供了可靠保障。

金融立法的成就主要体现在颁布了具有里程碑意义的《中国人民银行法》、《商业银行法》、《保险法》、《票据法》、《证券法》、《担保法》、《中国银行业监督管理法》等基础法律。《反洗钱法》、《破产法》、《反垄断法》等也将出台，这些法律将会成为中国金融法制建设史上新的里程碑。行政法规方面主要出台了《外汇管理条例》、《金融违法行为处罚办法》、《期货交易管理暂行条例》、《人民币管理条例》、《金融机构撤销条例》、《外资金融机构管理条例》等等。部门规章方面主要实施了《国际收支统计申报办法》、《结汇、售汇及付汇管理规定》、《银行间外汇市场管理暂行规定》、《金融机构反洗钱规定》、《关于完善人民币汇率形成机制改革的公告》、《关于扩大外汇指定银行对客户远期结售汇业务和开办人民币与外币掉期业务有关问题的通知》等等。

实践证明，十多年来，以金融法律为核心、行政法规为主体、部门规章为补充的金融法律体系促进了货币政策制定和执行的科学性、权威性，完善了金融宏观调控，较好地满足了我国社会主义市场经济条件下外汇市场、证券市场、期货市场、保险市场、黄金市场、信托市场的发展与金融业改革的迫切需要。以法律法规的形式将金融政策规范下来，不仅能够强化政策的执行力并减少执行成本，还可以一定程度上防止不利于金融生态健康发展的政策出台，避免立法错位。金融法制可以为和谐金融生态建设提供良好的前提条件和基础。

二、有法必依是金融生态环境建设的中心环节

金融法制化的有法必依，是要求各级金融监管部门及其工作人员、金融从业机构和人员都必须把已公布实施的金融法律、法规、规章作为行为准则，在法律法规许可的范围内从事活动，严格依法办事。在法制社会，法律的宗旨在于引导、调整和规范社会关系和社会生活。有了法律，即使是完备的，如果弃之不用，不依法办事，就无法实现其存在的价值，无法发挥应有的作用，法律也就成为一纸空文，并影响人们对法制的信心。

有法必依是构建和谐金融生态环境的中心环节，我国当前金融领域，有法不依、有法乱依的现象时有发生，严重影响和谐金融生态的建设。要做到有法必依，首先要加大法律宣传力度，提高民众的法律意识。思想是行动的总根源，思想上始终有着法律意识，行动上自然迈着法制的脚步。其次，要加强对金融从业者的法律培训，强化合规监督，把握法律规范本身和透过法律条文领会立法者的意图。只有对法律条文及立法者的意图有着准确的理解，才能从根本上避免依错法的现象，立法的初衷才能得到完满的体现，金融活动才能有条不紊地进行，金融环境才能秩序井然地运转。第三，各级金融监管机构和金融机构要建立健全内部问责机制，严惩有法不依和有法乱依现象。从单个有机体着手进行清洗过滤，完善内控制度，让金融生态环境下的每个细胞健康运行，金融生态环境就会呈现出生机和活力。

三、执法必严是金融生态环境建设的关键

在金融法制的生成过程中，树立金融法律至高无上的神圣地位是一项系统工程，需要社会各界的积极参与，执法必严是这一系统工程的关键一环。健全执法机制，提高执法人员素质，提高执法水平与效率，都是我国金融法制在完善制度的同时必须予以足够重视的问题。尤其是加入世界贸易组织后，我国金融法制的执行问题已不单是国内问题，随时随地都可能成为国际问题。成员方的当事人可以利用WTO的争端解决机制来对抗我国的执法不公。这既可能影响我国在国际经济环境中的形象，也可能导致相应的法律责任。因此，执法、司法机关及其工作人员在依法行使职权、适用法律规范过程中，要严格依法办事，严肃执法，切实维护法律的权威和尊严。

时至今日，信用风险仍然是中国金融业面临的最主要风险，信用文化建设是我们金融法制建设的重要内容之一。执法必严，有益于构建和培育一种良好的信用文化，防范和化解系统性金融风险。执法必严，要求有一支用法律武装起来的高素质的监管队伍。监管主体自身建设的制度化和规范化关系到整个金融监管法制水平的提高。要把防范地方政府干预、提高金融监管效率的具体措施制度化，要明确监管主体的地位并将权责规范化。监管主体内部职能部门的划分也应该顺应监管形势的需要进行改造，强化合规监督部门的作用，要强化金融监管工作人员对金融法律的掌握与执行，使他们成为新时期共和国得力的金融卫士。

四、违法必究是金融生态环境建设的保障

违法必究，是要求公民在法律面前一律平等，对于任何人的违法犯罪行为，必须平等地、毫无例外地予以追究、制裁和纠正。违法而不追究，法律必将失去权威和人们对它的信心，也等于放纵违法，最终使法律形同虚设。违法必究是以国家强制力确保法律得到贯彻实施的综合体现，是树立法律至高无上神圣地位的基本要求。金融领域的违法必究是实行金融法制的应有之义，是建设和谐金融生态环境的重要保障。

各级金融监管部门要加大对各类金融违法行为的打击力度。要尽快修订《金融违法行为处罚办法》。该办法实施以来，对查处金融违法违规行为起到了积极作用，但随着经济金融形势的发展，违法违规形式发生了许多变化，应当细化和严格责任追究制度，加大行政处罚力度。坚决维护投资人权益，保护和确认存款人利益等，从而优化金融生态的经济运行环境，引导和促进积极向上的金融文化的确立和发展。

司法部门要严厉查处金融犯罪行为。要研究修订《刑法》相关条款，对银行业犯罪在《刑法》当中没有明文规定的，金融监管部门要推动提请全国人大尽快出台新的刑法修正案，并协调司法部门出台相应司法解释。另外，建议进

一步加强司法国际合作，加大引渡犯罪分子的力度，从而更有效地遏制金融犯罪的发生，严厉打击金融犯罪活动，为建设和谐金融生态书写好违法必究的重要篇章。

五、促进金融法制化，构建和谐金融生态的思考

（一）以科学发展观指导金融法制建设

法制不仅在于有法，也并非仅仅是一种手段，法制自身是一种理想、一种运动、一种过程、一种世界观。尽管我国金融立法取得瞩目成就，但在立法理念、具体规范、实施效果等方面仍有待改进。可以说，完善金融法律是建设良好金融生态环境的前提与根本。

在立法观念方面：首先，立法宜先行且层次清楚，增强立法的规划性和科学性。依法推进金融体制改革要在法律框架下进行，避免越位立法以及由此而生的有法难依现象。其次，立法宜精细化，要增强立法前瞻性，减少盲目性，理顺不同立法机构之间的接口，避免多头立法。支撑金融发展和改革的基础法律应按照为经济建设与金融改革服务，兼顾保护债权人和债务人利益以及提高市场效率的指导思想和原则进行系统修改。第三，立法宜统筹安排，规范进行。要用统一的规则规范机构创新、业务创新和产品创新行为。通过立法手段逐步推动各金融市场运行规则的统一，保证不同的市场在其基础设施方面如发行、登记、托管、结算和清算方面的规则基本统一，对于同质的金融产品按照相同的金融管理规则进行约束。最后，立法宜采取"负向清单"模式。"负向清单"是与"正向清单"相对应的立法模式。前者指立法上采取"只说不准做什么，其他都可以做"的模式，后者则指在立法上采取"说允许做什么，才能做什么"的模式。长期以来，中国金融立法主要采取"正向清单"模式，一定程度上限制了市场主体开拓创新的精神，因为他们负有"法律没有规定则不可为"的心理压力。转向"负向清单"立法，不但有助于充分调动市场参与者的积极性，而且可以避免当法律法规存在漏洞时监管当局面临的尴尬处境。

在制度设计方面：一是填补中央银行法规的空白，建立健全新时期与中央银行履职相一致的法规，如金融投资与控股公司条例、金融协作监管条例、政策性银行条例、征信管理条例、银行海外债权条例、金融信息监测条例等。二是要按照市场经济原则，尽快出台金融机构破产的专门法律，有效引导金融资源高效率配置。三是要充分借鉴国际经验，尽快建立适应我国国情的存款保险法律制度，解决通常由国家承担的金融机构破产风险问题。四是建立和完善独立监管与问责制度，进一步落实监管责任。五是完善行政管理制度，规范行政行为，有效防止行政对金融监管及金融业务运行的不正当干预。六是建立政策法规定期更新机制。对金融政策法规要进一步在规划性、系统性、针对性和操作性等方面下功夫，并且很有必要对政策法规的贯彻落实及实施效果进行科学地、持续地评价，在此基础上定期进行法规清理，该保留的保留，该修改的修改，该废止的废止，建立一套行之有效的金融政策法规动态跟踪评价和定期更新机制，力求避免法律法规之间相互冲突。

总之，作为立法者，既要满腔热忱地鼓励市场创新精神，同时又要以审慎的眼光审视其中隐含的各种风险；制定规则既要讲究不同位阶之间的协调，又要考虑同一层级法律规则的内在和谐，还要具有前瞻性，并为未来金融业的发展预留空间。此外，制度的架构必须符合法律政策运行的实际要求。

（二）提高金融执法效率，改善金融执法环境

当前，我国金融执法效率低，法制没有真正落实。一个明显的例子，就是国有商业银行对一些国有企业的贷款中形成的呆账。国有企业到期不还银行的贷款成为比较普遍的现象。有些国有企业没有钱不还贷款，有些企业有了钱也不想还贷款。平心而论，银行为了保全国有资产，没有少打官司。结果是，赢了官司，输了血本。银行不但不能从企业受偿债权，还得赔上一笔又一笔的诉讼费和律师费，常常得不偿失，徒劳无获。这也反映了诉讼状况与执法效果相脱节的现象。于是就出现了银行"丢失一只羊，吃掉一口猪，牵走一头牛，找回一只鸡"的说法。这些民间的顺口溜反映了我国目前金融法律执行困难的程

度，也从一个侧面说明，生效并进入执行程序的法律判决没有起到打击企业逃废银行债务的效果。

金融法律的执法效果不理想，除了法律本身尚不健全的原因外，与现阶段我国社会的执法环境不佳、金融市场信用基础还没有建立等薄弱环节也有很大的关系。因此，要注意做到：一是要在不断完善金融法律法规的同时，加大金融执法力度，强化公信力，提高执法效率。依靠各地党委、政府的力量，协调政法部门严厉打击涉及金融领域的各类违法犯罪行为，为金融机构提供安全保障。一方面，要提高银行监管机关的执法水平，尤其强化执法者的法律意识，努力营造讲法、护法、依法、用法的良好法治氛围。另一方面，要完善和加强司法对金融监管的执法监督，使司法程序增加透明度，减少内部行为和随意性。权力天生具有自腐性，缺乏监督的权力将会走向扭曲，损害被监管人的利益。二是要建立金融市场信用基础，大力推行信用的商业化和证券化，这是真正解决金融市场信用不良的有效方法。采用信用商业化的方法，就是采用了以"预防为主"的方法，对信用记录不好的客户，银行可以采取预防措施，减少并制止不良后果的发生。采用信用证券化的方法，就是银行采用发行债券的方式，将担保的风险分散给大众。这是针对信用出现问题时的救济方法。通过证券化的方法，以支付一定利息为条件，向大众出售担保证券、债券或契约，以及商业票据，可以筹集到大众担保的资金。由于大众分担信用风险，所以，再大的风险也会被"由大化小，由小化了"。信用承诺的执行有了市场和经营技术的支持，就变得真正可行了。解决我国的金融机构资产质量不好这一问题的根本出路，在于市场信用建设的完善。法律不是全能的，法官的作用也是有限的，再好的金融法律也只有在金融市场信用制度完善、法律监督机制健全的情形下，才能达到预期的理想执法效果。

（三）发挥法制在上海国际金融中心建设中的主导作用

长期以来，上海金融业处于中国金融业的领头羊地位。上海不但云集了大多数中外资银行和跨国公司，而且集中了大部分金融要素市场。因此，优化上海区域性金融环境对建设全国和谐金融生态圈起着举足轻重的作用。把上海建设成为国际金融中心，既是我国一项重要的国家战略，又是促进金融生态环境优化的一项重大举措。

法律制度是国际金融中心所必须具备的重要因素之一，健全的法律制度不仅体现在立法完备、司法独立、执法有效，而且包括受民众普遍尊重的法制精神与民众的法律意识。一个国家或地区（城市）能否成为国际金融中心以及这个国际金融中心的地位如何，并非凭经济实力，而很关键的是凭法律环境。英国的经济实力不如美、日，但伦敦是世界第一的国际金融中心，正是胜在法律环境上。在把上海建设成为国际金融中心的征途上，我们要借鉴国际上成功的经验，充分发挥法律的引导、推进和保障作用，着力于上海国际金融中心的整体规划和长远发展，制约政府对市场的过度干预，争取形成与建立专门的法律体系，并强化立法机构及司法机构的权威，以促进市场法制化及行政法制化进程。

建设上海国际金融中心是一个整体规划、有步骤进行的系统工程，与此相应，起主导作用的法律体系也应该是一个有机系统，应符合系统的整体性和动态性要求，从而实现金融生态与社会效益的统一。整体性方面，要在实践中推动符合金融中心建设的框架性法律、放权性法律、优惠性法律、监管性法律的完善。动态性方面，要高屋建瓴、与时俱进地完善政策法规定期更新机制。

建设上海金融法院　优化金融司法审判 *

2018 年 3 月 28 日，中央全面深化改革委员会第一次会议审议通过了《关于设立上海金融法院的方案》。4 月 27 日，第十三届全国人民代表大会常务委员会第二次会议通过了《关于设立上海金融法院的决定》。8 月 20 日，全国首家金融专门法院——上海金融法院正式挂牌成立。设立上海金融法院是党中央作出的重大决策部署，是国家整体金融战略的重要内容之一，是上海司法体制改革取得的重大成果。

2018 年 8 月 10 日起施行的《最高人民法院关于上海金融法院案件管辖的规定》，明确了上海金融法院管辖案件的具体范围。一是管辖上海市辖区内应由中级人民法院受理的第一审金融民商事案件。具体包括证券、期货交易、信托、保险、票据、信用证、金融借款合同、银行卡、融资租赁合同、委托理财合同、典当等纠纷；独立保函、保理、私募基金、非银行支付机构网络支付、网络借贷、互联网股权众筹等新型金融民商事纠纷；以金融机构为债务人的破产纠纷；金融民商事纠纷的仲裁司法审查案件；申请承认和执行外国法院金融民商事纠纷的判决、裁定案件。二是管辖上海市辖区内应由中级人民法院受理的以金融监管机构为被告的第一审涉金融行政案件。三是管辖以住所地在上海市的金融市场基础设施为被告或者第三人与其履行职责相关的第一审金融民商事案件和涉金融行政案件。

---

* 本文发表于《中国金融》2018 年第 17 期，原题为《锻造上海国际金融中心软实力》。

在机构设置上，上海金融法院按直辖市中级人民法院组建，设立案庭、综合审判一庭、综合审判二庭、执行局、政治部（司法警察支队）、综合办公室（研究室、审判管理办公室）六个内设机构，院长 1 名、副院长 2 名。上海金融法院首日立案 20 件，诉讼标的总额超过 10 亿元。

在当前国际局势复杂多变以及国内加快改革开放步伐的新形势下，上海金融法院的成立具有重大的现实意义和深远的历史意义。

一是有利于中国进一步深化金融对外开放。随着中国经济的快速增长，开放已经成为势不可挡的潮流。特别是面对当前美国外交政策所呈现的单边主义逆流，我国始终强调要继续保持和强化改革开放的战略定力，"一行两会"出台了一系列扩大金融业对外开放的政策措施。上海是我国金融对外开放的高地，上海金融法院的设立，有利于在当前环境下更好地稳定外商投资者预期，吸引国际资本，提振市场信心。同时，法治环境是国际货币基金组织认定的重要金融基础设施之一，专业独立的金融司法机制是维护金融市场稳定的重要制度和体制性要素，所以上海金融法院的设立也有利于营造良好的金融法治环境，是深化金融改革开放的必然要求。

二是有利于中国金融司法国际影响力的提升。经济强国必然是金融强国，我国要从经济大国迈向经济强国，掌握国际金融交易规则话语权至关重要。目前，世界主要的国际金融中心如英国伦敦、美国纽约等，均建立了与其金融体系特点相适应的专门金融纠纷解决体制机制。近年来，一些经济发展迅速的新兴国家也积极建立并完善了本国的金融审判体系。比如，阿联酋为了打造迪拜国际金融中心，建立了迪拜国际金融中心法院的审判体系；哈萨克斯坦首都阿拉木图市，也建立了专门的金融法院。因此，上海金融法院的设立，有利于向国际社会宣示我国的金融司法理念和裁判规则，提升中国金融司法的国际影响力。

三是有利于防范金融风险。中央经济工作会议明确提出："今后三年要重点抓好决胜全面建成小康社会的防范化解重大风险、精准扶贫、污染防治三大攻坚战。打好防范化解重大风险攻坚战，重点是防控金融风险。"全国金融工作会议确定了服务实体经济、防控金融风险、深化金融改革三项重大任务。服务保障金融的改革发展，不仅需要增强立法的及时性、针对性，在互联网技术发展和金融创新不断深化的环境下，还需要公正、高效、专业、权威的专业化金融审判体系来保障。上海金融法院的设立，对金融案件实行集中管辖，有利于更好地发挥人民法院在服务保障金融改革发展，维护国家金融安全、促进经济平稳健康发展中的职能作用。

四是有利于推进上海国际金融中心建设。近年来，上海国际金融中心建设成绩显著，金融市场完备，金融机构云集，外资机构占比高，市场规模位居世界前列，标志着上海国际金融中心建设已进入决胜阶段。从国际上看，法治化程度高低是决定国际金融中心发展水平的关键要素，在全球具有权威影响力的国际金融中心指数（GFCI）中，法治环境是十分重要的评价因素。上海金融法院的设立将对实现到2020年基本建成与我国经济实力以及人民币国际地位相适应的国际金融中心具有重要意义。

目前，上海法院已初步构成了完备的金融审判体系，形成了符合金融审判规律的审判工作机制，积累了较丰富的金融审判实践经验，建立了一支高水平的金融审判队伍。这些成绩为建立上海金融法院、推进法院金融审判体制机制改革打下了坚实的基础。下一步，上海金融法院应结合上海国际金融中心建设的实际，对标世界主要国际金融中心，不断优化金融审判资源配置，提升金融案件审判专业化水平，将上海金融法院打造成为我国金融司法的品牌。

一是聚焦重点金融领域司法审判创新，为金融发展提供更完备的司法保障。当前，我国金融业正处于高速发展阶段，金融改革创新不断涌现，金融司法审判的专业性、权威性和灵活性有待进一步提升。上海金融法院的成立，为金融司法审判创新搭建了良好的平台。建议上海金融法院结合实际，聚焦重点金融领域的司法探索。一方面，要为在沪全国性金融市场、重要功能性机构的安全运行提供司法保障。上海全国性金融市场平台、金融基础设施机构高度集中，功能性金融机构数量不断增多。以统一的司法和执法标准维护市场和机构安全有效运行，对维护市场稳定和金融安全至关重要。另一方面，要为重大金融改革开放创新提供司法保障。上海金融创新活跃、对外开放程度高，不仅会率先遇到各类复杂的金融矛盾和纠纷，跨境金融案件也日益增多。权威公正高水平的金融司法审判，才能进一步增强境内外投资者的信心，保证上海金融改革开放创新行稳致远。

二是健全诉讼与非讼机制的衔接，完善多元化纠纷解决机制。高效多元的金融纠纷解决机制是金融司法的有益补充，能够有效提高司法效率，降低司法成本。建议上海在金融纠纷非讼解决方式方面先行先试，完善调解结果的司法确认和执行机制，多渠道、多元化解决金融纠纷，切实维护金融消费者的合法权益。一方面，要进一步加强纠纷调解、金融仲裁和金融法院之间的联动。扩大上海金融法院与金融管理部门、金融纠纷调解组织的交流与合作。加快建立与上海市金融消费纠纷调解中心、上海银行业纠纷调解中心、上海市证券基金期货业纠纷联合人民调解委员会等行业性调解组织的诉调对接机制，促进纠纷快速化解。另一方面，要建立畅通的案件分流机制。严格落实司法确认制度，审查好调解协议司法确认案件，着力发挥法院为非讼纠纷解决方式提供司法保障的功能，完善人民法庭参与基层社会治理的工作机制。

三是善用现代信息工具，切实提高金融审判水平。随着金融与科技的融合，大数据等现代信息技术已经成为案件办理和审判中必不可少的手段和工具，对此，生逢其时的上海金融法院应主动应用现代先进信息技术。一方面，探索建立"金融审判信息平台"，加强审判管理，实现案件办理、审判流程的信息化，实时反映金融机构涉诉信息，提升审判的透明性和公正性。另一方面，研究建立"金融案件大数据资源库"，做好案例的二次开发。充分挖掘运用司法大数据，加强对金融案件，特别是对具有普遍性、趋势性法律问题的分析研判，定期形成金融审判大数据分析报告，为区域性、行业性、系统性金融风险的防范预警和重大决策提供信息支持。

四是加强金融法律研究，推动金融司法智库建设。金融法调整的金融关系复杂多样、性质迥异，切实提升金融审判水平，加强金融法律研究至关重要。上海金融法院一方面应加强金融审判的综合研究，梳理总结成熟的金融司法实践经验，科学引导金融交易行为，密切关注境内外金融市场发展态势，及时提出促进金融改革发展和维护金融安全的决策建议，要注重对复杂金融交易、创新金融业务等方面的研讨，为金融立法提供有益参考；另一方面，应大力推动智库建设，积极推动在沪设立"中国金融审判研究中心"，支持有关高校、智库加强对金融与法律交叉性领域的研究，广泛交流境内外金融审判经验，提升上海金融专业审判的软实力。

五是强化上海金融法院和金融管理部门、金融市场以及金融机构之间的联动。推进上海金融法院建设，深化金融审判体制机制改革是一项长期系统工程，需要各方面密切配合，形成推进合力。一方面，要强化金融监管和金融审判的衔接配合。建立健全上海金融法院与金融管理部门、金融机构等单位的信息共享渠道和工作协调机制，推动形成统一完善的金融法治体系，切实防范金融风险，维护金融安全。另一方面，要鼓励人才交流和培养。建立法院与金融部门之间人员交流与人才培养机制，探索建立金融案件咨询专家库，吸收金融专家作为人民陪审员，强化金融法官专业培训，不断提升金融审判专业化水平。

金融创新与金融稳定的关系 *

金融创新是金融发展的不竭动力，但创新是一把"双刃剑"，不受管制的过度创新就会导致金融危机，因此在推进金融创新的同时，必须高度重视金融风险防范工作。本文结合上海的情况，就地方金融工作如何更好地坚持创新与稳定协同推进，谈几点思考。

一、金融创新是金融发展的不竭动力

大力推动金融创新是推进上海国际金融中心建设的必然要求。近几年来，在国家金融管理部门和相关部委的指导和推动下，上海在金融创新先行先试方面取得了显著进展。一是聚焦自贸试验区金融制度创新。先后发布了"金改 51条"和"金改 40条"，推出了 23 项落地实施细则，基本形成了适应更加开放环境和有效防范风险的金融制度创新体系。二是推动科技金融服务创新。出台有关实施意见，设立上海股权托管交易中心"科技创新板"，推动建立覆盖全市的科技银行网络，成立上海市中小微企业政策性融资担保基金，积极开展投贷联动融资服务模式创新。三是推进金融市场体系创新。推出"黄金国际板"、"黄金沪港通"和人民币计价的"上海金"。合资成立中欧国际交易所。成立上海国际能源交易中心。成立上海保险交易所，成为全国第一个国家级、创新型

---

* 本文撰写于 2016 年 11 月，原题为《坚持金融创新与金融稳定协同推进》。

保险要素市场。此外，全国性票据交易机构、全国性信托登记机构已获批筹建。四是积极引导金融组织集聚创新。金砖国家新开发银行、人民币跨境支付系统（CIPS）、中保投资有限责任公司、中国互联网金融协会、全球清算对手方协会（CCP12）等落户上海，推动中国银行、建设银行、农业银行、国开行在上海成立业务总部或中心。积极推动金融机构创新转型发展。五是加大金融产品和业务创新，切实服务实体经济。比如，上海航运保险协会建立国际化的产品注册标准，首次实现了保险产品管理权限从监管部门到社会组织的让渡。招商银行推出国内首个社交型积分众筹的慈善产品，将移动互联的转型应用于信用卡传统积分公益事业上。太平洋资管公司首次运用保险资金以股权形式投资旧区改造项目，为保险资金投资开展 PPP 模式投资探索出了新的渠道和新的模式。

二、认清风险是做好金融创新与金融稳定工作的关键

在推进金融创新过程中要认清楚金融风险，在维护金融稳定过程中要防范好金融风险。应该说，金融风险是做好金融创新和金融稳定工作的连接点和关键点。一般而言，金融创新的风险主要有以下几种：

金融产品风险。当一种创新产品和业务出现时，收益往往易于确认，但如何识别并量化其中的风险常常并无先例可循，由于确认收益和风险的不对称性，金融机构容易提高风险偏好，增加产品风险。

金融机构经营风险。由于金融创新打破了传统上金融业务的分工和垄断，迫使金融机构不断涉足一些自己并不熟悉和擅长的业务领域，特别是在混业经营的大趋势下，增加了金融机构的经营风险。

信用风险，也称违约风险。是交易中的一方不按合同条款履约而导致的风险。在金融创新时，不少金融机构受趋利心理支使，大幅增加杠杆扩张信用，信用风险会不断加大。

市场交易风险。主要是交易的流动性风险和结算风险，即金融资产的持有

者无法在市场上找到出货或平仓机会所造成的风险。上海金融市场集中，这方面的风险要高度重视。

基础设施和技术风险。金融基础设施和技术是金融业健康发展的重要保障，若基础设施不健全或技术有安全漏洞将会大大增加交易风险，甚至引发系统性风险。

金融创新的监管套利风险。监管套利实际上就是我们通常所说的"钻空子"，主要指金融机构利用监管差异，选择按照相对宽松的标准展业，以此降低监管成本、规避管制和获取超额收益。此外，还有一些没有明确监管部门的领域存在法律、法规或政策风险，一些机构打着创新的幌子，从事非法集资等违法违规活动。这些领域应尽快立法先行，明确监管主体并赋予相应的处置权限。

三、把握好金融创新与金融稳定的平衡

作为地方政府，既要推动金融改革创新，服务实体经济发展，又要防范金融风险，维护地方金融稳定。这两个角色既存在一定冲突，也有内在的一致性。近几年来，上海在大力推进金融改革创新的同时，也注重加强金融风险防范，努力做到金融创新与金融稳定的平衡。

一是创新中求发展，发展中求稳定。按照继续当好改革开放排头兵、创新发展先行者的要求，大力推进金融改革创新各项工作，在创新发展的过程中加强金融风险防范，守住不发生系统性、区域性金融风险底线，更好地形成金融风险防范与金融开放创新的良性互动。二是优化中央、地方监管职责，积极探索综合监管和功能监管。进一步明确和优化中央和地方金融管理职责和边界，加强中央对地方金融监管工作的指导。支持上海在国家金融管理部门的指导下，建立健全金融综合监管联席会议制度，进一步加强信息沟通和监管协调，积极探索金融综合监管和功能监管。充分发挥行业组织、社会中介机构等多方面的自律、监督作用，形成齐抓共管的良好局面。三是关口前移，创新风险发

现预警机制。以互联网金融风险专项整治工作为契机，建设新型金融业态监测分析平台，全覆盖区域内类金融风险信息。依托城市网格化综合管理平台，拓展疑似非法金融活动线索发现渠道。四是依法打击，稳妥处置重大非法金融类案件。充实市、区两级打非领导小组，形成统筹协调、案件侦办、属地维稳、舆情引导的处置工作机制。突出重点，稳妥处置泛鑫案（保险代理）、畅购卡（多用途预付卡）等重大非法金融案件，严守个别机构风险向行业风险蔓延。五是压实责任，全力保障区域金融及社会稳定。市级层面，严格部门分工尽责、信息搜集研判，及时稳妥处置群体性事件，有效防范各类投资人群体交织合流。区级层面，按照属地处置和属地维稳原则，落实一事一方案一专班原则，综合运用民事、行政、刑事手段分类处置。针对跨区、跨省重大案件，通过市打非领导小组工作平台提请行业主（监）管部门、司法机关等提供工作支撑。

金融风险的防范与金融犯罪的预防 [*]

有市场就会有风险，世界金融业兴衰得失的历史，就是一部金融创新与金融风险相生相伴的跌宕起伏史。而金融犯罪，又是金融业操作经营风险的一种极端表现形式，并且随着世界各国金融市场的不断开放和融合，金融犯罪不同于以往的一大发展趋势是，其所产生的危害不再仅仅局限于微观上的经济损失，更有可能间接或直接的引发系统性金融风险，造成宏观层面上金融管理和交易秩序的混乱。

此次国际金融危机中爆发出来的纳斯达克公司前董事会主席麦道夫导演的"庞氏骗局"，涉案金额高达数千亿美元，该案对国际金融的影响与重创，至今尚未平息。2008 年 1 月，法国兴业银行一操作员涉嫌欺诈，违规操作 75 次，使得这家国际银行亏损 71.4 亿欧元，险些造成法国兴业银行的破产与重组。2011 年 9 月，瑞士联合银行一名雇员违规交易导致该行损失 20 亿美元，瑞银当日股价下挫 10.8%。

如何预防金融风险，遏制金融犯罪，是亟须重视的一个问题。面对我国金融业发展和建设上海国际金融中心的大背景，有必要从金融管理的角度，分析研究金融风险的防范和金融犯罪的预防问题。

---

* 本文撰写于 2011 年 10 月。

一、预防金融犯罪的重要意义

（一）预防金融犯罪是防范与化解系统性金融风险的应有之义

纵观世界各国在发生金融风险和动荡后，除了在经济金融体制改革方面寻找灵丹妙药外，也都十分注重对金融犯罪的预防和惩治，以求全方位堵塞漏洞。

对我国近年发生的各类金融案件的分析表明，源于金融机构内部控制和公司治理机制失效而引发的操作风险占了主体，金融犯罪在其中所占比例呈扩大趋势，出现了管理层腐败、内部工作人员违规行为以及金融诈骗等现象。其原因在一定程度上是由于银行深化内部改革，强化对业务运作流程的监控，造成过去隐蔽较深的案件较为集中地暴露所致。同时，国际金融危机以来，包括金融从业人员在内的某些社会成员，利用国内资金配置不合理和新兴市场的不规范状况，大肆实施金融违法犯罪行为。正如国际银行安保协会主席所说的那样："金融危机虽然不会带来新的犯罪形式，却可能会使犯罪分子有更多的机会在银行薄弱的地方制造更多的案件。"

不断暴露出的金融犯罪，不仅给微观的金融机构和经济个体造成巨大财产损失，而且也容易引发宏观上的系统性风险，发生波及地区性和系统性的金融动荡，甚而影响社会稳定，如不能对金融犯罪进行有效预防惩治，防范系统性金融风险也就无从谈起。

从国际经验看，金融危机后，发达国家均深刻认识到防范系统性风险、建立和强化宏观审慎监管的重要性。中央银行以及相关金融监管机构作为国家金融业管理者，是法定的金融稳定维护者，防范和化解金融风险是其核心职责。我国金融业的发展大计要求金融管理者既要监督指导金融机构和经济个体做好微观金融风险的防范，也要配合、协调好相关部门和社会各界预防和打击金融犯罪，致力于宏观系统性金融风险的防范和化解。

（二）预防金融犯罪是上海国际金融中心法治环境建设的基础性工作

上海国际金融中心建设既是国家战略，也是上海"十二五"时期实现"创新驱动、转型发展"的关键突破口。其中法治环境，是金融中心安全发展、市场集聚效应增强，对国内外资金吸引力增加的关键所在。

随着上海金融市场的不断深化，金融产品的不断创新，金融违法犯罪活动也在日益增多，并且具有涵盖面广、高智商化、专业化和集团化的犯罪特征。目前，上海金融核心功能区的发展仍处于起步阶段，金融基础设施还并不完备，金融市场的成熟度和对外界冲击的承受力尚待加强。如果发生造成系统性风险的金融犯罪，无疑对上海国际金融中心建设的软环境和建设步伐是个重大的破坏。因此，严厉打击金融犯罪，建立健全防范应对机制，是上海国际金融中心法治环境建设的一项基础性工作。

对于金融犯罪，应该坚持"惩防并举、注重预防"的思路，将金融犯罪预防纳入社会管理范畴才能真正有效地预防犯罪的发生。面对当今复杂的金融环境，不仅要用刑法的严厉惩罚来震慑犯罪，更需要金融行业本身及相关监督管理部门共同形成行之有效的惩防机制，才能从源头上预防金融犯罪的发生。

二、预防金融犯罪的主要建议

（一）将防范金融风险纳入法制化轨道，不断完善金融立法，形成金融法对刑法的强力支撑

当前，我国金融体系中存在金融犯罪风险，在很大程度上与一些金融法律制度的缺失或不完善有关。对一些新型的金融业务活动尚缺法律法规予以规范，许多金融立法缺失必要的操作规范细则，一些监管性法规也大多停留在定性规定上，缺乏明确的量化细则，操作起来较为困难。法律的欠缺和相对滞后无形中使得金融犯罪风险积聚，也使得有关部门在惩治金融犯罪行为时存在法律依据不足的困境。

只有不断完善金融法，才能将些严重危害金融交易和管理秩序的行为纳入刑法，形成金融法对金融刑法的有效支撑。因此，"十二五"期间，金融立法要以全面推动金融改革开放和发展，构建组织多元、服务高效、监管审慎、风险可控的金融体系，不断增强金融市场功能，更好地为转变经济发展方式服务为目标。从金融犯罪预防的角度看，尤其要注重将"防范金融风险"纳入法制化轨道，作为立法的一项基本原则。

中国人民银行将起草金融立法"十二五"规划，重点推进《征信管理条例》出台和《贷款通则》修订，指导金融机构加强和改进信贷管理，有效防范信贷风险。同时，将积极配合最高人民法院做好研究制定有关审理银行卡犯罪适用司法解释的工作，会同国务院法制办做好制定银行卡条例的论证和调研工作。研究论证修改《现金管理暂行条例》，制定黄金市场管理条例，配合国务院法制办修改完善存款保险条例草案，同步推进立法工作。

（二）加强金融监督管理，督促金融机构完善和落实内控制度，防范金融犯罪风险

对于金融犯罪，要尤其注重在内部管理和外部监管环节构筑"第一道"防火墙。各级监管机构在金融监督管理中，要做到有的放矢，充分掌握当地金融风险状况，摸清犯罪风险点，加强行政执法力度，对于有法不依、违章操作的金融机构和个人要加大处罚追究力度，致力于在金融监管中预防犯罪。与此同时，可以考虑将金融犯罪预防纳入金融稳定监测和金融风险预警评估机制，建立金融犯罪风险分析数据库，探索金融犯罪风险预警评估方法，加强早期犯罪预警系统等研究，提升风险监测分析水平。各监管部门之间也应注重监管政策、法规之间的协调和金融信息共享制度。

金融机构也应加强内部制约防范机制的建设。当前有些金融机构迫于经营业绩的压力，没有树立科学的发展观，不能正确认识业务发展与风险控制、速度和效益的关系，把主要精力放在上规模、争客户上，防范设施简陋，安全意识不强，从而导致犯罪分子有机可乘。监管机构应当督促和引导金融机构进一

步完善内控制度建设，夯实基础管理，结合业务拓展，按照"全方位覆盖和全过程监控"的要求，进一步规范业务操作流程，落实岗位责任制。强化技术防范手段，切实落实机构内部稽核监督检查制度等。

中国人民银行、中国银监会、中国证监会、中国保监会等金融监管部门近年来切实履行管理职责，积极致力于打击和防范金融犯罪。如在银行卡犯罪方面，中国人民银行会同中国银监会、公安部、国家工商总局发布了《关于加强银行卡安全管理预防和打击银行卡犯罪的通知》，建立了联合整治银行卡违法犯罪的长效机制，畅通情报信息渠道。认真查找银行卡业务存在的管理漏洞和风险，敦促各银行卡经营机构严格执行银行卡业务规范，全面开展银行卡市场的检查、监督。及时发布"支付业务风险提示"、"金融业信息安全风险提示"，开展"POS机信用卡套现"专项整治，配合破获"5·22"特大网络赌博案。规范和引导外汇资金有序流动，开展对异常外汇资金流入的专项检查和非现场核查，严厉打击跨境违规资金流动，完成多起外汇案件查处。和公安部门密切沟通，强化汇警合作机制。依法深入开展反洗钱工作，完善反洗钱跨部门合作长效机制，提高重点可疑交易报告研判水平。以洗钱案件协查为基础，探索与上海市国家安全部门建立反恐融资合作模式。督促金融机构自觉履行反洗钱义务，进一步提高反洗钱监管的有效性。

（三）加强与公安、检察、审判、仲裁、科研机构的专业合作，实现司法与行政机关的良性互动

金融犯罪不同于传统的刑事案件，没有一定的专业知识和市场实践很难把握其错综复杂的专业性。预防和打击金融犯罪，客观上需要金融管理行政机关和司法机关建立定期交流沟通机制，互通信息，对金融管理工作中的盲区和法律法规中的空白共同研究。

金融管理者可以帮助司法者了解金融专业性法律和规则，拓展办理金融案件的知识面，加强司法机关对证券、期货、债券、外汇、信托等新型专业案件的司法能力，保证司法机关在维护金融安全、规范金融秩序、提供司法保障方

面的辐射作用。司法机关在严惩金融犯罪的同时，也要注重加强对金融犯罪的预警和风险指引，在处理案件过程中发现的金融运行和管理等方面存在的问题，应及时和金融管理部门进行联系，以便金融管理部门采取补救措施。同时，双方应努力探索完善在金融案件侦查检察中引入专家咨询机制以及在金融审判中的专家陪审机制等有效的实践做法。

金融管理者也应利用上海金融法律人才集中，金融法律教学研究机构众多的优势，注重与金融法制研究机构的合作，通过深入研究新形势下金融违法犯罪应对机制所涉及的理论和实践问题，为增强金融业防范和化解风险的能力提供有力的理论支撑。

（四）加强与各国监管当局和国际金融机构的合作，密切监测跨境资金流动，严防和打击国际金融犯罪

随着经济全球化和金融全球化的迅猛发展，金融犯罪日益国际化，跨境洗钱、信用卡诈骗等犯罪对我国来讲已不再陌生，所以预防和打击金融犯罪也特别需要国际互动和交流。目前，我国已经建立起由中国人民银行、中国银监会、中国证监会、中国保监会、国家外汇管理局、财政部、公安部、检察院、法院等国家机关和监管机构组成的惩治金融犯罪的运作框架和机制，积极参与了国际社会合作控制金融犯罪的行动，从规则、制度和机制层面采取了许多措施，取得了明显成效。并与金融行动特别工作组（FATF）、亚太地区反洗钱小组等国际组织、外国金融监管当局密切合作，完善了信息交流和共享机制。

此外，金融机构也应注重在安保方面的国际合作与交流。金融机构所共同面对的国际犯罪集团是一样的，在此过程中，有很多共同的信息和技术可以相互交换，彼此帮助。国内金融机构也越来越深刻地认识到，防范和打击包括洗钱活动在内的国际金融犯罪，不仅是一种义务，更是一种保护自己的措施。通过建立防范和应对国际金融犯罪的风险防范体系，有利于增强自身的抗风险能力，提高国内乃至国际竞争能力。

（五）加大金融知识宣传力度，培养全社会金融法治意识取向

防范金融风险、保障金融安全的重要措施之一，就是要在全社会大力普及宣传金融法律知识，真正树立金融法治观念。在加强金融法治意识的过程中，要重视全社会信用观念的建立，要培养公众和投资者的风险防范意识和合法投资观念。管理机构和金融机构要加强对金融从业人员的法治培训教育，在使其"不敢犯罪、不能犯罪"的基础上有"不想犯罪"的意识。对于银行卡犯罪等与民众相关的犯罪，要组织开展大规模的用卡安全宣传活动，普及银行卡风险防范的相关知识。

论金融市场信用评级及其法制建设 [*]

近几年来，信用问题成为全社会关注的焦点，信用缺失直接影响到我国金融市场的健康发展。在加快社会信用体系建设的过程中，我国迫切需要发展独立的、公正的、权威的信用评级机构，建立和健全相关的法律制度，尽快将信用评级纳入规范化、法制化的轨道，充分发挥信用评级制度为经济金融发展保驾护航的作用。

一、信用评级对金融市场健康发展的重要意义

信用评级是指由独立的评级机构通过综合考察影响各类经济组织或金融工具发行体的内部条件和外部环境，运用科学的分析方法，对它们履行各种经济承诺的能力及可信任程度进行综合评估，并以简明的符号表示其优劣，公布给社会大众的一种经济活动。在金融市场上，信息不对称问题广泛存在，使市场的有效性大受影响。没有客观公正的信用评级制度，金融发展的瓶颈就很难克服。

信用评级对于金融市场发展的重要性，主要体现在：（1）降低投资者搜寻信息的成本。从本质上讲，信用评级是以简单、直观、方便、快捷的方式，为广大投资者提供信用客体风险信息，从而降低投资者寻求风险情报的信息成

* 本文发表于《中国货币市场》2007 年第 8 期。

本，使投资者根据自己的风险偏好，作出正确的投资选择。（2）降低融资企业的资金成本。对一个没有信用等级可资参考的企业，外界人士必然存在相对较高的信息不对称，致使该企业筹资相对困难。高质量的信用评级工作能指导筹资者改善经营管理，高级别的评级结果能提高筹资人知名度，增强筹资能力，降低筹资成本，提高市场竞争力。（3）提高金融监管效率。对于宏观经济的调控者来说，缺乏客观公正的评鉴，监管单位为掌握金融机构的营运风险，必须投入大量人力物力，而信用评级能为其提供市场参与主体的客观和微观信息，为其管理金融市场提供依据。金融监管部门通过加强对监管对象的分级、分类管理，有助于促进其经营管理的规范化与自律机制的形成，推动国民经济的良性循环。（4）提高金融市场资源配置效率。信用评级同时将交易成本与信息不对称的额外成本作了某种程度的减轻，有效扩大及活跃市场交易，无形中使市场的运作更为平滑顺畅，增进市场效率。通过信用评级，整个社会能更好地把握风险程度，合理分配负债资本及股份资本，实现金融市场的功能最大化和资源的优化配置。

二、信用评级在西方国家金融市场发展中的作用

信用评级在国际上已有100多年的发展历史，大致经历了三个主要阶段。

（1）起步阶段。信用评级的产生源于美国19世纪中叶的"铁路债券热"。当时，铁路业的繁荣需要大量资本，银行和直接投资所能提供的资本已经不能满足其发展需要，一些企业开始通过私募债券市场筹集资金。这些企业良莠不齐，投资者掌握的信息有限，难以识别优劣，因为畏惧风险而踌躇不前。在此背景下，信用评级机构应运而生，作为没有利益冲突的独立第三方提供客观、公正的信息，降低了投资者的认知风险，有力地推动了债券市场的发展。

（2）发展阶段。在20世纪30年代经济大萧条中，大批美国公司破产，债券不能偿还，投资者对信用评级的重要性有了更直观的认识，监管机构也确认信用评级在稳定金融市场和保护投资者方面的积极作用，制定了一系列法律法

规来推动和保障信用评级业的发展。随着金融市场的发展壮大，投资方式增多，社会对信用评级的需求不断增加，信用评级所涉及的领域也不断扩大，被评对象不仅包括有价证券，如主权债、公司债、优先股、资产抵押证券、商业票据、银行定期存单等，而且还包括各种机构和公司。

（3）普及阶段。20世纪80年代后，在经济全球化的背景下，金融市场呈现出交易规模扩大化、交易关系复杂化的趋势，投资者越来越需要一个理性的标尺来判断投资风险。信用评级在揭示和防范信用风险、降低交易成本以及协助政府进行金融监管等方面所发挥的重要作用，得到了世界范围内的广泛认可，并逐渐形成了穆迪投资者服务公司（Moody's Investors Service）、标准普尔公司（Standard & Poor's Corporation）和惠誉国际信用评级有限公司（Fitch IBCA）这3家全球最具权威性和影响力的评级机构。

从国际信用评级业的发展历史来看，它因金融市场的需要而产生，伴随着金融市场的发展而发展，两者是相辅相成、互相促进的关系。信用评级为投资者揭示风险、为监管者提供信息、给被评对象提出改进建议，大大提高了市场交易的透明度，使投资者可以放心投资，直接推动了金融市场的创新和发展。反过来，投资者和监管机构对信用评级的认可和信赖使其获得了广阔的发展空间，并随着金融市场发展的新变化而不断完善。西方国家信用评级业为金融市场发展所作的贡献，以及各国政府在信用评级业发展中起到的推动作用，对我国加快发展信用评级业有重大的借鉴意义。

三、我国信用评级业的发展历程及存在的问题

我国的信用评级业起步于20世纪80年代，当时的评级机构主要是中国人民银行各省份分行系统的内部评级机构，至90年代才逐渐从所属系统独立出来。1992年和1994年中国人民银行批准成立了两家评级机构，1996年12月又认可了9家有企业债券评级资格的评级机构。目前，全国共有大大小小50多家信用评级机构。

为规范信用评级业的发展，我国陆续颁布了一些政策法规。1993 年国务院发布的《坚决制止乱集资加强债券发行管理的通知》中指出，要加强债券的信用评级工作，发行债券企业必须由经有关部门确认资格的信用评级机构予以确定。1994 年制定的《中共中央关于建立社会主义市场经济体制若干问题的决定》中进一步强调要着重发展信用评估机构，建立发债机制和债券信用评级制度。1998 年，中国人民银行发布《中国人民银行关于银行机构参加国际评级活动的指导意见》，对银行机构参与国际评级活动提出要求。2006 年，中国人民银行又发布《中国人民银行信用评级管理指导意见》，对信用评级活动进行了必要规范。此外，中国保监会、中国证监会等部门也先后发布一些有关信用评级的部门规章，对我国信用评级业的发展起到了一定的促进作用。

经过多年努力，我国信用评级业取得了长足的发展，但与国际同行相比，仍存在不足之处，突出表现在：（1）相关法律法规不完善。我国信用评级方面的法律法规较为分散，主要有《证券法》、《公司法》、《企业债券管理条例》、《可转换公司债券管理暂行条例》、《贷款通则》及相关配套的法规规章。这些法律法规所涉及的评级对象主要是债券和贷款企业，而且关于评级的强制性规定较少。（2）市场竞争规则不规范。目前我国信用评级赖以生存的市场环境还没有真正形成，金融市场还不成熟，一些不具有提供信用评级服务能力的机构长期存在于市场之中，向市场提供不负责任的评级结果，不仅损害了评级机构本身的权威性，还导致"劣币驱逐良币"的现象，影响了行业的整体发展。（3）监管主体不明确。信用评级是中介咨询机构，要保证行业健康发展，政府监管、行业自律和社会监督，三者缺一不可。现在评级业务涉及的行业主管部门有中国人民银行、中国银监会、中国证监会、中国保监会、国家发改委等，但没有一个部门来全面监管评级机构，市场准入和退出的管理比较混乱。（4）应用范围不广泛。在我国以间接融资为主的融资格局下，银行在金融体系中居于主导地位，银行信贷业务应当是信用评级的主要市场。但我国银行习惯于利用内部信用评级体系，较少引入外部评级结果作为风险管理的参考。目前，信用评级机构的主要业务是企业债券评级，业务范围狭窄，业务量小，使行业发展受到很大制约。（5）行业标准不统一。我国的信用评级业缺少统一的行业规范，许多评级机构带有较浓的地方性色彩，没有一套统一规范的评级办法、评级标准和评级指标体系，造成评级结果差距很大，不具有可比较性，因而也就不具有权威性。

四、完善信用评级业的立法建议

信用评级的生命力在于独立性、公正性和权威性，完备的法律体系是行业健康发展的基础和必要条件。目前，我国比较全面、权威的信用评级规章是 2006 年 3 月制定的《中国人民银行信用评级管理指导意见》（以下简称《意见》）。《意见》对信用评级机构的市场准入、评级制度、原则、方法、程序、要素、标识及含义等进行了规范。但《意见》属于部门规章，法律位阶偏低，而且仅适用于信用评级机构在银行间债券市场和信贷市场从事金融产品信用评级、借款企业信用评级、担保机构信用评级业务，调整范围比较窄。为提高信用评级的权威性和公信力，促进信用评级业的健康发展，建议全国人大或其常委会尽快制定一部《信用评级法》，借鉴《巴塞尔新资本协议》有关信用评级的规定，着重从以下几个方面进行规范：

（一）明确中国人民银行是信用评级业的监管主体

信用评级是我国征信体系建设的重要组成部分。根据国务院"三定方案"，中国人民银行在银行业日常业务监管职能分离出去之后，增加了征信管理职能。2003 年修改的《中国人民银行法》从法律高度明确赋予中国人民银行该项职能。在机构设置上，中国人民银行总行设立了征信管理局，中国人民银行上海总部及其他一些地方分行也相应设立了征信管理处。鉴于中国人民银行负责征信管理工作及其在金融领域的特殊地位，建议立法明确中国人民银行为信用评级的行业主管部门，负责市场准入审批，组织从业资格考试，统一协调和监督管理信用评级市场，加强信用评级业的国际交流与合作，推动我国金融市场的国际化进程。

（二）确立信用评级机构独立的法律地位

美国商法规定，评级公司属于一般股份公司，接受美国证券交易委员会（SEC）的监管。为保证评级的公正与客观，评级公司应保持自身的独立性，主要是独立于政府机构之外。评级公司虽对股东负责，但当股东与大众利益冲突时，必须将大众利益置于优先的地位。因此，独立、公正、客观与科学是信用评级公司存在的前提和基础。

我国在立法时可以借鉴国际经验，明确信用评级机构属于社会中介组织，具有独立的法律地位，不得与政府部门和金融机构存在隶属关系，在人员或资金方面也不得与被评对象发生任何利害关系。评级机构专业性强，社会影响面广，应当设定一定的市场准入门槛，对注册资本、员工人数、从业资格和评级技术等方面作出硬性规定，要求其加强行业自律，不能只注重短期和自身的经济利益，要对投资者、监管者和被评对象负责，自觉承担社会责任。

（三）扩大信用评级的应用范围，在一些领域中推行强制性评级制度

信用评级行业发展的推动力主要来自监管部门和投资者对评级结果的使用情况，而不是被评对象是否愿意接受评级。其中，监管部门对评级结果的法定采用对信用评级业的发展起到了关键作用。美国信用评级业在20世纪70年代加快发展的一个主要原因，是监管部门在有关法规中广泛使用信用评级结果。

目前，我国采取强制性评级的只有发行公司债等少数金融业务，但公司债发行采用审批制，对发行人资质负责的实际上是主管部门，债券的信用评级往往流于形式，企业和投资者信用评级观念淡薄。要真正发挥信用评级在社会信用制度建设中的积极作用，就必须通过法律手段扩大信用评级的应用范围，创造和培养市场需求。在立法时，可考虑将强制性评级从公司债券扩大到面向社会公众发行的所有债权性证券，并在银行贷款、贷款证年审、政府采购、工程

招投标和经济项目审批中推行信用评级制度。在信用评级最具发展潜力的信贷市场，应当引导银行加强与外部评级机构的合作，鼓励银行将评级业务外包，提高信用评级结果的客观公正性，更加有效地控制金融风险。

（四）规范信用评级程序，统一信用等级定义及表示符号

一个信用评级项目不仅需要评级机构指派多人组成专门的评级小组，实施信息收集、现场访谈、信息处理及综合分析等多环节程序，而且需要评级机构组成专门的评级委员会、通过集体决策的方式确定信用等级。自信用等级初次确定之后，还需要评级机构长期跟踪与信用评级方面有关的各种信息，随时准备对影响信用等级的因素作出及时的判断，适时将新的评级意见公示给社会。如此复杂的程序，显然需要一套严格的程序标准，来保证评级结果具有可参考的价值。因此，评级业务程序标准化应该作为信用评级机构执业的必备条件。

在立法时还可以以《意见》为蓝本，制定一套统一的信用等级定义符号，规定信用等级符号的专用性。任何区域性或行业性的信用评级，若采用与国家标准相类似的等级符号，应作出明确的区域行业的标识。限制非信用评级的等级评比，使用与国家信用等级符号相同或类似的表示符号。应该明确规定任何评级机构使用国家信用等级符号标准，均需在国家指定的管理机构备案，未备案的企业不得擅自使用国家信用等级符号。

（五）明确法律责任，加大对失信行为的惩戒力度

《意见》中列举了信用评级机构及其评估人员八种禁止行为，但没有具体的处罚措施。诚信是信用评级机构的立身之本，对其失信违法行为必须要予以严惩。轻者通过警告、罚款、暂停执业、取消业务资格等方式予以惩戒，严重的可追究刑事责任。由于评级结果的主观性和评级结果检验的长期性，有些行为难以直接确定法律责任，可以考虑建立年审制度，通过被评对象的违约率等一系列指标，将评级机构划分为不同等级，连续几年处于最差等级的将被取消经营资格。

尽快完善政策法规　规范处置不良资产 *

我国成立资产管理公司主要是为了化解银行的金融风险。这一目的在资产管理公司成立并完成不良资产的收购任务后已经实现。在这以后，金融风险就转变成资产管理公司能否最大限度地收回不良资产的风险。资产管理公司自成立以来，一直积极地探索处置不良资产的多种方式。实践证明，无论是工业化国家，还是新兴市场国家或转轨国家，不良资产的处置都是开放式的，不能局限于一国之内。处于转型经济中的中国，通过利用外资参与不良资产处置，拓展不良资产处置国际市场，不仅是为了解决资产变现国内市场需求不足的问题，更重要的是可以引入其他国家先进的管理经验和技术，提高资产处置效率与效益。它对于加快化解历史遗留问题的进程，遏制不良资产价值的进一步贬损，推动国民经济结构的战略性调整和国有企业的改制都有着重要的意义。

一、不良资产的处置情况分析

我国在 1999 年先后成立的 4 家资产管理公司，均为具有独立法人资格的国有独资非银行金融机构。其注册资本金均为 100 亿元人民币，系由财政部全额拨入。中国华融资产管理公司（以下简称"华融公司"）、中国长城资产管理公司（以下简称"长城公司"）、中国东方资产管理公司（以下简称"东方公

---

* 本文发表于《中国货币市场》2003 年第 5 期。

司"）和中国信达资产管理公司（以下简称"信达公司"）分别收购、管理、处置中国工商银行、中国农业银行、中国银行和中国建设银行剥离的不良资产，主要监管部门是中央金融工委、财政部、中国人民银行和中国证监会等。

我国资产管理公司收购的不良资产分成两大类：一是债权类资产；二是物权类资产，主要是以物抵债类资产。据 2002 年 12 月国务院发展研究中心资料显示，截至 2002 年 9 月 30 日，金融资产管理公司共处置不良资产 2323 亿元（不包含政策性债转股），共回收资产 846 亿元，资产回收率达到 36.42%。四大资产管理公司处置不良资产的具体情况见下表。

我国资产管理公司处置不良资产情况比较（截至 2002 年 9 月 30 日）

	1999 年收购的不良资产（亿元）	已处置的不良资产（亿元）	已处置不良资产的现金回收率	已处置不良资产占其不良资产的比例	对外处置的不良资产（亿元）	对外处置不良资产的回现率	对外处置不良资产占其已处置不良资产的比例
东方公司	2641	340	25.29%	12.87%	35.62	10%	10.48%
华融公司	4077	443	32.96%	10.87%	127.5	10%	28.78%
信达公司	3756	702	30.77%	18.69%	20.58	2.8%	2.93%
长城公司	3458	838	9.19%	24.23%			
合计（或平均）	13932	2323	24.55%	16.67%	183.7	7.6%	14.06%

分析上表可知：对外处置的不良资产占已处置的不良资产平均为 14.06%，已占相当比例，这表明外资参与不良资产的处置绝非个案，应认真加以研究；外资参与处置的平均回现率为 7.6%，而总体平均回现率为 23.55%，相差悬殊，这固然与处置的资产质量有关，但也不容忽视；华融公司利用外资处置占已处置的比例在四家公司中一枝独秀，这与其选择的处置模式密不可分；不良资产存在"冰棍效应"（即时间越长，回收越少），已处置的不良资产占资产存量（1999 年统计量）平均为 24.55%，可以预期今后年度处置将加速，对外处置量将扩大。

二、利用外资处置不良资产的法律依据

我国资产管理公司成立初期处置不良资产的法规依据是中共中央中发〔1999〕12号文件，国务院国办发〔1999〕33号文件和66号文件。2000年11月，国务院发布的《金融资产管理公司条例》（以下简称《条例》）对资产管理公司的业务范围进行了规范化。《条例》中的业务范围较广，包括了金融业务和非金融业务：一是商业银行的业务；二是投资银行业务；三是一些非金融性业务。应该说，到目前为止，我国还没有哪个金融企业具有资产管理公司这样的业务范围。此外，财政部、国家计委、国家税务总局、国家外汇管理局等部门下发了一些法规性文件，为资产管理公司的业务运作提供了可操作的规则。但以上法规和文件对于能否利用外资处置不良资产却没有明确规定。四大资产管理公司虽一直都在和境外金融机构洽谈合作处置事宜，但法规的空白使对外处置不良资产在较长时间都处于"纸上谈兵"阶段。

2002年10月26日，外经贸部、财政部和中国人民银行共同发布了《金融资产管理公司吸收外资参与资产重组与处置的暂行规定》（以下简称《暂行规定》）。《暂行规定》虽只有十条，却确定了利用外资重组与处置不良资产的法律框架，主要内容为：

1. 重组与处置总则：不得炒作资产；应符合《外商投资产业目录》，禁止类领域外资不得参与，有些行业须保持中方占多数或相对控股地位。

2. 重组与处置资产类别：债务；股权；实物资产。

3. 重组与处置方式：出售非上市公司实物资产或股权/债务（无论是否已经重组）；由资产管理公司以其股权或实物资产向新成立的外商投资企业出资。

4. 重组与处置资产的交易价格。

5. 重组与处置资产的程序：处置方案须报批；"限制类"产业须经得主管部门同意；文件制作；外经贸部对成立外商投资企业的批准。

实践证明，《暂行规定》原则性过强，执行起来困难。它为利用外资处置

不良资产提供了一个法律支撑，而对于具体操作中各部门的分工没有作出详细界定，尤其遇到与现有法规冲突的地方，很难协调。《暂行规定》的短短十条对具体的处置方式和交易模式很难穷尽，从而无法作出详尽的规范，这为资产管理公司在对外处置中寻求创新提供了机会，也给监管带来了难度。在操作中，资产管理公司和外方为达到最佳的处置效果和双赢的局面，往往把交易结构设计得异常复杂，这就使个案审批很难防范违规风险。

三、利用外资处置不良资产的定价机制

对外处置项目在取得主管部门的批准后，资产管理公司会就外汇汇兑问题向国家外汇管理局提出申请。在审批过程中最难把握的是不良资产在对外处置中的定价是否合理问题。资产管理公司作为国有独资金融机构，不良资产都是通过财政拨款按账面价值全额购入的，定价的多少直接关系到国家财产的回收程度。所以，定价问题不仅仅是个缔约自由问题，在一定程度上还潜藏着相当大的道德风险和政治风险。

在市场化原则的前提下，《条例》规范了不良资产处置时的定价机制，包括定价步骤、定价方法、定价评估主体、定价评估程序和定价决策等，其主要内容为：

1. 定价步骤。不良资产的定价评估工作包括两个步骤：第一步是不良资产收购结束之后的现值初评估；第二步是不良资产处置前的评估。不良资产对外处置的交易价格就是在第二步骤评估基础上最终形成的。

2. 定价方法。在第一步骤，不良资产定价采取现值评估折扣法；在第二步骤，不良资产定价是通过适当的资产评估主体采取收益现值法（主要用于非上市交易的有价证券）、重置成本法（主要依照贷款的五级分类）、现行市价法（主要用于质物和抵押物）和清算价格法（主要用于企业的破产清算）。

3. 定价评估主体。选择适当的定价评估主体是交易价格真实地反映资产状况和最大限度地减少道德风险的重要保证。有三种评估主体可供选择：一是聘

请我国现有的专业资产评估机构；二是聘请国外的资产评估机构，这是对外处置不良资产时常选用的主体，目的是可以独立、公正、客观地进行评估；三是资产管理公司进行内部评估。

4. 定价评估程序。定价评估的程序是：评估立项、委托、资产清算、评定估算、评估结果审查和确认申请。

5. 定价决策。评估报告在通过总公司评估管理部门的审核确认后，评估结果基本就作为了资产处置的最终定价依据。

从以上分析可以看出，按目前的法规，最终定价完全取决于资产管理公司根据市场情况而定，国家监管部门对此无法介入和干涉。这种定价机制固然维护了市场化定价的原则，但也引发所有权和处置权分离的问题，使资产管理公司背负了过多的道德包袱，使监管部门在审批时慎之又慎。在这种定价机制下，我们只能在既定的交易架构下审核汇兑环节，无法就交易价格的合理性作出判断。

针对利用外资处置不良资产中道德风险增大的情况，《暂行规定》第8条对评估与交易价格作了进一步规定："资产评估应符合国际惯例，采用国际上普遍接受的方法。"另外，《暂行规定》规定资产管理公司在自主决定价格时还须考虑资产评估净值、增值潜力、资产现状和招标竞价等因素。

四、利用外资处置不良资产的模式选择

从国际的经验来看，资产管理公司利用外资处置不良资产的方式有以下几种：资产打包出售、组建合资公司、财务咨询、资产增值、资产证券化、实物资产的管理等方面的合作。截至目前，从处置方式上看，实际上主要采用了两种处置模式：打包销售模式和合作公司模式。

（一）打包销售模式

打包销售模式是将不良债权权益注入在境外设立的基金或公司，通过出售

基金或公司权益，回收现金。

目前，打包销售模式是资产管理公司普遍采用的对外处置模式。该模式结构相对简单，债权债务关系相对明晰，外方清收收入的汇出容易得到保证。

（二）合作公司模式

合作公司模式是国内资产管理公司和境内投资者以不良债权或现金出资，在境内成立合作公司，利用合作公司处置不良资产。合作公司模式与典型意义上的合作公司模式略有不同，该合作公司没有现金流的注入，完全是不良债权权益注资，这在一定程度上突破了《公司法》、《税法》等现行规定。

比较打包销售模式和合作公司模式，我们发现这两种处置模式在风险分担、收益分配和回现率等方面各有优劣。在实际操作中，资产管理公司会综合考虑资产状况、现金流入情况和风险偏好等因素选择其中一种（见下图）。

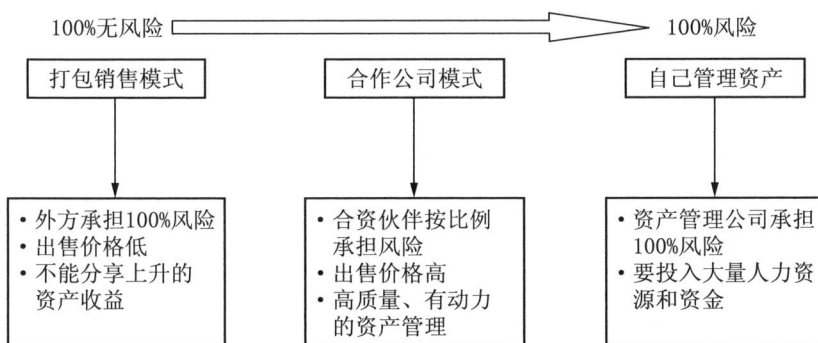

不同处置模式的比较

五、利用外资处置不良资产的外汇管理政策

2001 年 12 月，在审批国内首例利用外资处置不良资产的案例时，我们综合考虑了将来可能出现的几种对外处置方式，确立了外资参与处置不良资产的外汇管理原则，为今后审批外资参与处置不良资产提供了可操作的规范。

（一）审批外资参与处置不良资产的外汇管理原则

1. 国内资产管理公司向外国投资者转让债权后收入的外汇，应当全部结汇。

2. 关于国内资产管理公司向外国投资者或其设在境内的资产管理性质的合作公司转让债权后形成的债务，原借款合同中规定的债权债务关系维持不变，且仍按人民币计值。债权的受让人（未来购汇人）在受让债权时应办理"债权转让备案手续"，汇出收益时办理核准手续。

3. 国内资产管理公司向外国投资者设在境内的资产管理性质的合作公司转让债权，合作公司应以人民币支付。

我们明确外资参与处置不良资产的外汇管理原则后，制订了对外处置中债权转让和股权或其他类型资产转让的外汇管理程序。

（二）关于债权转让的外汇管理程序

1. 债权转让时办理备案手续。

2. 收益汇出时视同资本项下支出办理核准手续。

3. 受让债权在将来又转为股权的，或原债务合同执行完毕的，应由原债权人办理债权转让备案的注销手续。

（三）关于股权或其他类型资产转让的外汇管理程序

1. 资产管理公司向外国投资者转让股权的：（1）资产管理公司收入的股权转让款应当结汇；（2）外国投资者成为国内企业股东后，外方股份超过 25% 的，若申请成立外商投资企业，其收益分配的购汇按现行规定办理；外方股份不超过 25% 的，或者超过 25% 但未申请成立外商投资企业的，可由所投资企业根据董事会利润分配决议，经外汇局审核后购汇汇出。

2. 国内资产管理公司向合作公司转让股权的，合作公司应向其支付人民币。合作公司持有的国内企业的股权视为人民币股权，不办理外商投资手续。

合作公司从所投资企业取得的红利、清算收益，或再次转让股权取得的收益，按照合作公司的合同或章程，经外汇管理局审核后由合作公司申请购汇汇出。

六、对审批利用外资处置不良资产的外汇问题思考

（一）加强资产管理公司管理

利用外资处置不良资产涉及每个部门的不同职能，目前资产管理公司的做法是逐家个案申请。这样的管理体制不仅不利于资产管理公司对外处置不良资产，也不能有效发挥政府部门的监管职能，以克服市场盲目性。建议应由一个具体部门牵头，对外资参与处置不良资产的相关问题作出整体的、协调的规范，明确相关部门的分工，由此设计出有效的监管模式。针对资产管理公司对外处置中的定价问题，建议应明确由某一部门进行事后的勤勉调查和恪尽职守监督，遏制道德风险，谨防国有资产流失。

（二）完善和修改法规，推进对外处置不良资产进程

到目前为止，我国已出台了一些允许外国投资者介入我国处置不良资产领域的法规，但配套性和效用性不强，尤其关于资产管理公司利用外资处置不良资产的法规有限，这在一定程度上束缚了资产管理公司和外国投资者的手脚。同时，资产管理公司在对外处置中，普遍反映现行法规与实际操作发生冲突，甚至在某些领域存在法律真空，如债权转移的合法性问题、债权人主导破产和解散进行债务重组的问题等。为此，尽快完善法律法规成为当务之急。

（三）进一步明确外汇管理原则，制定规范性管理措施

过去，在审批外资参与处置不良资产个案时，更多地是考虑如何推动对外处置的进程，采取了"抓大放小"的立场。对于处置过程中的外债、对外担保等登记问题，尽可能地在现行外汇管理体制下作出监管方式创新，保证外方收益的汇出。随着外资参与处置不良资产进程的推进，对外处置模式的日益丰

富，应加强有关问题的研究，配合现行法规，进一步明确外汇管理原则，制定出规范性管理措施。

在资产管理公司将不良债权打包销售给境外投资者时，为推动其对外处置进程，仅办理了外债备案手续。但不良资产中的少量外币债权在对外销售后，还是形成了外债。另外在过去的审批中，为减少分局核准的工作量和方便不良债权打包出售，没有就对外担保提出任何要求，但当原担保合同是外币债务合同的从合同时，就会引发对外担保问题。关于以上外债和对外担保的登记问题，在今后审批中将重点研究并提出对策。

由于汇兑环节是核查清收收入是否纳税的重要环节，为保证国家税收最大程度地得到实现，配合税务部门的税收工作，在个案审批中增加了外汇管理局核查完税凭证的职能。对于完税核查环节，将在对外处置不良资产的外汇管理规范和程序中进一步加以确定。

正心、明旨、理欲、敬权、慎行 *

古人云："从官重恭慎、立身贵廉明"，"廉、仁、公、勤四者，乃为政之本领"。我们党一直以来都高度重视廉洁从政问题；近年来，加大了党风廉政建设及反腐败工作力度；对党风廉政建设及反腐败工作提出新的更高的要求。

作为一名长期从事金融管理和服务工作的党员领导干部，我深刻地认识到，"能吏寻常见、公廉第一难"，要真正实现科学发展、有效履职，除了要不断丰富自身知识储备、锤炼过硬的业务素养、培养良好的领导艺术、拓展创新的工作思路外，做到廉洁从政是前提基础。如果把廉洁从政比作 1，有了这个 1，后面挂很多 0 才有意义；如果在廉政上是 0，后面的 0 再多，成绩再好、荣誉再多，也是毫无价值。同时，近年来查处的那些腐败案件也更使我认识到，一旦我们越过"廉洁"这一底线，进入"腐败"的雷区，对于党而言，腐败行为将使得党的先进性受到质疑、党的纯洁性因此而蒙垢；对于政府而言，腐败行为将损害民众对国家政权的信任，政府的执政基础将因此而动摇；对于单位而言，腐败行为将使得单位形象毁坏、名誉受损；对于个人而言，腐败行为将使得个人人格减等、身败名裂。

腐败行为的危害性显而易见，廉洁从政的必要性不言而喻。因此，作为党员领导干部，在日常工作和生活中始终坚持从自身做起，重品行、做表率，自觉执行廉洁从政各项规定；筑牢拒腐防变的思想道德界线，做到自重、自醒、

---

* 本文发表于《党风廉政建设》2016 年第 11 期，原题为《廉洁自律从我做起——关于党员领导干部廉洁从政的五点体会》。

自警、自励；始终保持艰苦奋斗、勤俭节约的良好作风，严格费用开支，严肃财经纪律；审慎对待和运用手中的权力，做到原则不让、感情不放、底线不破，绝不以权谋私；慎重择友、克己慎行，主动、自觉接受各个层面的监督，倾听大家提出的批评意见和建议。

总结自己践行廉洁从政的心得，我认为，关键还是要严格自律，努力做到五点，即：正"心"、明"旨"、理"欲"、敬"权"、慎"行"。

所谓正"心"，就是要追本溯源，认清廉政的意义所在。明代思想家薛瑄认为"廉"有层次之分，正所谓"世之廉者有三：有见理明而不妄取者，有尚明节而不苟取者，有畏法律、保禄位而不敢取者。见理明而不妄取，无所为而然，上也；尚名节而不苟取，狷介之士，其次也；畏法律、保禄位而不敢取，则勉强而然，斯又为下也"。可见，真正的廉洁不是为了博取世人赞许而沽名钓誉、明哲保身，不是为实现更大野心而压制欲望、可以隐忍，也不是慑于严刑峻法下的虚伪做作、无奈选择；廉洁是一种发自内心、自然而然的认知和感悟，是将廉洁从政内化为内心崇高的道德律的自我觉醒。为保明节、禄位，规避法律制裁而不敢取，仍属于有所求、有所惧的被动廉洁，属于"欲达目的而不能"；真正的廉洁应该是从心所欲、无所期待的主动选择，属于"能达目的而不欲"。因此，党员领导干部要真正做到廉洁从政，首先要从根源上明确廉政的根本原因和目的，不是为名、不是为利、不是摄于党纪和法律的威严，而是为了践行共产党人立党为公、执政为民的誓言。只有这样，我们在任何时刻才能不妄没于权势，不诱惑于钱色，因为心有廉洁这一长城，能挡狂澜万丈。

所谓明"旨"，就是要意志坚定，坚持正确的信仰和宗旨。信仰是人的精神脊梁，人生如屋，信仰是柱，柱坚屋固，柱折屋塌。无数贪官在前腐后继、身陷囹圄后往往都会表示：自己贪污渎职、腐化堕落的根本原因在于信仰的丧失。我想，这不会是他们逢场作戏的敷衍之辞，而是在经历人生挫折、体会党规国法无情后的深刻反省。他们的案例警示我们，在当前我党面临长期执政、改革开放、市场经济和外部环境"四大考验"，面临精神懈怠、能力不足、脱离群众、消极腐败"四大危险"的严峻形势下，作为党员领导干部，共产主义信仰这根柱子一旦坍塌，为人民服务的宗旨一旦泯灭，就如同茫茫大海失去航标的一叶扁舟，在横流的物欲中随时有触礁沉没的危险。因此，我们必须坚持正确的信仰和宗旨，坚持用马列主义、毛泽东思想、邓小平理论、"三个代表"重要思想、科学发展观和习近平总书记一系列重要讲话精神武装头脑，不断增强政治敏锐性和坚定性，增强政治鉴别力和"免疫力"，解决"信仰模糊"的问题；在瞬息万变和形势和严峻的考验面前，决不能动摇甚至丧失共产党人的崇高信仰，解决"信念动摇"的问题；在坚定走中国特色社会主义道路、坚守共产党人的精神家园这个方向、灵魂问题上，决不能出半点差错，解决"信心不足"的问题，从而始终做到"立场坚定斗志强"，永葆共产党人的本色。

所谓理"欲"，就是要驱贪念、守廉洁，管理好自己的欲望。人的欲望是无穷的，"未得则羡、已得则厌"，《解人颐》对此有入木三分的描述："终日奔波只为饥，方才一饱便思衣。衣食两般皆具足，又想娇容美貌妻。取得美妻生下子，恨无田地少根基。买到田园多广阔，出入无船少马骑。槽头拴了骡和马，叹无官职被人欺。当了县丞嫌官小，又要朝中挂紫衣。若要世人心里足，除非南柯一梦兮。"其实，欲望本是中性的，关键是看自己怎么管理。作为党员领导干部，我觉得必须要保持健康的为政心态，多兴"创新之欲"、"奋斗之欲"、"奉献之欲"，而摒弃"贪欲"、"权欲"、"色欲"；要将心思、精力放在如何更好地落实调控政策、维护金融稳定、优化金融服务，而不是放在追求"位子"、"票子"、"帽子"。面对不良欲望，我们必须保持清醒的头脑，严守道德底线，特别是要及时修剪自己的杂念。"一念之欲不制，而祸流于滔天"。美国成人教育家卡耐基这样告诉我们："放纵自己便是新的危机。陷入危机若进一步放纵自己，则出现新的危机，并且危机的危害程度会不断增大、甚至成指数增长趋势"。因此，我们要以贪腐为耻，"知耻而却步"，努力做到以平和之心对待名，不为名所累；以淡泊之心对待位，不为位所困；以知足之心对待利，不为利所诱；以敬畏之心对待权，不为权所惑，任何情况下都要管住行为、守住清白、把住底线。

所谓敬"权"，就是要敬畏权力，正确地行使手中的权力。"官"是为人民服务的岗位，"权"是为人民服务的工具。权力用在为民服务上是天职，用在立党为公上是尽职，用在碌碌无为上是失职，用在谋取私利上是渎职。以权谋私与共产党人的道德本质是格格不入的。事实证明，一些领导干部之所以蜕化为腐败分子，很重要的一点，就是没有树立起正确的权力观，没有解决好"谁让掌权、为谁掌权、怎样掌权"这个根本问题。作为党员领导干部，我们对内在人事调配、资金使用等方面有话语权，对外在行政许可、行政执法、行政处罚上有裁量权，权力不可谓不大、责任不可谓不重。因此，我们践行廉洁从政，就是要以如履薄冰、如临深渊之感敬畏权力、谨慎用权：做到为民用权，对于有利于国家、人民的事情，要敢抓敢管，敢于负责；要秉公用权，为官不移公仆之志，用权不谋一己之私，处事不循庸俗之情；要谨慎用权，正确把握自己，破除"官本位"意识，以民主的作风在各自权力范围内当"班长"不当"家长"，自觉接受组织和群众的监督；要依法用权，倡行"显规则"、力戒"潜规则"，让自己的用权执法经得起政策和法规的检验。

所谓慎"行"，就是要谨小慎微，从严约束自己的行为。老子云："百事之成、必在慎之"。党员领导干部廉洁从政，谨言慎行，特别要做到慎"初"：世间万事始于初，我们在手握大权、身居要职时，面对各类裹着糖衣炮弹的"意思"和"心意"，要高度警觉，勿抱着"下不为例"的矛盾侥幸心态妥协笑纳，从而迈出贪腐第一步。要做到慎"微"：诱惑的过程是渐进的，"从善如登、从恶如崩"，我们不能以小节问题"不止我一个"而放松对自己的约束，要克服"小节无伤大雅、何必小题大做"的思想，以"千里之堤溃于蚁穴"的忧患心理对待自己的一思一念、一言一行。要做到慎"友"："匹夫不可以不慎取友"，我们要"近君子、远小人"，要交品格高尚的朋友，让自己的精神境界得到提升；交富有学识的朋友，让自己的才干得到增长；交敢于提出批评意见的朋友，让自己的行动决策少出差错。要做到慎"独"：俗话说，若要人不知，除非己莫为。我们要加强自我管理、自我监督，做到在个人独立、无人监督，有做任何坏事可能的情况下，都不做坏事，做到朱熹所说的"非特显明之处是如此，虽至微至隐，人所不知之地，亦常慎之。小处如此，大处亦如此，隐微处亦如此"。要做到慎"平"：正所谓"泾溪石险人兢慎，终日不闻倾覆人。却是平流无石处，时时闻说有沉沦"。在"关键时刻"的坚定是党性觉悟的体现，而"风平浪静"环境下的坚守更是一种长期的考验。我们不仅要在"险处"时刻保持警惕，在事业和仕途比较顺利的时候更要保持清醒头脑，不要忘乎所以，要做到警钟长鸣。

鲁迅说过：现在的青年最重要的是"行"，不是"言"。我们认为，不只是青年要如此，广大党员领导干部更是如此。"心中醒，口中说，纸上存，不从身上习过，皆无用也"。心口合一、言出必行！廉洁自律，需从我做起！

金融改革发展与金融行业反腐倡廉 *

　　金融行业反腐败工作，事关金融业健康发展和金融市场安全稳定。党的十八大以来，在党中央的正确领导下，金融业取得了较大的成就，同时，反腐败工作成效也十分明显，为金融业持续健康发展注入了生机活力，也为金融市场安全稳定提供了坚强保障。但我们也必须清醒地看到，金融行业反腐败工作有着区别于其他行业的明显特征，其反腐败工作将"永远在路上"。当前，金融行业反腐败工作要在"三个落实"上狠下功夫。

一、在落实党委主体责任上狠下功夫

　　党委主体责任是遏制腐败问题的关键所在。事实也充分证明，党委重视了，反腐败工作就能地位提升，就能取得成效。面对金融行业内部仍然存在的内幕交易、商业贿赂等问题和现象，各级党委必须保持清醒头脑，必须更加坚决、更加有力地落实好反腐败工作主体责任。一是要保持好落实主体责任的内生动力。主体责任落实得好不好、到位不到位，与思想认识、内在动力有很大关系。各级党委、领导要在深入学习领会有关文件有关要求的基础上，认真学习习近平总书记在中纪委十八届七次全会上的重要讲话精神，把思想凝聚到中央的决策部署上来，把认识统一到习近平总书记对当前反腐败斗争形势的判断

* 本文由发表于《党风廉政建设》2017 年第 5 期，原题为《金融行业反腐败工作要在"三个落实"上狠下功夫》。

上来。要加强对当前金融行业内部各类违纪违规违法现象的分析，从这些问题现象中感悟形势的紧迫，感悟肩负的重任，时刻保持抓好反腐败工作的政治自觉、思想自觉和行动自觉。二是要进一步梳理落实主体责任的思路办法。落实党委主体责任，是一个重要的时代课题、实践命题。前几年，根据中央的决策部署，各级党委积极探索落实主体责任的思路办法，取得了成效。但是，形势在不断变化，新情况、新问题在不断地产生，落实主体责任的思路和办法也必须与时俱进。要根据违纪违规违法行为越来越隐蔽化的特征，改进落实党委主体责任的方法和途径，使方法和途径越来越适应形势的需要。要根据反腐败工作"永远在路上"的分析判断，不断完善落实党委主体责任的监督和考核办法，使党委主体责任、党委书记"第一责任人"责任、党委班子成员落实"一岗双责"的责任持续用力。三是要拿出落实主体责任的实际举措。要把作风建设作为落实主体责任的重要保证，切实解决有部署不落实、"雷声大雨点小"等问题和现象。各级党委、领导要带头落实好党委主体责任和"第一责任人"的责任，做给大家看、带着大家干，努力发挥好示范和表率作用。要认真研究解决党委班子成员在落实"一岗双责"过程中存在积极性不高、办法不多等问题和现象，在教育帮带和监督考核上下功夫，把班子成员发动起来、带动起来，形成落实党委主体责任的强大合力。要认真研究解决压力传递不够、基层力度不大等问题和现象，完善制度机制，确保基层分支机构业务工作和反腐败工作"两手抓两手硬"，最大限度减少隐患、堵塞漏洞。

二、在落实从严执纪上狠下功夫

党的十八大以来，各级党委、纪委在抓好党性教育、警示性教育的同时，加大问题线索查处力度，揪出了一大批违纪违法人员及腐败分子，营造了风清气正的干事创业环境和氛围。当前，虽然腐败分子抓了不少，但仍然不可能绝迹，违纪违规违法的现象就像毒瘤一样砍之不去。各级党委、纪委要对当前存在的问题和现象有清醒认识，要在以往成功经验的基础上，在从严执纪上狠下功夫，努力形成遏制违纪违规违法行为的强大震慑力。一是要盯着敏感事项查。所谓敏感问题，指的是用人问题、经费使用问题等等。各级党委、纪委在严格按照中央规定选人用人的同时，认真查处那些选人用人方面任人唯亲、拉帮结派等问题和现象，为金融行业选人用人营造好的环境。经费使用问题之所以敏感，是因为其中有猫腻；正因为有见不着阳光的事情，许多单位对经费问题才讳莫如深。要加大对经费使用情况的检查，对基建、采购、财务、后勤服务等岗位以权谋私等问题现象，要发现一起查处一起，让经费使用问题成为所有人都不敢逾越的雷区。二是要盯着常见问题查。票据诈骗、内幕交易、利益输送等问题，是金融行业常见问题，这些问题现象的存在，客观上影响了整个金融行业的公信度。各级党委、纪委要对这些常见问题保持一定的敏感，加强对这些问题现象的研究探索，加大对这些问题现象的查处力度，切实把"害群之马"揪出来，最大限度减少这些问题现象的发生概率，最大限度地改变全社会对金融行业票据诈骗、内幕交易、利益输送等问题现象的认识，为金融业的健康发展和金融市场的繁荣稳定营造良好的环境。三是要盯着难点问题查。所谓难点问题，是指金融行业不易发现、不易查处的那些隐藏得较深的违纪违规违法问题和现象。金融行业类型复杂，银行、证券、保险、基金等各有特点。要根据不同类型的自身特点，抽调经验丰富的专业人员参与查信办案，让那些隐藏得很深的违纪违规特别是违法问题大白于天下，在给予违纪违规违法人员党纪政纪或司法处理的同时，对有违纪违规违法苗头的人员以较强的震慑，彰显党纪法规的强大威力。

三、在落实抓早抓小上狠下功夫

治于小病、治于未病，是反腐败工作的最高境界。2015 年以来，党中央强调的抓早抓小理念给我们以启迪，也为我们的反腐败工作指明了方向。金融行业反腐败工作，在加大查信办案力度的同时，要在抓早抓小上多做文章、下足功夫，努力把违纪违规甚至违法行为扼杀于萌芽状态。一是要突出经常性教育。要针对金融业自身的特点规律，认真抓好党性教育、廉洁教育、合规教育等经常性教育。要改变以往金融行业教育往往以业务学习代替的做法，在抓好业务学习的同时，按照金融行业健康发展、安全发展的需要，突出党性教育、廉洁教育、合规教育等基本内容。要改变过去形式单一、手段单一等情况，改进方法措施，使经常性教育生动有趣，增强教育活动的吸引力、感染力和渗透力。要加大学习考勤和检查验收力度，努力确保经常性教育人员、时间、内容、效果的全面落实、终端落实。二是要突出不定期检查。要改变过去定期检查、定期考核的惯性思维模式，针对金融行业的特点规律，加大不定期检查的频度和力度，对金融行业各单位各部门落实规章制度情况进行检查督促，切实发现金融行业各单位各部门落实规章制度法规的真实情况，切实发现从最基层到高层的机构、从一般员工到高层次的高管人员中存在的违纪违规甚至违法问题和现象，增强内挖工作的主动性、针对性，把问题隐患解决在初始阶段。要加大"回头看"的频度和力度，在"回马枪"中查找和发现问题，使监督检查更加具有突发性、突然性，提升监督检查的质量效果。三是要突出警示性谈话。要按照"四种形态"的基本要求，根据信访举报中反映的问题线索，加大函询谈话、警示谈话的频度和力度，让扯袖、红脸、出汗成为常态。要根据干部管理教育的有关规定，建立健全警示谈话、提醒谈话制度，及时打消和制止一些干部骨干违纪违规甚至违法的念头，真正把握主动权、打赢主动仗。

勇当服务上海国际金融中心建设的排头兵 *

（代后记）

近期，中国人民银行、中国银保监会、中国证监会、国家外汇管理局、上海市政府联合发布《关于进一步加快推进上海国际金融中心建设和金融支持长三角一体化发展的意见》（以下简称《意见》）。《意见》的出台是党中央、国务院推进新一轮改革开放的又一重要部署，对于新时期深化金融供给侧结构性改革、推进中国金融业对外开放、促进金融业高质量发展具有重大战略意义。商业银行作为金融服务实体经济的"主力军"，将认真贯彻落实《意见》的各项要求，为进一步加快上海国际金融中心建设和长三角一体化发展贡献智慧和力量。浦发银行作为总部位于上海的全国性股份制商业银行，更是责无旁贷，将主动担当、积极作为，充分发挥"主场"优势，勇当服务上海金融中心建设和长三角一体化发展的排头兵。

一、先行先试，商业银行迎来发展新机遇

从《意见》内容看，许多深化改革、扩大开放的举措将在上海先行先试，为商业银行发展带来了政策红利和机遇。

一是为商业银行服务好实体经济提供了新渠道。为高质量支持好上海自贸

---

* 本文发表于《中国金融》2020 年第 6 期，原题为《勇当服务上海金融中心建设的排头兵》。

试验区临港新片区建设，《意见》在发展直接融资方面进行了大胆的尝试。一方面，鼓励商业银行理财子公司在上海设立专业子公司，投资临港新片区和长三角的重点建设项目股权及未上市企业股权；另一方面，支持商业银行在上海设立金融资产投资公司（AIC），开展企业重组、股权投资、直接投资等业务。这些重要的制度创新举措，为银行进入资本市场提供了新的渠道，将进一步丰富商业银行金融支持实体经济的业态。同时，《意见》进一步打破了金融机构跨区域经营的障碍，支持建立长三角跨省（市）联合授信机制，优化信贷资源流动；支持商业银行运用再贷款、再贴现资金，扩大对长三角地区三农以及环保、科创、高端制造、小微、民营等企业的信贷投放，进一步强化信贷资源向长三角地区倾斜，将有助于金融服务实体经济进一步提质增效。

二是为商业银行推动高质量发展提供了新空间。此次《意见》与以往侧重于在贸易投资便利化等方面先行先试不同，一项重点任务是要推动金融服务实体经济高质量发展。在产业布局上，《意见》指出，要支持临港新片区发展具有国际竞争力的重点产业，比如集成电路、人工智能、生物医药、航空航天等；在区域布局上，《意见》从推动临港新片区建设，逐步扩展到上海国际金融中心建设、长三角区域一体化建设等，以点带面、由小及大、层层递进，且又相互支撑，推进高质量发展的路径非常清晰。当前，长三角区域一体化，已经同"一带一路"建设、京津冀协同发展、长江经济带发展、粤港澳大湾区建设等国家战略相互配合，构成了中国改革开放的整体空间布局，对推动中国经济转型升级和高质量发展具有重要意义，更为商业银行转变发展方式、优化发展结构、转换增长动力，走高质量可持续发展之路提供新的空间。

三是为商业银行推进国际化发展提供了新平台。2020年，是上海基本建成与我国经济实力及人民币国际地位相适应的国际金融中心的决胜之年。为此，《意见》在吸引国际化的金融机构、打造国际化的金融市场、培育国际化的金融环境等多个领域进行了政策突破，解决了部分过去一直想解决而未能解决、想突破未能突破的问题。比如，在吸引国际化的机构方面，《意见》提出了一系列扩大金融业高水平开放的重大举措，将吸引更多的外资总部型机构集聚上海，部分金融机构已经提出了落沪意向，潜在的合作空间巨大。在打造国际化的金融市场方面，《意见》进一步提升了跨境贸易、投资人民币结算的便利性，取消了针对外资的相关账户限制，鼓励开展本外币合一跨境资金池试点及境内贸易融资资产跨境转让业务等，相当于在临港新片区逐步探索资本项下开放，拓展了商业银行开展相关跨境业务的空间。同时，《意见》首次提出要促进人民币金融资产配置和风险管理中心建设，也将有利于吸引更多类型和数量的境外投资者参与国内债券市场交易，更好地满足境外配置人民币金融资产、有效对冲和管理人民币金融资产风险的需求。这些广阔的市场前景，不仅为商业银行带来了巨大的业务合作机会，更为商业银行深度参与高水平国际化竞争提供了新的契机。

四是为商业银行发展金融科技提供了新动能。金融科技是未来全球金融的重要增长点，更是国际金融中心竞争的主要战场。2020年初，上海市政府已经出台了《加快推进上海金融科技中心建设实施方案》，致力于推动金融和科技的联动发展。此次《意见》明确指出，支持金融机构在上海自贸试验区临港新片区设立金融科技子公司，探索人工智能、大数据、云计算、区块链等新技术在金融领域应用，加强金融科技人才的培养。目前，已有11家国内商业银行成立金融科技子公司，其中5家注册地在上海。此次试点将进一步加快金融科技公司和科技人才在上海的集聚，也将促进商业银行提升金融科技实力、重塑发展动力。

二、多措并举，为国家战略贡献浦发力量

多年来，浦发银行始终不忘初心、牢记使命，持之以恒全力服务上海金融中心建设和长三角区域经济高质量发展，为国家战略落地贡献了浦发力量。

一是以服务要素市场为载体，助力上海国际金融中心提升全球辐射力。上海集聚了股票、债券、期货、外汇等各类要素市场，已成为国际上金融要素市场最完备的城市之一。2019年，上海金融市场交易总额达1933万亿元。浦发

银行持续深耕上海金融要素市场客户，积极搭建具有市场竞争力和自身特色的客户服务与管理体系，深度参与金融要素市场产品和服务创新，助力上海国际金融中心提升全球辐射力。2019年，浦发银行在上海黄金交易所的自营交易量位列全市场第一，同时参与"上海金"、"上海银"等业务创新，助力提升我国在国际贵金属市场的定价权；在上海清算所中央对手方清算业务综合排名中列全市场第二，并参与上海清算所、上海黄金交易所等中央对手方体系建设，支持全球清算对手方协会CCP12落户上海；人民币跨境支付系统代理服务市场占有率保持前三位。

二是以自贸金融为抓手，助力上海国际金融中心加快创新步伐。自2013年上海自贸试验区成立以来，我国自贸试验区建设从"一枝独秀"到"多点开花"，体系逐步成熟。身处上海金融改革开放最前沿，浦发银行一直是自贸试验区金融改革的坚定实践者。业内首批设立上海自贸试验区分行，首批通过分账核算单元系统验收；持续创新升级《自贸区金融服务方案》，满足企业跨境经营的全方位需求；第一时间成立上海自贸试验区临港新片区分行，制定《新片区金融服务方案》，推出前沿产业集群、新型国际贸易、全球航运枢纽及跨境金融四大专属服务，并成功开立首单FTE账户；持续开展自贸金融创新，落地首单资本项目结汇支付便利化试点等数十项创新业务，并有力地支持了临港新片区基础设施、市政配套等建设。当前，浦发银行已在长期实践中探索出一套成熟且可复制推广的自贸金融服务模式，并把"上海经验"与其他省份自贸试验区特点结合，不断进行优化、推广。

三是以协同联动为依托，助力长三角经济一体化发展。从成立之初，浦发银行就将服务长三角经济社会发展融入了自身基因中。2018年11月，习近平总书记在首届中国国际进口博览会开幕式上宣布将长三角一体化发展上升为国家战略。浦发银行积极贯彻落实，发行"浦发银行——长三角自己的银行（从长三角走向全世界）"主题信用卡，也是国内首张以长三角一体化建设为主题、打包长三角一体化惠民福祉的信用卡，将金融"服务客户、服务社会"的理念纳入产品之中；推出支持长三角一体化建设及长三角协同服务等方案，持续加大资源投入，区域内江浙沪分行贷款居当地股份制银行同业首位；全力支持区域内基础设施互联互通等重大项目建设，区域内 PPP 项目投放金额占全行一半左右；积极服务长三角新旧动能转换，运用股债贷、境内外综合化服务，支持大飞机研发等重点项目；联合基金公司创设长三角一体化指数基金等主题产品，撬动社会资本投向区域内优质企业；使用再贴现资金为区域内 189 家小微、民营企业提供优惠利率票据贴现服务。此外，浦发银行还积极搭建长三角金融机构协同平台，推出金融同业合作方案，与区域内其他机构在牌照、渠道、专业、资金等领域形成互补优势，共同构建涵盖跨境金融、投资银行、资本市场、风险管理等领域的综合化金融服务体系。

四是以服务科创板为契机，助力上海科创中心与国际金融中心协同建设。上海打造具有全球影响力的科创中心离不开金融支持，需要与国际金融中心建设协同联动。浦发银行紧紧围绕创新型国家战略和上海科创中心建设，通过加强科技金融专营机构建设，强化与政府、园区、PE/VC 等渠道合作，打造了特色鲜明的科技金融生态圈模式。同时，以科创板设立为契机，坚持"融资＋融智＋融技＋投资"综合服务理念，打造契合科创企业全生命周期的服务链和生态圈，并在业内率先发布《科创板企业综合服务方案》、《企业科创板上市投行服务方案》。科创板首批 25 家挂牌企业中有 15 家为浦发银行重点合作客户。截至 2019 年末，70 家上市企业中有 41 家是浦发银行重点合作客户。此外，浦发银行还积极发挥首家中美合资银行——浦发硅谷银行的专业优势，开展投贷联动特色业务。2019 年，浦发银行又在上海地区首家推出"无还本续贷"服务，解决小微企业特别是科创型企业的资金周转难题。

五是以数字化转型为动力，助力打造金融科技高地。建设上海金融科技中心是新时代推进上海国际金融中心建设的新内涵，上海未来将成为金融科技的研发高地、创新应用高地、产业集聚高地、人才汇集高地。浦发银行以自身的数字化转型为动力，持续强化金融科技创新，促进技术逻辑在业务领域充分展现，助力上海打造金融科技高地。2018 年，在业内首发无界开放银行 API Bank；以"开放共享、共建共赢"为目标，联合华为、百度等科技企业，建立创新实验室与科技合作共同体；发布业内首个数字虚拟员工"小浦"；加强与中国移动的战略合作，巩固移动金融领先银行优势；强化线上经营与大数据分析，在营销获客、风险管控、运营支撑等多个领域取得突破。

三、肩负使命，商业银行需更加积极有为

此次《意见》的出台，对金融支持上海金融中心建设和长三角一体化发展提出了新要求。商业银行肩负重大使命，需更加积极有为。

一是加大改革创新力度，积极支持上海自贸试验区临港新片区金融先行先试。面对临港新片区金融改革创新先行先试的政策机遇，商业银行需要主动作为，加大产品服务创新力度，积极对接支持临港新片区和长三角地区重点项目建设，助力培育具有国际竞争力的重点产业；进一步完善跨境支付结算、本外币合一资金池等业务，提升跨境金融综合服务能力，更好地促进国际贸易和投资的自由化、便利化。

就浦发银行而言，重点将做好以下三方面工作：一是发挥理财业务优势，并整合集团内信托公司、基金公司等资源，进一步加大对临港新片区和长三角重点建设项目股权及优质未上市企业股权的投资，助力长三角经济结构调整、产业优化升级和协调发展。二是加快金融科技创新步伐，进一步提升金融科技成果研发、应用和输出能力，助力上海打造金融科技新高地。三是发挥新片区分行、自贸金融、离岸金融、海外分行等联动优势，积极推进境内贸易融资资产跨境转让，推动 FT 账户本外币一体化功能试点在保险业务中的应用，强化跨境金融综合服务能力，满足境内外企业的各类跨境金融需求。

二是加快对外合作步伐，更好服务上海金融业更高水平对外开放。国家进一步扩大金融开放、加快引进外资，有助于商业银行加强与全球先进金融机构的业务合作，助力上海实现更高水平的对外开放。在这个过程中，商业银行需要把握金融市场继续扩大开放的机遇，为境外投资者提供更加多元化的服务；进一步加强利率、汇率等领域业务创新，更好满足境内外机构和投资者的避险

需求，助力上海建设人民币金融资产配置和风险管理中心。

下一步，浦发银行将发挥主场优势，更好服务国内金融业更高水平的对外开放。其一，加强与新设外资券商、基金客户等的合作，围绕存管、结算、授信、固收等业务领域，为其在国内发展提供综合解决方案。其二，加强与境外先进资产管理公司的合作，实现优势互补，着力提升财富管理水平，更好服务国内居民的理财需求。其三，加快提升国际化托管服务能力，为境外投资者进入国内资本市场提供更加多元化的服务，也为上海国际金融中心构建投资者服务体系提供强有力支撑。其四，发挥浦发银行与上海各金融要素市场长期深入合作的优势，积极支持债券、外汇、期货等产品创新，便利境内外投资者更好地参与中国金融市场，提升上海作为全球人民币资产配置和风险管理中心的影响力。

三是提高区域协作水平，持续助力长三角一体化发展。长三角一体化是"三省一市"在产业经济、基础设施、社会民生等多领域的深度融合发展。商业银行既面临巨大的业务机遇，更要肩负国家赋予的重大使命，持续助力长三角一体化发展战略落地见效。未来，长三角地区除了公交地铁、公路高铁等互联互通外，在政务平台、社会保障等领域也将实现互联互通，推动实现"一网通办"。商业银行需要紧紧围绕政府、企业、居民等的各类需求，通过金融服务积极助力打破行政壁垒，提升一体化发展水平；并通过加强各类金融机构跨区域合作，更好服务长三角产业结构转型升级。

下一步，浦发银行将继续深耕长三角，全力打造成"长三角自己的银行"。其一，紧扣"一体化"核心，成立长三角一体化发展总部，强化区域内各分支机构、子公司的统筹经营，建立高效、敏捷服务机制，提升跨区域金融协同效率和服务体验，使区域内客户享受同城化的金融服务。其二，发挥浦发银行在长三角地区的综合优势，积极搭建金融机构跨区域协同平台，推动提升长三角各法人金融机构在联合授信、并购贷款等领域的跨区域合作，共同提升金融服务实体经济转型升级的效率，并通过加强客户信息共享，利用各类数据强化风险预警、预测、预防，协同做好各类金融风险防范。其三，加大对"硬科技"

企业培育力度，强化科创板上市配套服务支撑，加强上海、杭州、南京、苏州等科创企业集中区域的金融服务，打造覆盖产业、政府、科研、投资等多领域的生态圈。其四，研究开发长三角科技创新主题策略指数，吸引全球资金加强对区域内优质上市公司的投资，打造全球资本配置长三角区域的价值标杆，更大力度服务实体经济。其五，借助人工智能、区块链等金融科技，进一步提升长三角地区的数字化金融服务水平，让客户切实感受到金融服务的便利性和时效性。

图书在版编目(CIP)数据

风好正扬帆:上海国际金融中心创新实践/郑杨著
. —上海:上海人民出版社,2020
ISBN 978 - 7 - 208 - 16535 - 9

Ⅰ.①风… Ⅱ.①郑… Ⅲ.①国际金融中心-建设-
研究-上海 Ⅳ.①F832.751

中国版本图书馆 CIP 数据核字(2020)第 105637 号

责任编辑 马瑞瑞
封扉设计 人马艺术设计・储平

风好正扬帆——上海国际金融中心创新实践
郑 杨 著

出 版 上海人民出版社
 (200001 上海福建中路 193 号)
发 行 上海人民出版社发行中心
印 刷 上海商务联西印刷有限公司
开 本 720×1000 1/16
印 张 22.25
插 页 6
字 数 318,000
版 次 2020 年 8 月第 1 版
印 次 2020 年 8 月第 1 次印刷
ISBN 978 - 7 - 208 - 16535 - 9/F・2636
定 价 88.00 元